高职高专经管类实践与应用型规划教材

微观经济学
（第2版）

主　编　刘　平
副主编　卜　伟　徐世江　徐国良　钟育秀
参　编　吴瑱阳　邸　砧　张艳丽　曾娅丽　安甜甜

清华大学出版社
北京

内 容 简 介

本书根据高职高专人才的培养目标和"应用为本、学以致用"的办学理念，贯彻"精、新、实"的编写原则，以"必需、够用"为度，精选必需的内容，并合理安排相关内容引导学生根据兴趣和需要有目的、有针对性地自学。本书主要内容包括：经济学导论、供需理论、消费者行为理论、厂商行为理论、完全竞争市场、不完全竞争市场、要素价格理论（选修）、市场失灵与微观经济政策。本书的编写突出了以下主要特点：增加引入案例，更易激发学生的学习兴趣；同步配套出版训练手册（习题册），学用结合有效提升学习效果；采用结构式描述，易读、易懂、易学、易记。

本书可以作为高职高专经济管理类各专业的微观经济学教材，也可以作为非经济管理类专业学生及经济学爱好者学习微观经济学的入门书籍。

本书封面贴有清华大学出版社防伪标签，无标签者不得销售。
版权所有，侵权必究。举报：010-62782989，beiqinquan@tup.tsinghua.edu.cn。

图书在版编目（CIP）数据

微观经济学/刘平主编．—2版．—北京：清华大学出版社，2019（2022.12 重印）
（高职高专经管类实践与应用型规划教材）
ISBN 978-7-302-52096-2

Ⅰ.①微… Ⅱ.①刘… Ⅲ.①微观经济学－高等职业教育－教材 Ⅳ.①F016

中国版本图书馆 CIP 数据核字（2019）第 009932 号

责任编辑：孟毅新
封面设计：傅瑞学
责任校对：赵琳爽
责任印制：沈　露

出版发行：清华大学出版社
　　　网　　址：http://www.tup.com.cn，http://www.wqbook.com
　　　地　　址：北京清华大学学研大厦 A 座　　　邮　编：100084
　　　社 总 机：010-83470000　　　　　　　　邮　购：010-62786544
　　　投稿与读者服务：010-62776969，c-service@tup.tsinghua.edu.cn
　　　质量反馈：010-62772015，zhiliang@tup.tsinghua.edu.cn
　　　课件下载：http://www.tup.com.cn，010-62770175-4278

印 装 者：三河市少明印务有限公司
经　　销：全国新华书店
开　　本：185mm×260mm　　　印　张：15　　　字　数：338 千字
版　　次：2012 年 10 月第 1 版　　2019 年 4 月第 2 版　　印　次：2022 年 12 月第 4 次印刷
定　　价：46.00 元

产品编号：078905-02

前言（第2版）

《微观经济学》自2012年10月出版以来，已经多次重印，受到众多高职高专院校的广泛重视和欢迎。

本次修订仍遵循高职高专人才的培养目标和"应用为本、学以致用"的办学理念，贯彻"精、新、实"的编写原则，以"必需、够用"为度，精选必需的内容，并合理安排相关内容引导学生根据兴趣和需要有目的、有针对性地自学。本次修订主要修改和充实的内容体现在以下方面。

（1）将第一章引入案例"生产粮食，还是大炮？"更新为"航母与粮食的生产组合"，并修订了第一章及全书中涉及的相关内容。在第一章中增加了"知识链接1-1 人人都是'经济学家'"和"知识链接1-5 稀缺资源的主要配置方式"，并对"经济学研究的基本问题"部分进行了较大幅度的修改和补充。

（2）将第二章引入案例"开封胡萝卜，为何丰产不丰收？"更新为"2017年，农村丰产不丰收，该咋办"，并增加了"个案研究2-2 情人节那天的需求与供给"，补充了"知识链接2-3 '谷贱伤农'"以及"个案研究2-4 价格上限"。

（3）对第三章引入案例"世界上最好吃的东西"进行了修改，并增加了"穷人的木碗"，修改并补充了"知识链接3-2 价值悖论"。

（4）将第四章引入案例"免费的午餐"更新为"2016年王菲演唱会一票难求"，并取消了"个案研究4-5 '免费的午餐'（续）"，对"预备知识4-1 企业"进行了补充，将"个案研究4-1 土地报酬递减规律"更换为"个案研究4-1 马尔萨斯与食品危机"，增加了"知识链接4-1 企业在什么时候能实现适度规模"。

（5）在第五章中增加了"个案研究5-1 农村春联市场：完全竞争的缩影"，增加了"个案研究5-3 为什么廉价航班的餐点收费，而豪华酒店上网要收费"。

（6）将第六章引入案例"可口可乐并购汇源为何被禁止？"更新为"亚马逊电子书涉嫌滥用市场支配地位"。

（7）将第八章引入案例"乘用电梯所引发的矛盾"更新为"2016年市场失灵，'蒜你狠'"。

其余修订内容不再赘述。

本次修订仍由沈阳工学院刘平主持并担任主编，抚顺职业技术学院卜伟、辽阳职业技术学院徐世江、大连职业技术学院徐国良、沈阳工学院钟育秀担任副主编，沈阳职业技术学院吴瑱阳、辽宁科技学院邱砧、盘锦职业技

术学院张艳丽、新疆石河子职业技术学院曾娅丽、鞍山师范学院安甜甜参与了部分内容的修订,同时也吸收了读者的一些宝贵意见和建议。

　　由于作者学识、水平有限,书中难免有不足,敬请广大读者批评指正,我们将在修订或重印时将大家反馈的意见和建议恰当地体现出来。再次感谢广大读者的厚爱!

　　作者交流邮箱：liuping661005@126.com

刘　平

2019 年 3 月

前言（第1版）

微观经济学是经济管理类各专业的一门主干课程，受到了理论界和教育界的普遍重视。然而，目前微观经济学的教材虽多，但适合高职高专的微观经济学教材却不多。

为此，我们在建设"微观经济学"精品课程的过程中，提出了如图0-1所示的微观经济学体系框架。在教学内容的安排和教材的编写过程中，从高职高专的实际需要出发，坚持科学性、应用性与先进性的统一，坚持理论与实践相结合，重点集中在该图上半部分相关内容，同时兼顾下半部分相关内容。

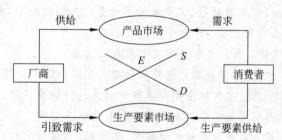

图0-1 微观经济循环流动图与微观经济学体系框架

1. 微观经济学鸟瞰

可以将微观经济学归纳为"122"，即一个中心、两个主体和两个市场。

一个中心：指供需价格决定理论。

两个主体：指消费者和厂商。

两个市场：指产品市场和生产要素市场。

与此相对应，全书分为八章，第一章经济学导论，是经济学的入门篇，重点介绍经济学的研究内容、西方经济学的体系和研究方法；第二章供需理论，介绍图0-1中央的一个中心，需求、供给和供需均衡的相关理论（含价格理论和弹性理论）；第三章消费者行为理论（效用论），介绍图0-1右侧方框中消费者的需求行为，即用效用理论解释需求曲线背后的消费者行为；第四章厂商行为理论（含生产论和成本论），介绍图0-1左侧方框中企业的供给行为，即供给曲线背后的生产者行为；第五章完全竞争市场和第六章不完全竞争市场，分别从完全竞争和不完全竞争两个角度介绍图0-1上方椭圆形中的产品市场行为；第七章要素价格理论，概要性介绍图0-1下方椭圆形中生产要素市场的需求与供给；第八章市场失灵与微观经济政策，是由微观经济学向宏观经济学过渡的承上启下篇。

本教材根据高职高专人才的培养目标和"应用为本、学以致用"的办学理念，贯彻"精、新、实"的编写原则，以"必需、够用"为度，精选必需的内容，并合理安排相关内容引导学生根据兴趣和需要有目的、有针对性地自学。本书的编写突出了以下特点。

（1）首次增加引入案例，更易激发学生的学习兴趣。

（2）同步配套出版训练手册（习题指南），学用结合，有效提升学习效果。

（3）采用结构式描述，易读、易懂、易学、易记。

2. 本书各章的基本体例结构

（1）内容提要：概括本章讲解的主要内容。

（2）学习目标与本章重点：说明学习重点及学习收获。

（3）关键术语：本章需要重点理解的关键词汇。

（4）引入案例：引入思维环境。

（5）本章正文。

（6）个案研究：穿插于正文中，通过个案加深对重点问题和难点问题的理解和掌握。

（7）预备知识：简要介绍学习正文所需的预备知识。

（8）知识对比/知识回顾：文中采用了大量的知识对比栏，将前后文知识进行对比，便于学习理解和加深记忆。

（9）知识链接：在正文中介绍文中观点的来源。

（10）扩展知识/经济现象：概要给出相关扩展知识或介绍一些经济现象。

（11）本章小结：对本章主要内容和知识点进行概要回顾。

（12）本章内容结构：给出本章核心内容的体系结构。

（13）综合练习：分别包括名词解释、选择题、简答题、简述题、分析讨论题、案例分析题、计算题、实训项目等题型中的若干类型。

另有更丰富的习题指南（包括各种类型的习题、历届诺贝尔经济学奖得主及成就、国内外经济学经典教材及阅读书目简介、经济类核心期刊目录以及对生活中一些典型经济现象的分析等），**该部分内容单独成册，同步出版，与本书配套使用。**

（14）阅读书目：每章后列出5～8本阅读书籍，给出深入学习本章内容的参考书籍。

（15）阅读材料：此类资料篇幅要大于个案研究和专论摘要，是相对比较完整的补充阅读材料，有助于拓宽学生的知识面，加深对正文内容的理解和认识。

3. 微观经济学的学习方法

微观经济学是一门建立在严格假设上的逻辑完整的独立学科，关于微观经济学的学习方法并不是统一的、标准的，像其他许多学科一样，因人而异。但编者通过十几年的教学，总结出一些对初学者或许有帮助的学习方法，希望能给读者一些参考和借鉴。

（1）几点注意

① 注意微观经济学的假设。微观经济学的结论，不管是宏观还是微观，都建立在一定的严格的假设条件下，以背离结论的假设来讨论结论，甚至臆断结论的应用都是没有意义的，甚至是极端错误的。

② 注意微观经济学在逻辑上的完整性。检验自己是否理解了一个经济学流派的思

想,一个重要的方法就是:看该学派的理论在逻辑上是否完整,即是否能够自圆其说。

③ 注意微观经济学学科的独立性。微观经济学的术语,即使在别的学科中也采用同样的表达方式,其意义往往也不尽一样。所以,利用别的学科的经验,或者从字面上,甚至根据日常生活的经验来理解微观经济上的术语是行不通的。

(2) 具体方法

① 要学会画图。可以发现,整个微观经济学的理论体系是由一系列的图形贯穿起来的,几乎每一章、每一节都有图形,而且要想阐述一个原理,没有图形配合是做不到的。因此,在学习中,尽量把每一个图形都熟练掌握,并理解图形所代表的政策含义。许多题目即使没有要求画出图形也可以利用图形帮助解答。另外,答题时能用得上图形就尽量用。

② 要理解并记忆重要的概念。掌握概念是学好任何一个学科的基础,微观经济学中的概念比较多,要每个概念都一字不差地背下来是没有必要的,关键在于理解,在理解的基础上记忆,用自己所掌握的经济学语言来阐述。

③ 要系统化地掌握知识。微观经济学中涉及许多不同的学派,不同学派的理论模型、观点、政策主张都有一定的差异,同时也具有一定的相关性。所以在学习中,要有意识地去联想记忆。

④ 要广泛阅读文献资料。微观经济学是一门分支很多的学科,同时也是学好专业课的基础,只要是开设微观经济学课程的专业,其后续的课程中都会多多少少应用到经济学的理论。所以,要广泛阅读文献资料,特别是与日常经济生活息息相关的经济学文献资料。本书及本书配套的习题指南里都列举了大量的参考书目。

本书可以作为高职高专经济管理类各专业的微观经济学教材,也可以作为非经济管理类专业学生及经济学爱好者学习微观经济学的入门书籍。

本书由沈阳理工大学应用技术学院刘平起草写作大纲并担任主编,辽阳职业技术学院徐世江、沈阳理工大学应用技术学院刘庆君、大连职业技术学院徐国良担任副主编。具体分工如下:徐世江,第一章和第二章;刘庆君,第三章和第四章;徐国良,第五章和第六章;丁纪平(辽宁职业学院),第七章和第八章。最后,由刘平教授统稿定稿。

在本书的编写过程中,赵新玲、王宇峰、范宇清、王莹莹、陈碧玉、朱晓旭、陈金瑶、朱金艳等也参与了部分章节初稿的编写和资料整理工作,具体如下:赵新玲,第二章和第四章;王宇峰,第五章和第六章;范宇清、王莹莹,第三章;陈碧玉,第六章;朱晓旭,第四章;陈金瑶,第二章;朱金艳,第五章。在此,作者对他们的辛勤工作一并表示衷心的感谢!

本书在编写过程中,参阅了大量的文献资料,为此向原作者表示诚挚的感谢。本书编者力图在书中和书后参考文献中全面、完整地注明引用出处,但也难免有疏漏的地方,特别是有个别段落文字引自网络帖子,由于无从考证原文作者的真实姓名,无法注明出处,在此一并表示感谢。

写书和出书在某种程度上来说也是一种"遗憾"的事情。由于种种缘由,每每在书稿完成之后,总能发现有缺憾之处,本书也不例外。作者诚恳希望读者在阅读本书的过程中,指出存在的缺点和错误,提出宝贵的指导意见,这是对作者的最高奖赏和鼓励。作者邮箱:liuping661005@126.com,在此谢谢广大读者的厚爱!

刘 平

2012 年 8 月

目 录

第一章 经济学导论 ·········· 1
引入案例：航母与粮食的生产组合 ·········· 1
第一节 经济学研究的基本内容 ·········· 3
一、经济学的基本前提 ·········· 3
二、经济学的基本假设 ·········· 5
三、经济学研究的基本问题 ·········· 7
第二节 经济学的研究方法与分析工具 ·········· 10
一、实证分析与规范分析 ·········· 10
二、经济模型的运用 ·········· 11
三、均衡分析与边际分析 ·········· 13
四、静态分析与动态分析 ·········· 14
第三节 西方经济学概述 ·········· 15
一、西方经济学的含义 ·········· 15
二、西方经济学的由来和演变 ·········· 16
三、西方经济学企图解决的核心问题 ·········· 19
四、宏观经济学与微观经济学的联系与区别 ·········· 20
本章小结 ·········· 22
本章内容结构 ·········· 23
综合练习 ·········· 23

第二章 供需理论 ·········· 25
引入案例：2017年，农村丰产不丰收，该咋办 ·········· 25
第一节 需求与供给 ·········· 26
一、需求与需求曲线 ·········· 26
二、影响需求的因素与需求函数 ·········· 27
三、需求量的变动与需求的变动 ·········· 29
四、需求定理的特例 ·········· 30
五、供给 ·········· 30
六、影响供给数量的因素与供给函数 ·········· 31
七、供给量的变动与供给的变动 ·········· 32

第二节　供求均衡理论 …… 33
　一、市场均衡 …… 33
　二、供求定理与均衡的变动 …… 34
第三节　弹性理论 …… 35
　一、弹性的一般含义 …… 35
　二、需求价格弹性 …… 36
　三、需求的其他弹性 …… 45
　四、供给的价格弹性 …… 49
第四节　价格政策的运用 …… 51
　一、易腐商品的售卖 …… 51
　二、最高限价和最低限价 …… 51
本章小结 …… 54
本章内容结构 …… 56
综合练习 …… 57

第三章　消费者行为理论 …… 59

引入案例：穷人的木碗 …… 59
　　　　　世界上最好吃的东西 …… 59
第一节　效用论概述 …… 60
　一、效用的概念 …… 60
　二、基数效用与序数效用 …… 61
　三、消费者偏好 …… 62
第二节　基数效用论 …… 63
　一、边际效用递减规律 …… 63
　二、基数效用论的消费者均衡 …… 66
　三、消费者剩余 …… 69
　四、对需求曲线的推导 …… 69
第三节　序数效用论 …… 70
　一、无差异曲线 …… 70
　二、预算线 …… 73
　三、消费者均衡条件 …… 74
　四、价格变化对消费者均衡的影响及对需求曲线的推导 …… 76
　五、收入变化对消费者均衡的影响 …… 76
本章小结 …… 78
本章内容结构 …… 79
综合练习 …… 79

第四章 厂商行为理论 ………………………………………………… 82

引入案例：2016年王菲演唱会一票难求 ………………………………… 82
第一节 生产函数 …………………………………………………… 84
　一、生产函数的含义与具体形式 ………………………………… 84
　二、短期生产函数——一种可变要素的生产函数 ……………… 86
　三、长期生产函数——两种可变要素的生产函数 ……………… 92
　四、等产量曲线 …………………………………………………… 92
第二节 最优的生产要素组合 ……………………………………… 94
　一、等成本线 ……………………………………………………… 95
　二、既定成本条件下的产量最大化 ……………………………… 96
　三、既定产量条件下的成本最小化 ……………………………… 97
　四、等斜线与扩展线 ……………………………………………… 98
　五、规模报酬 ……………………………………………………… 99
第三节 成本函数 …………………………………………………… 101
　一、成本的概念 …………………………………………………… 101
　二、短期成本分析 ………………………………………………… 104
　三、长期成本简要分析 …………………………………………… 110
　四、规模经济、外在经济与范围经济 …………………………… 113
本章小结 ……………………………………………………………… 115
本章内容结构 ………………………………………………………… 116
综合练习 ……………………………………………………………… 117

第五章 完全竞争市场 ……………………………………………… 119

引入案例：为什么鲸鱼濒临灭绝，鸡却没有繁衍之忧 ………………… 119
第一节 市场的类型与市场需求曲线 ……………………………… 120
　一、市场的类型 …………………………………………………… 120
　二、市场需求曲线 ………………………………………………… 121
第二节 完全竞争厂商 ……………………………………………… 122
　一、完全竞争市场的条件 ………………………………………… 122
　二、完全竞争厂商的需求曲线与收益曲线 ……………………… 125
　三、完全竞争厂商的短期均衡与供给曲线 ……………………… 127
　四、完全竞争厂商的长期均衡 …………………………………… 131
第三节 完全竞争市场述评 ………………………………………… 133
　一、完全竞争市场的积极作用 …………………………………… 133
　二、研究完全竞争市场的意义 …………………………………… 134
本章小结 ……………………………………………………………… 135
本章内容结构 ………………………………………………………… 136

综合练习………………………………………………………………………… 136

第六章　不完全竞争市场……………………………………………………… 138

　　引入案例：亚马逊电子书涉嫌滥用市场支配地位………………………… 138
　　第一节　垄断市场…………………………………………………………… 139
　　　　一、垄断市场的条件及成因…………………………………………… 139
　　　　二、垄断市场的需求曲线和收益曲线………………………………… 140
　　　　三、垄断厂商的短期均衡……………………………………………… 141
　　　　四、垄断厂商的长期均衡……………………………………………… 142
　　　　五、垄断者的定价原则与策略………………………………………… 143
　　　　六、政府对垄断行业的调节…………………………………………… 147
　　第二节　垄断竞争市场……………………………………………………… 149
　　　　一、垄断竞争市场的条件及形式……………………………………… 149
　　　　二、垄断竞争厂商的需求曲线………………………………………… 150
　　　　三、垄断竞争厂商的均衡……………………………………………… 151
　　　　四、非价格竞争………………………………………………………… 153
　　第三节　寡头市场…………………………………………………………… 155
　　　　一、寡头市场的特征及分类…………………………………………… 155
　　　　二、非勾结性寡头垄断模型…………………………………………… 156
　　　　三、勾结性寡头垄断模型……………………………………………… 158
　　　　四、寡头之间的博弈：博弈论简介…………………………………… 160
　　本章小结……………………………………………………………………… 164
　　本章内容结构………………………………………………………………… 165
　　综合练习……………………………………………………………………… 165

第七章　要素价格理论(选修)………………………………………………… 168

　　引入案例："漂亮"的收益…………………………………………………… 168
　　第一节　要素需求理论……………………………………………………… 170
　　　　一、引致需求与共同需求……………………………………………… 170
　　　　二、完全竞争厂商对生产要素的使用原则…………………………… 171
　　　　三、完全竞争厂商对生产要素的需求曲线…………………………… 174
　　第二节　要素供给理论……………………………………………………… 175
　　　　一、要素的供给问题…………………………………………………… 175
　　　　二、劳动的供给曲线与工资率的决定………………………………… 176
　　　　三、土地的供给曲线与地租的决定…………………………………… 178
　　　　四、资本的供给曲线与利息的决定…………………………………… 180
　　　　五、企业家才能与利润理论…………………………………………… 181
　　　　六、收入分配与基尼系数……………………………………………… 182

阅读文章：帕雷托最优 ·· 183
　　本章小结 ··· 185
　　本章内容结构 ··· 187
　　综合练习 ··· 187

第八章　市场失灵与微观经济政策 ·················· 189

　　引入案例：2016年市场失灵，"蒜你狠" ······················ 189
　　第一节　微观经济的市场失灵 ·································· 191
　　　　一、市场失灵及表现 ·· 191
　　　　二、市场失灵的原因 ·· 192
　　　　三、市场势力 ··· 192
　　第二节　外部影响 ·· 193
　　　　一、外部影响及其分类 ····································· 193
　　　　二、外部影响与资源配置失当 ····························· 195
　　　　三、外部影响的解决途径 ·································· 197
　　第三节　公共物品 ·· 200
　　　　一、公共物品及其分类 ····································· 200
　　　　二、公共物品与市场失灵 ·································· 201
　　　　三、公共物品的集体选择政策 ····························· 202
　　第四节　不完全信息 ··· 203
　　　　一、信息的不完全与不对称 ································ 203
　　　　二、逆向选择与道德风险 ·································· 204
　　　　三、市场信号及其传递 ····································· 206
　　　　四、委托代理问题与激励机制 ····························· 208
　　第五节　微观经济政策与政府失灵 ····························· 209
　　　　一、政府的微观经济政策 ·································· 209
　　　　二、政府失灵及原因 ·· 210
　　阅读文章：效率与公平 ··· 211
　　本章小结 ··· 213
　　本章内容结构 ··· 215
　　综合练习 ··· 215

结束语 ·· 218

参考文献 ··· 223

第一章

经济学导论

【内容提要】

本章作为开篇,首先阐述经济学研究的基本内容,然后介绍经济学的主要研究方法和分析工具,最后介绍西方经济学的由来和演变以及西方经济学的体系结构。

【学习目标与重点】

- 深刻理解欲望的无限性和资源的稀缺性两个基本前提,以及理性人(经济人)假设、完全竞争假设和完全信息假设3个基本假设。
- 掌握经济学研究的基本问题,即资源的有效配置和利用这两大基本问题;掌握微观经济学与宏观经济学的区别与联系;重点掌握前言(第1版)中介绍的微观经济学的体系框架。
- 掌握经济学的主要研究方法和分析工具。

【关键术语】

经济学　欲望　资源　稀缺性　理性人　资源配置　资源利用

【引入案例】

航母与粮食的生产组合

随着中国新航母的曝光,"中国能造多少艘航母""中国需要造多少艘航母"等问题也不断被人提及。虽然互联网上议论纷纷,却无人给出标准答案。下面我们做个假设探讨。

在我国资源既定的条件下,我们假设只生产粮食和航母两种物品。如果只生产粮食可以生产5亿吨,只生产航母可以生产15艘,那么多生产航母必然少生产粮食。假设为解决这一矛盾提出了如表1-1的六种可能组合,并制作了图1-1。同时,也带来了如下问题:

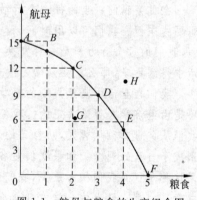

图1-1　航母与粮食的生产组合图

——为什么所能生产的粮食和航母是有限的?
——在粮食和航母的六种可能组合中,选择哪一种?
——为什么有时生产粮食和航母的组合不在 AF 线上,而在 G 点?
——为何在既定技术条件下,生产粮食和航母的组合达不到 H 点?
——如何使生产粮食和航母的组合超过 AF 线达到 H 点?

表 1-1　航母与粮食生产组合

组合方式	粮食（亿吨）	航母（艘）	组合方式	粮食（亿吨）	航母（艘）
A	0	15	D	3	9
B	1	14	E	4	5
C	2	12	F	5	0

知识链接 1-1

人人都是"经济学家"

经济学有时候被认为是一门非常枯燥乏味的学科，是与一本本布满尘埃的卷宗打交道，卷宗里都是关于实物商品和服务的统计数据。但经济学其实并不是一门枯燥、沉闷的学科，它无关统计数据。它与人类生活息息相关，与激励人类的思想相关，与人类从出生到死亡如何行动相关，与一切最重要也最有趣的奇妙表演——人类行为相关。

从某种意义上讲，我们都必然是经济学家，我们都面对着这样的问题——如何在日常工作和家庭生活中成为更好的经济学家，并成为我们国家和世界的好公民。今天教育中最大的问题就是，怎样让人们更好地理解经济学。对于所有最根本的政治问题，我们歧见丛生，但基本都是经济学问题。首要的问题是如何解决这些经济学问题。而最好的答案只能通过研究合理的经济学原理来发现。

很多人认为，经济学不过是见仁见智的看法。但经济学并不研究因人而异的看法。经济学是一门科学，作为科学它处理的是永恒的法则——那些人们无法改变的法则、那些持久不变的法则。如果我们想生活得更加称心如意，我们就必须提高理解和运用这些经济学规律的能力，以求获得更多所需之物。因此，文明世界若要存在，人们就必须更多地了解这门关于人类行为的科学。

在贯穿我们一生的每一个行动中，我们总是拿出一些已有的东西，去交换我们更想要的东西。我们可以用时间、精力、金钱或其他一些稀缺之物，去交换我们想要的东西，我们的每个行为都是一种交换——用已有之物去交换所求之物。如果我们想在生活中得到更多，那么就必须学习改进我们的行为。

我们在生活中真正想要的事物，包括物质和非物质的事物，即我们最终的目标，并不是由经济学来帮助决定的。我们自己选择最终的目的和目标——这是我们的决定。我们从父母、老师、哲人，从自己的思想和那些帮助我们决定想要什么的人的思想中，形成了自己的观念。如果我们对各自想要的东西意见分歧，我们可能会拳脚相加。如果这种争议对我们相当重要，我们可能会试图用斗争来解决问题。但是大多数人对需求意见一致。最大的分歧在于如何得到大家所渴求之物。这是手段而非目的不同。对于这样的争议，经济学提供了明智的解决方案。

世界上大多数人都希望和平、富足。当然，为了我们自己，为了家庭、国家和全世界，我们需要和平、富足。大多数人都知道，如果我们想得到自身的、家庭的和国家的和平,那就必须与其他人、其他家庭和其他国家和平相处。但是说到富足,就存在很大的争议。许多人想要以牺牲他人为代价来获得富足。很不幸,如果我们只想要自己获得富足几乎不可能,他人也必须富足才行。富足与和平一样,必须是普遍性的东西——是必须和所有人分享的东西。

因此,我们现在明白学习经济学的原因了。

资料来源:米塞斯日报.米塞斯日报第一辑:什么是经济学[EB/OL].丰小英,等,译.[2018-08-01]http://yuedu.163.com/book_reader/80eb0dbe009f426da906427cb2d38862_4/5e63f451e11b4a67dab9c410a37f4cde_4.

第一节 经济学研究的基本内容

经济学是在一定经济制度和经济体制条件下,研究稀缺资源的有效配置与利用,在有限资源的各种可供利用的组合中进行选择的一门科学。

一、经济学的基本前提

经济学研究的基本前提是人类欲望的无限性和资源的有限性(或称稀缺性)。经济学研究的是人们和社会如何有效地解决人类欲望无限性和资源有限性之间的矛盾。

(一)人类欲望的无限性

所谓欲望,经济学上是指人对物品和劳务的不间断的需要,是人们的一种心理感受。人们之所以要进行生产活动,是为了获得更多的物品和劳务来满足自己的需要和欲望。根据马斯洛的需求层次理论,人的欲望和由此引起的对物品和劳务的需要,是无限多样永无饱和的,即具有无限性。

清朝胡澹庵编辑的《解人颐》一书中收录了一首《不知足》诗:

> 终日奔波只为饥,方才一饱便思衣。
> 衣食两般皆具足,又想娇容美貌妻。
> 娶得美妻生下子,恨无田地少根基。
> 买得田园多广阔,出入无船少马骑。
> 槽头拴了骡和马,叹无官职被人欺。
> 县丞主簿还嫌小,又要朝中挂紫衣。
> 若要世人心里足,除非南柯一梦西。

知识链接 1-2

马斯洛的需求层次理论

马斯洛需求层次理论(Maslow's Hierarchy of Needs)也称"基本需求层次理论",是行为科学的理论之一,由美国心理学家亚伯拉罕·马斯洛于1943年在《人类激励理论》论文中所提出。

需求层次理论将需求分为5种（见图1-2），像阶梯一样从低到高，按层次逐级递升，分别为：生理需求、安全需求、社会需求（也称情感和归属需求）、尊重需求、自我实现需求。另外还有求知需要和审美需要，这两种需要未被列入马斯洛的需求层次中，他认为这两者应居于尊重需求与自我实现需求之间。

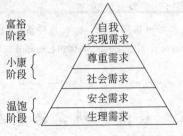

图1-2 马斯洛的需求层次示意图

需求层次理论有两个基本出发点，一是人人都有需求，某层需求获得满足后，另一层需求才出现；二是在多种需求未获满足前，首先满足迫切需求，该需求满足后，后面的需求才显示出其激励作用。

五种需求可以分为两级，前三个需求属于低一级的需求，是物质性价值需求，这些需求通过外部条件就可以满足；后两个需求属于高一级的需求，是精神性价值需求，这些需求是通过内部因素才能满足的，而且一个人对尊重和自我实现的需求是无止境的。

同一时期，一个人可能有几种需求，但每一时期总有一种需求占支配地位，对行为起决定作用。各层次的需求相互依赖和重叠，高层次的需求在实现过程中低层次的需求仍然存在，只是对行为影响的程度大大减小。

一般来说，某一层次的需求相对满足了，就会向高一层次发展，追求更高一层次的需求就成为驱使行为的动力。相应地，获得基本满足的需求就不再是一股激励力量。

马斯洛和其他行为心理学家都认为，一个国家多数人的需求层次结构，是同这个国家的经济发展水平、科技发展水平、文化和人民受教育的程度直接相关的。在不发达国家，生理需求和安全需求占主导的人数比例较大，而高级需求占主导的人数比例较小；在发达国家则相反。

（二）资源的稀缺性

在引入案例中，为什么所能生产的粮食和航母是有限的？答案是稀缺性。相对于人类社会的无穷欲望而言，经济物品，或者说生产这些物品所需的资源总是不足的。这就是经济学所说的稀缺性。

每个人的物质欲望都是无限的，而可以用来满足我们物质欲望的经济资源却是有限的，因此是稀缺的。在经济学里，稀缺被用来描述资源的有限可获得性，是相对于人们无穷的欲望而言的。一个物品可以成为商品出售，首要的是因为它是稀缺的，并不是因为人们的需求，如阳光和空气，人人都需要，但因为太多，所以不会成为商品。但是淡水资源却越来越少,所以淡水从原来的免费供应到需要花钱买,现在也开始涨价。当一个商品变得稀缺时,它就开始变贵了。

> **知识链接 1-3**
>
> **资源与要素**
>
> 资源:用来生产满足人们需要的产品(劳务)的手段或者物品。
> (1) 自由资源:指不需要付出代价即可获得的资源,如空气、阳光、海水等。
> (2) 经济资源:指需要付出代价才能获得的资源,如土地、人力、矿藏等。
> 经济学讨论的资源基本上有3种。
> (1) 人力资源(Human Resources)。
> (2) 自然资源(Natural Resources)。
> (3) 资本资源(Capital Resources)。
> 要素:当资源被投入生产过程用以满足人们欲望的最终产品与劳务时,被称为生产要素,简称要素。经济学里生产的四要素如下。
> (1) 人力——劳动 L,是人们为生产物品和服务所付出的时间和努力。劳动既包括脑力的付出,也包括体力的付出。劳动的质量取决于人力资本。
> (2) 财力——资本 K,指的是用于生产活动的工具、设备、机器和建筑物等。作为生产要素的资本不包括股票、债券等金融资本。
> (3) 物力——自然资源 N,自然资源可以被分为可再生的和不可再生的两大类。
> (4) 智力——企业家才能 E(管理),是某些人所具有的、能够组织生产、开展创新活动、进行战略决策和承担风险的特殊才能,如李嘉诚、盖茨、戴尔、松下幸之助和福特都是企业家的杰出代表。

稀缺性并不仅是指数量上的多寡,而是相对于人们无穷的欲望而言的,资源是稀少短缺的。一方面,一定时期内物品本身是有限的;另一方面,利用物品进行生产的技术条件是有限的,同时人的生命也是有限的。

在一个社会里,每个人都不可能满足自己的全部需要。

(1) 稀缺性是经济物品(Economic Goods)的显著特征之一。

(2) 稀缺性并不意味着稀少,而是指不可以免费得到。

(3) 要得到经济物品,必须用其他经济物品来交换。

没有稀缺就不存在任何经济学问题。稀缺性是经济学研究的基本前提。

二、经济学的基本假设

微观经济学的理论是以如下3个基本假设条件为前提的。

(1) 完全理性,即理性人或经济人假设。微观经济学的一个基本假设就是"合乎理性的人"假设,简称为"理性人"假设,或者"经济人"假设。这个理性人的基本特征就是每一个从事经济活动的人都是利己的(自私的),换句话说,每一个从事经济活动的人所采取的经济行为都是力图以自己的最小经济代价去获得最大经济利益。

这一假设的含义如下。

① 经济主体，即消费者和厂商所追求的目标在于自身经济利益的最大化。简单地说，经济人在行动时既不考虑自身的非经济利益，也不考虑其他人的经济利益，其如何行动完全取决于"看不见的手"——市场的调节机制。

② 经济主体的决策过程是完全理性的，他（或她）能够排除一切决策干扰因素的不利影响、充分利用所有信息，进行全方位的利弊权衡，因而决策结果必然是在约束条件下的最优选择。

（2）市场出清，也称完全竞争假设。即坚信在价格可以自由而迅速升降的情况下，市场上一定会实现充分就业的均衡（Equilibrium）状态。在这种状态下，资源可以得到充分利用，不存在资源闲置或浪费的问题。

（3）完全信息假设。信息的获得和利用对于经济行为的影响是相当明显的。经济学假设经济活动中的所有主体都能够在不支付任何成本的情况下迅速地获得充分的信息，而且这些信息在分布上是完全对称的。

换言之，完全信息假设排除了经济活动中的任何不确定性，使每一个经济活动参与者均清楚地了解所有经济活动的条件、后果以及他人的反应。只有在这种条件下，微观经济学关于价格调节实现资源配置最优化，以及由此引出自由放任的经济政策，才是正确的。

显然，这三个基本假设过于严苛，不切合实际。然而通过图 1-3 可以看到，提出并采用这些假设不仅对于经济学本身的发展和深入是极为有利的，而且出于应用经济理论来解释现实的目的考虑，这样处理也是更为便利的。

图 1-3　经济学研究及应用过程

知识链接 1-4

对三大假设的不同看法

传统西方经济学有完全理性、完全竞争、完全信息三大基本假设，一般均衡理论就是基于这三大基本假设论证资源配置的最优状态的。但经济学界对此一直存在争论：人们未必都是理性的，竞争更多是不完全的，信息根本不可能是完全的。

首先，完全理性不可能。对于微观经济学研究的两大行为主体：消费者和厂商，虽然他们都自觉或不自觉地追求自身最大化的效用和利润，但在现实经济生活中，他们的理性都是有限的。消费者在日常的消费活动中难以实现效用的最大化；厂商也不可能把生产活动总是安排在利润最大化点上进行。

其次，完全竞争不现实。西方经济学对完全竞争具有严格的限定，包括市场上有大量的买者和卖者；市场上每个厂商提供的商品都是同质的；所有的资源具有完全流动性；信息是完全的。条件如此之苛刻，以致很多西方经济学家也坦言：在现实经济生活中，真正符合这 4 个条件的市场是不存在的。

> 最后,完全信息不成立。完全信息假设在微观经济学中占有重要的地位。只有信息是完全的,市场价格机制才会有效,资源才能实现最优配置。但是,现实经济生活中的各种信息往往是不完全、不对称的。在这种情况下,信息经济学家们预言,价格机制的作用会导致"劣币驱逐良币"的结局,市场就会是无效率的。可见,假设不同,结论就完全不同了。

三、经济学研究的基本问题

资源虽然是稀缺的,但具有多种用途和用法,应当进行选择,使资源配置最优化。因此,可以说经济学就是选择的科学。

选择是稀缺的一种逻辑延伸,面对社会稀缺的资源,人们需要做哪些选择呢?其实将消费者、厂商、政府各种各样的选择汇总起来就是经济学研究的基本问题:即对稀缺资源的合理配置与利用的问题,换句话说,在有限资源的各种可供利用的组合中进行选择,购买什么、购买多少、生产什么、生产多少、如何进行生产、投资什么、储蓄多少等等。

1. 资源配置问题

在引入案例中,是生产粮食,还是航母?这就涉及资源配置与选择的问题。相对于人们近乎永无止境的欲望来说,具有可供选择用途的经济资源的稀缺性就引发了经济学需要研究的资源配置问题。经济学为稀缺的经济资源根据人们的欲望进行最优配置的问题提供了一个理论框架。这一理论框架告诉我们,如何发现人们的各种欲望及其强度,如何根据这些欲望的组合做出关于经济资源使用方式的选择以及经济资源不同用途的选择结果将如何在社会中产生影响。

2. 资源利用问题

为什么有时生产粮食和航母的组合不在 AF 线上,而在 G 点?又为何在既定技术条件下,生产粮食和航母的组合达不到 H 点?那么,如何才能使生产粮食和航母的组合超过 AF 线达到 H 点?这就是资源利用的效率问题了。如果一个经济体在生产可能性边界上运行,我们就可以说这个经济体能够在现有的技术水平上充分利用它所掌握的所有生产要素,这个经济体的运行是有效率的。

(1) 如何充分利用稀缺的资源。所谓效率是指社会如何最有效地利用资源以满足人们的愿望和需要。事实上,既存在资源稀缺,又存在资源浪费,而且资源的浪费可能很严重。生产可能线以内的任何一点都表示资源没有得到充分利用,这个经济体的效率在现有可投入资源和技术水平的约束下还有提高的空间。经济波动、种族歧视、自然灾害、战争、政局动荡、政治运动、社会革命、政府经济管制、经济改革(休克疗法)、罢工等都会使经济在其生产可能性边界以内运行。

(2) 如何突破生产可能性边界。一个经济体可以利用的生产要素的数量和质量与技术水平共同决定了生产可能性边界曲线在坐标系中的位置,生产要素数量的增加、质量的提高或技术的进步都能够使生产可能性边界曲线向外移动,这就代表了经济的增长。经济运行规则的改变也能够带来经济的增长或倒退,使生产可能性边界曲线发生移动。

3. 五个经济学的基本问题

上述经济学研究的两大基本问题,对稀缺资源如何进行合理的配置和利用实际上就是要回答以下五个经济学的基本问题。

(1) 生产什么(产品)。大到一个国家,小到一个企业或者家庭,其拥有的经济资源是有限的,面对众多的而且一时又难以完全满足的需求,如何确定生产的产品种类和数量呢?对一个国家来讲,我们一般能够找到其所拥有的经济资源所能生产产品的种类及其组合的最大产量,这样的产出组合称为生产可能性边界。生产可能线(生产可能性边界或生产转换线)是指在资源和生产水平既定的条件下,所能达到的两种产品的最大组合。在图1-1中,线段 AF 就是最大的生产可能线。

(2) 如何生产(生产要素组合,用什么方法)。生产什么确定之后,如何生产又是一个重要的问题。同样的产品组合,人类可以采取很多种不同的方式进行生产。是分工协作进行生产,还是个体单独进行生产?是多用机器的方式进行生产,还是多用劳动的方式进行生产?是采用 A 技术进行生产,还是采用 B 技术进行生产?如何生产的问题涉及生产的效率问题,而效率问题是经济学需要关注的至高无上的问题。生产方式的选择,技术水平的改进,生产关系的改善,都能够提高生产效率,结果是生产可能性边界不断向外扩展。

当前如何生产的问题也涉及环境的保护。生产和效率是经济学关注的主要问题,但是,一味地追求产出的最大化,有时往往忽视了对环境的保护,其结果,虽然一时的产品生产有了大幅度的提高,人们的物质生活丰富了,但是人类赖以生存的环境却遭到了不可恢复的破坏。从长远来看,这样的生产的增长是不可持续的,并不可取。

(3) 为谁生产(分配,如何分配)。这是经济学需要回答的第三个基本问题。为谁生产解释了我们如何对产品进行分配。按需分配,还是平均分配?平均分配,从结果来看是公平的,但是,人们预先知道分配的结果是平均的,那么在生产过程中干多干少都一样,就会有人在生产过程中采取少干或者不干的态度,这种态度一旦被大家纷纷效仿,生产的低效率就不可避免了。

马克思曾经设想过,在共产主义社会里,由于生产力极度发达和人们的觉悟非常高(劳动或者说创造成为人们生活中的第一需要),按需分配的原则是可以实现的。但是,在生产力水平或人们的觉悟还没有达到马克思所描述的程度时,过早推出按需分配的方式,是一定会失败的,这主要是因为对生产成果如何分配的制度涉及生产过程中的激励机制问题。在生产力水平较低和人们的觉悟较低的情况下,其他激励机制(如精神奖励等)难以持续发挥效果时,如果成功地将每人在生产过程中所做的贡献很好地衡量出来,那么根据每人在生产过程中的贡献大小进行社会产出的分配就是一个非常好的激励机制。

(4) 生产多少(数量)。生产可能性边界给出了一个国家的经济资源可以生产的产品组合的各种可能性,但它本身还是无法确定最佳组合应该在哪一个点上。这里就涉及有关经济信息的获得和决策过程的形成。首先,我们必须知道社会的偏好函数是什么,即社会到底需要多少粮食,多少航母?这里就有一个信息的收集和反映过程。其次,生产决策是根据社会的偏好,即全体社会成员的偏好还是社会中某一部分人的偏好做出?对这个问题的不同回答,涉及不同经济体制的问题。假定我们能够很好地发现社会偏好函数,而且决策机制是根据社会偏好函数建立的,那么我们就可以根据社会偏好函数找到最优的生产组合点。

(5)何时生产(时间)。由于资源的稀缺性,不但决定了选择的必要性,而且决定了选择时机的必要性。当你现在选择了自主创业而放弃了读大学,你可能成为像比尔·盖茨一样伟大的企业家;但也可能因为创业失败而成为一个碌碌无为的人。当你现在选择上大学而放弃了自主创业,你可能失去了一个现在创业的机会;但也可能因为上大学后找到了一份收入优厚的工作。当然,你也可以创业成功后再读大学,或者大学毕业后再创业。

课堂讨论:

(1)请同学们举例说明身边资源浪费的事情。

(2)时间是稀缺的,对于一个大学生来说期末考试前的时间尤其如此。假设在期末考试前你有50个小时的复习时间,而又需要同时应付两门功课:数学与西方经济学,把这两门功课的考试成绩看作投入时间资源后获得的产出,请你画出在既定时间资源和复习技巧约束下考试分数的"生产可能性边界曲线"。如果某个你多年未见的老友突然来访,你花费了两天的时间去尽地主之谊,你考试分数的"生产可能性边界曲线"将会如何变化?为什么?

(3)北京和上海为了解决城市拥堵问题,分别采用摇号和竞拍的方式发放车牌,你认为这两种方式各有什么利弊?你有什么更好的建议?

> **知识链接 1-5**
>
> **稀缺资源的主要配置方式**
>
> 稀缺资源一般可以通过下列方式进行配置。
>
> (1)市场机制。当资源通过市场进行配置时,愿意而且能够支付最高价格的人将获得这种资源。
>
> (2)计划或命令。即使在市场经济国家,计划及命令被广泛地运用于企业内部和政府部门。在企业,管理者决定员工每天做什么,这就是命令机制在发挥作用。在转轨经济体中,计划机制配置稀缺资源的范围更广。
>
> (3)多数法则。多数法则就是通过投票,按照少数服从多数的原则来配制稀缺资源。预算的分配方案就是通过多数法则决定的,如多少钱用于教育,多少钱用于国防等等。决定稀缺资源在公共部门和私人部门之间进行分配的税率也是通过多数法则来决定的。
>
> (4)竞赛。竞赛就是将稀缺资源配置给比赛的优胜者,如奖金的分配。市场份额及其附加的利润也是由优胜者获得,如微软就是操作系统竞赛的优胜者。

(5) 排队机制。排队机制就是使用"先到先得"的方式对稀缺资源进行配置。通过"排队"的方式将稀缺资源直接分配或以低于市场均衡价格的价格分配给那些最愿意花时间排队等候的人,而不是分配给那些愿意并且有能力支付最高价格的人。大学食堂的座位、公共汽车上的座位、小区的免费停车位都不接受预订,而是按照时间顺序,先到先得。

(6) 随机分配。随机分配通过"抓阄"或"抽签"的方式分配稀缺资源。目前,北京的车牌、买新股就是采用抽签摇号的方式产生。

(7) 个人特征。根据个人特征对稀缺资源进行分配,如根据毕业生的性别、年龄、学历、毕业学校等分配工作机会。

改编自:卫志民.微观经济学[M].北京:高等教育出版社,2012:第一章.

第二节 经济学的研究方法与分析工具

一、实证分析与规范分析

(一)实证分析

实证分析是一种描述性分析,只研究经济是如何运行的,给出客观事实并加以解释,不对是否符合某种价值标准做判断。如在其他条件不变时,汽车的价格下降20%,销售量会变化吗?怎样变化?变化多少?厂商的收益会因此增加吗?如果没有增加,原因是什么?

(1) 实证分析不讲价值判断。

(2) 回答"是什么"的问题,即只描述不评价。

(3) 结论具有较强的客观性。

举例:假如研究粮食与航母增长的因素是什么,这种增长本身又具有什么规律等。通过研究可发现,如果资本量和劳动量各增加1%,则粮食和航母的产量也各增加1%。通过实践,也可以验证这一规律,证实这一结论。这就是实证分析,这一结论并不会因为人们关于粮食与航母对社会意义的不同看法而改变。

(二)规范分析

规范分析以一定的价值判断或规范为标准,研究经济应当如何运行。如公园在旅游旺季提高票价的这种做法对吗?人民币应该升值吗?汽车应该降价销售吗?

(1) 规范分析以价值判断为基础。

(2) 回答"应该是什么"的问题,需要做好坏的评价。

(3) 结论受不同价值观的影响。

例如,研究粮食与航母的增长到底是一件好事,还是一件坏事?有人从增长会给社会经济带来福利增加的角度出发,认为增长是一件好事;有人从增长会给经济社会带来环境污染的角度出发,认为增长是一件坏事。两种不同的结论体现了具有不同价值判断标准的人对这一问题的不同看法。实际上,粮食和航母的增长既会有好的影响,也会有坏的影响,这两种观点谁是谁非有时很难讲清楚。

同样是研究粮食与航母的增长问题,实证分析与规范分析显然是不同的。然而,实证分析与规范分析虽然目的不同,却难以截然分开。如微观经济学主要采用实证分析,但微观经济学中的福利经济学、制度经济学的部分则采用规范分析;宏观经济学则主要采用规范分析。

知识链接 1-6

定性分析与定量分析

定性分析是一种传统的分析方式,更多依赖于经验感觉、归纳演绎、抽象概括、综合分析等对事物的发展趋势和方向做出判断,具有化繁为简、化难为易的特点。直观性、通俗性强,无须经过复杂的考量和繁难的公式计算,分析时效快、成本低。但这种方式的缺点也非常明显,凭感觉随意性强。因而,也就容易出现失误。

定量分析是随着20世纪兴起的运筹学、数量经济学、系统论等现代数学和信息技术手段的兴起而发展起来的新型分析方式和方法,更多依赖于数理统计分析等现代分析方法对事物的发展变化幅度做出量化的研究和判断结果。该分析方法可操作性强,能够解决定性分析所不能解决的高难度复杂问题,容易传递。

但定量分析决策也有明显的不足,就是不能脱离定性分析而独立存在,离开对事物性质和本质的正确认识,再精细的分析方法也难以有效发挥作用;有时也显得画蛇添足。因此,要把定性研究分析与定量研究分析有机结合。

二、经济模型的运用

(一) 经济模型

经济模型(Economic Model)是一种分析方法,用来描述所研究的经济事物的有关经济变量之间相互关系的理论结构,主要研究经济现象间互相依存的数量关系,可以用文字语言、函数关系、公式或图形等形式来表示。其目的是反映经济现象的内部联系及其运动过程,帮助人们进行经济分析和经济预测,解决现实的经济问题。

下面以供求为例介绍经济模型。

抽象出供给量、需求量和价格,数学表达式如下:

$$Q_d = \alpha - \beta P \tag{1-1}$$

$$Q_s = -\delta + \gamma P \tag{1-2}$$

式(1-1)为需求方程,式(1-2)为供给方程。由于它们都是表示参与者的经济行为所导致的后果,也被称为行为方程式。式中,α、β、δ、γ 均为常数,且均大于零。

一般地,模型方程式数目应与所包含的变量数目相等,并满足有解的要求。

$$Q_d = Q_s \tag{1-3}$$

式(1-3)是均衡条件,也被称为均衡方程式。由此可以求解出均衡价格 P_e 和均衡数量 Q_e。

例 1-1　假定某商品市场需求函数为 $Q_d=12-2P$,供给函数为 $Q_s=2P$。求均衡价格 P_e 和均衡产量 Q_e 各是多少?

解:由均衡时 $Q_d=Q_s$,得

$$12-2P=2P$$

解得

$$P_e=3$$

将 $P_e=3$ 代入需求方程得

$$Q_e=6$$

将 $P_e=3$ 代入供给方程得

$$Q_e=6$$

(二) 变量

经济数学模型一般是由一组变量所构成的方程式或方程式组来表示的。变量是经济模型的基本要素。变量可以被区分为内生变量、外生变量和参数。

内生变量是指由模型决定的变量,如上式中的 P 和 Q。P 为自变量,Q 为因自变量 P 变动而变动的因变量。

外生变量指由模型以外的其他因素决定的已知的变量,它是模型据以建立的外部条件。

内生变量可以在模型体系内得到说明,外生变量决定内生变量,而外生变量本身不能在模型体系内得到说明。外生变量发生变动,将引起内生变量值发生变化。

参数是指数值不变的变量。参数通常是由模型以外的因素决定的,往往也被看成是外生变量。

如人们的收入水平显然是上述均衡价格模型以外的因素。作为外生变量的收入却会影响人们的需求量。

(三) 经济模型的主要分类

经济模型主要可以分为数理模型和计量模型。

1. 数理模型

定义:在数理经济学中所使用的经济模型。

特点:把经济学和数学结合在一起,用数学语言来表述经济学的内容。使用数学公式表述经济学概念,使用数学定理确立分析的假定前提,利用数学方程表述一组经济变量之间的相互关系,通过数学公式的推导得到分析的结论。

2. 计量模型

定义:在计量经济学中所使用的经济模型。

特点:把经济学、数学和统计学结合在一起,来确定经济关系中的实际数值;主要内容:建立模型、估算参数、检验模型、预测未来和规划政策。

> **知识链接 1-7**
>
> **假设演绎法**
>
> 　　假设演绎法是指在假设的纯粹状态中,演绎和推论出各种预想的结果,以求用一种简明的方式把复杂的现象联系起来。这种方法在经济分析中的运用,导致包括变量、假设、假说、预测的理论模型的建立。
> 　　(1) 变量是指相互有关系的因素。
> 　　(2) 假设是理论模型用来说明事实的限定条件。
> 　　(3) 假说是关于经济变量之间如何发生互相联系的判断。
> 　　(4) 预测是根据理论假说对事物未来发展趋势和变化的方向、大小、程度等做出的判断,它是在理论限定的范围内用逻辑规则演绎出来的结果。

三、均衡分析与边际分析

(一) 均衡分析

　　均衡是从物理学中引进的概念。在物理学中,均衡表示:同一物体同时受到几个方向不同的外力作用而合力为零时,该物体所处的静止或匀速运动的状态。英国经济学家马歇尔(Alfred Marshall)把这一概念引入经济学中,主要是指经济中各种对立的、变动着的力量处于一种力量相当、相对静止、不再变动的境界。

　　因此,经济学中的均衡指这样一种相对静止状态:经济主体不再改变其行为的状态。即经济行为人意识到改变决策行为(如调整价格、调整产量)已不能获得更多利益,从而不再有改变行为的倾向;或两种相反的力量势均力敌,使力量所作用的事物不再发生变化,前者如消费者均衡、生产者均衡,后者如均衡价格、均衡产量。

　　均衡分析是指经济变量达到均衡时的情况及实现条件。均衡分为局部均衡与一般均衡。局部均衡分析是指假定在其他条件不变的情况下,来分析某一时间、某一市场的某种商品(或生产要素)供给与需求达到均衡时的价格决定。一般均衡分析则是在各种商品和生产要素的供给、需求、价格相互影响的条件下,来分析所有商品和生产要素的供给和需求同时达到均衡时所有商品的价格如何被决定。

　　一般均衡分析是关于整个经济体系的价格和产量结构的一种研究方法,是一种比较周到和全面的分析方法,但由于一般均衡分析涉及市场或经济活动的多方面,而这些又是错综复杂和瞬息万变的,因此使得这种分析非常复杂和耗费时间。所以在西方经济学中,大多采用局部均衡分析。

(二) 边际分析

　　在现代汉语中,边际是指边缘、界限的意思。在经济学中,边际有额外的、追加的意思,指处于边缘时,再增加一个单位所发生的变化,属于导数和微分的概念。

　　边际的含义就是因变量关于自变量的变化率,说得通俗点,就是指自变量变化一个单位时,因变量的变化情况。边际分析是一种分析自变量变动与因变量变动的关系的方法。

边际分析也称边际分析法,是指运用微分方法研究经济中的增量变化,以分析各经济变量之间的相互关系及变化过程。通过对增量的对比来决定是否采取或取消一种经济行为,即把追加的支出和追加的收入相比较,两者相等时为临界点。如果组织的目标是取得最大利润,那么当追加的收入和追加的支出相等时,这一目标就能达到。

边际分析法是经济学的基本研究方法之一,不仅在理论上,而且在实际工作中也起着相当大的作用。边际分析法广泛运用于经济行为和经济变量的分析过程之中,经常考虑的边际量有边际效用(MU)、边际收入(MR)、边际成本(MC)、边际产量(MP)、边际利润(MB)等。

边际分析法的特点如下。

(1) 它是一种数量分析和变量分析。

(2) 研究微增量的变化及变量之间的关系时,可精细分析各种经济变量间的关系及其变化过程,更严密。

(3) 它是最优分析。边际分析实质上是研究函数在边际点上的极值。

(4) 它是现状分析。对新出现的情况进行分析,即属于现状分析。这显然不同于总量分析和平均分析,总量分析和平均分析实际上是过去分析。

四、静态分析与动态分析

以是否考虑时间因素为标志,区分为静态分析和动态分析。

(一) 静态分析

静态分析就是分析经济现象的均衡状态以及有关的经济变量达到均衡状态所具备的条件,它完全抽象掉了时间因素和具体的变化过程,是一种静止的、孤立的考察某种经济事物的方法。这是一种根据既定的外生变量值求得内生变量值的分析方法。

如研究均衡价格时,舍掉时间、地点等因素,并假定影响均衡价格的其他因素,如消费者偏好、收入及相关商品的价格等静止不变,单纯分析该商品的供求达到均衡状态的产量和价格的决定。

静态分析法分析经济现象达到均衡时的状态和均衡条件,而不考虑经济现象达到均衡状态的过程。应用静态分析方法的经济学称为静态经济学。

比较静态分析是指研究外生变量变化对内生变量的影响方式,以及分析比较不同数值的外生变量下内生变量的不同数值的一种方法。比较静态分析与静态分析一样抽象掉了时间。

从均衡状态的研究角度来看,比较静态分析考察当原有的条件发生变化时,原来的均衡状态会发生什么变化,并分析比较新旧均衡状态。但只对既成状态加以比较,不涉及条件变化的调整过程。

例如,已知某商品的供求状况,可以考察其供求达到均衡时的价格和需求量。现在,由于消费者的收入增加而导致对该商品的需求增加,从而产生新的均衡,使价格和需求量都较以前提高。这里,只把新的均衡所达到的价格和需求量与原均衡的价格和需求量进行比较,这便是比较静态分析。

> **静态分析与比较静态分析的联系与区别**
> 1. 从数学模型的角度比较
> (1) 联系:两者都是根据外生变量求内生变量,且都不考虑时间因素。
> (2) 区别:静态分析是根据既定的外生变量求内生变量;比较静态分析是根据变化了的外生变量求内生变量。
> 2. 从均衡的角度比较
> (1) 联系:都是考虑均衡状态的特征(数值)。
> (2) 区别:静态分析是考察既定条件下变量达到均衡时的特征;比较静态分析是比较新旧均衡点的分析方法。

(二) 动态分析

在经济学中,动态分析是对经济变动的实际过程所进行的分析,其中包括分析有关变量在一定时间过程中的变动,这些经济变量在变动过程中的相互影响和彼此制约的关系,以及它们在每一个时点上变动的速率等。动态分析法的一个重要特点是考虑时间因素的影响,并把经济现象的变化当作一个连续的过程来看待。

动态分析因为考虑各种经济变量随时间延伸而变化对整个经济体系的影响,因而难度较大,在微观经济学中,迄今占有重要地位的仍是静态分析和比较静态分析方法。在宏观经济学中,特别是在经济周期和经济增长研究中,动态分析方法占有重要的地位。

> **动态分析与静态分析的区别**
> 静态分析与动态分析是两种有着质的区别的分析方法,两者分析的前提不同,适用的条件不同,因此得出的结论常常不一致,甚至相反。必须记住的是:静态分析的结论既不能用动态资料来验证,也不能用动态资料来证伪。
> 动态分析加进了时间因素,考察时间变化而使经济均衡调整的路径或过程。

第三节 西方经济学概述

一、西方经济学的含义

西方经济学是一个泛指的概念,泛指大量与经济问题有关的各种不同的文献、资料和统计报告等,涉及图1-4所示的三大类别的内容。①企事业经营管理的经验、方法总结,如企业质量管理分析、生产运作管理等,偏重于纯粹的管理技术;②一个部门或经济问题的研究成果,如环境经济学、资源经济学等,其特点是仅涉及经济生活中的某一特定领域;

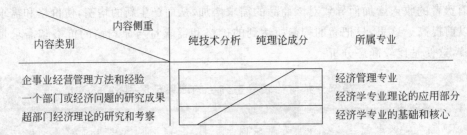

图 1-4 西方经济学涉及的三大类别内容

③超部门经济理论的研究和考察,如微观经济学、宏观经济学、数理经济学等,主要内容为经济理论及经济政策和有关问题的解决途径,包括经济史的研究、方法论体系、对经济现象的理论研究。

本课程重点侧重第三类别内容,也就是偏重经济学理论的部分。

西方经济学存在许多派别,有主有次。本课程主要阐述居统治地位的流行说法。通常所说的西方经济学是指 19 世纪 30 年代以来,特别是第二次世界大战后,在西方经济理论界有重要影响的(主流的)经济学说或基本理论。

西方经济学的特点:随着历史条件的变迁而不断改变其内容的学科。

二、西方经济学的由来和演变

(一)重商主义

年代:16—18 世纪。

代表人物:英国托马斯·孟、法国柯尔贝尔。

主要观点如下。

(1) 把金银看作财富的唯一形式,认为对外贸易是获得货币财富的真正源泉。

(2) 只有在贸易中多卖少买,才能给国家带来货币财富。

(二)古典经济学

年代:1830 年前。

代表人物及代表作:1758 年法国重农学派魁奈的《经济表》;1776 年英国亚当·斯密的《国富论》;1817 年英国李嘉图的《政治经济学及赋税原理》。

(三)庸俗经济学

年代:18 世纪末—19 世纪 70 年代。

代表人物:英国西尼尔、英国穆勒、法国萨伊、英国马尔萨斯等。

主要观点:"节欲论"和折中主义。

主要任务:反对空想社会主义。

(四)新古典经济学(庸俗经济学后)

代表人物及代表作如下。

(1) 边际革命、边际三杰：19世纪70年代，英国杰文斯（政治经济学理论，1871年）、法国/瑞士瓦尔拉斯（纯经济学要义，1874年）、奥地利门格尔（国民经济学原理，1871年）几乎同时提出边际效用价值论。

(2) 剑桥学派。20世纪初由英国马歇尔 A（Alfred Marshall，1842—1924年）（见图1-5）创建。

(3) 马歇尔的门生庇古 A C、罗伯逊 D H（1890—1963年）等长期在英国剑桥大学任教。

(4) 马歇尔《经济学原理》1890年第一版。马歇尔综合了边际三杰的成果，提出系统的微观经济理论，广泛流行于西方。

主要观点如下。

运用数学方法，从供求角度分析市场价格，以解决资源配置、资源报酬等问题，主张市场自发调节。

图1-5　马歇尔 A

边际分析法的意义

第一，经济学研究重心发生转变。由原来带有一定"社会性、历史性"的政治经济学转为纯粹研究如何抉择有限稀缺资源分配给无限而又有竞争性的用途上，以有效利用。

第二，开创经济学的"数量化"时代。

第三，导致以"个量分析"为特征的微观经济学的形成。强调主观心理评价。

第四，奠定了最优化理论的基础。推出最优资源配置，最优收入分配，最大经济效益及整个社会达到最优的一系列条件和标准。

第五，使实证经济学得到重大发展。

图1-6　凯恩斯 J M

马歇尔微观经济学的三次主要修改与补充。

第一次的修改和补充涉及垄断问题。20世纪初垄断的形成，使原来以完全竞争为条件的微观理论受到挑战。在1933年，英国的罗宾逊、美国的张伯伦提出了不完全竞争和垄断竞争理论。

第二次修改和补充涉及马歇尔的假设条件和主要结论。1929年后的大萧条使自由市场经济理论受到挑战。1936年英国凯恩斯（John Maynard Keynes，1883—1946年）（见图1-6）出版了《就业、利息和货币通论》（简称《通论》），提出了国家干预经济思想，标志着宏观经济学的产生。

凯恩斯宣称：资本主义的自发作用不能保证资源的使用达到充分就业的水平，因此，资本主义国家必须干预经济生活以便解决失业和经济的周期性波动问题。为西方国家干预经济生活的政策奠定了理论基础。

第三次修改和补充涉及价值论与一般均衡论。1939年英国希克斯出版了《价值与资本》。马歇尔的价值论被称为基数效用论，而基数效用论有两个使西方学者在理论上处于不利地位的假设条件，即效用量是可以衡量的和边际效用递减。

按照边际效用递减的观点，货币的边际效用也是递减的。根据这一说法，同样的一块钱，对于穷人的效用要大于对富人的效用，因为富人持有的货币收入大于穷人。这样，如果从富人那里取走一块钱而把它给予穷人,那么,整个社会的效用总量或福利便会增加。这种"转移支付"显然不利于资产阶级,从而也是资产阶级经济学必须加以否定的。

希克斯提出了序数效用论。序数效用论可以在形式上避免上述基数效用论两个不利于资产阶级的假设条件,与此同时又能得到马歇尔用基数效用论所得到的需求曲线。

资产阶级经济学发展阶段见表1-2。

表1-2 资产阶级经济学发展阶段

	年 代	理论基础	代表人物	代表作	任务目的
重商主义	16—18世纪	金银财富	托马斯·孟、柯尔贝尔		主张国家干预经济
古典经济学	1830年前	劳动价值论	亚当·斯密、李嘉图	《国富论》(1776年)	提出"看不见的手"的论断
庸俗经济学	18世纪末—19世纪70年代	"节欲论"、折中主义	西尼尔、穆勒		反对空想社会主义
新古典经济学	19世纪70年代以后	边际效用价值论	杰文斯、瓦尔拉斯、门格尔	政治经济学理论(1871年)	抗衡马克思的劳动价值论

资产阶级经济学发展阶段——马歇尔理论

	假设条件	目的	理论基础	主要结论	奉行政策
马歇尔理论《经济学原理》(1890年)	完全竞争、充分就业	理想化的资本主义模式	基数效用论	价格制度的自发调节作用能使资源达到最优配置	自由放任,国家不干预

资产阶级经济学发展阶段——马歇尔理论三次修改与补充

	时间	代表人物	涉及问题	代表作	主要结论	奉行政策
第一次修改	1933年	张伯伦、罗宾逊	垄断问题	《垄断竞争理论》		
第二次修改	1936年	凯恩斯	马歇尔的假设条件和主要结论	《就业、利息和货币通论》	自发作用不能保证充分就业	国家干预
第三次修改	1939年	希克斯	价值论与一般均衡论	《价值与资本》	理论基础:序数效用论	

(五)现代经济学:新古典综合派

现代经济学直接源于:马歇尔创立的微观理论;凯恩斯创立的宏观理论。

代表人物:美国萨缪尔森 P A(Paul Anthony Samuelson, 1915—2009)(见图1-7),芝加哥大学文学学士,哈佛大学文学硕士、经济学博士。从1940年起,萨缪尔森一直执教于麻省理工学院。1970年获得诺贝尔经济学奖。代表作:《经济分析的基础》(1947年)、《经济学》(1948年)。

第二次世界大战后,凯恩斯主义流行使西方经济学出现漏洞:一方面,传统西方经济学以个量分析为主,奉行不干预政策;另一方面,凯恩斯则偏重分析总量,主张国家干预政策。如此,矛

图1-7 萨缪尔森 P A

盾产生了。

于是,萨缪尔森把微观理论和宏观理论综合在一起,建立了新古典综合派理论体系——现代流行的西方经济学主流体系。

(1) 微观经济学:包括第一次和第三次修改和补充的马歇尔创立的微观理论,研究个量问题,以充分就业为分析的前提,强调自我调节("看不见的手"),奉行不干预政策。

(2) 宏观经济学:包括第二次修改和补充内容的凯恩斯创立的宏观理论,考察总量问题,着重研究各种不同水平的就业量的情况,主张国家干预("看得见的手")。

萨缪尔森的主要观点如下。

① 传统的自由放任和凯恩斯的国家干预代表同一理论体系所涉及的两种不同情况。

② 现代资本主义为混合经济,由"私营"和"公营"两个部分组成,前者的不足之处可以由后者加以弥补。前者的作用由微观经济学所分析,后者的必要性由宏观经济学所论证。

(六) 当代西方经济学理论派别

进入 20 世纪 70 年代,西方世界出现滞胀,即失业与通货膨胀并存(1973—1975 年世界性经济危机),给新古典综合派的宏观经济学的部分以致命的打击。该学派理论表明:失业(经济活动小于充分就业)与通货膨胀(经济活动大于充分就业)不可能同时存在。与事实相悖。

新古典综合派的观点:解决失业,应增加支出,扩大需求,增加就业数量;解决通胀,应减少支出,降低需求,消除通胀;在滞胀时,出现了自相矛盾;增加支出,扩大需求,增加就业,也会加剧通胀;减少支出,降低需求,消除通胀,也会加剧失业。

于是,出现新的经济学派别:货币主义、理性预期学派、供给学派、新剑桥学派、新奥地利学派、新制度学派等,形成了西方现代经济学(见图 1-8)。

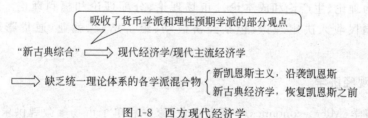

图 1-8 西方现代经济学

然而,对资本主义经济最严重的"滞胀"问题只能在文字上加以描述和辩解,但仍提不出有效的对策和解决方案。

三、西方经济学企图解决的核心问题

西方经济学企图为资本主义解决两个核心问题。

一是在意识形态上,宣传资本主义制度的合理性和优越性,从而加强对该制度永恒存在的信念。早在 200 多年前,西方经济学的鼻祖亚当·斯密已经提出了被称为"看不见的手"的著名论断,其大意为资本主义的市场经济可以通过理性人追求自己利益的最大化达到社会利益的最优。

> **知识链接 1-8**
>
> **"看不见的手"**
>
> 每个人都在力图应用他的资本以使其产品能得到最大的价值。一般来说,他并不企图增进公共福利,也不知道他所增进的公共福利为多少。他所追求的仅仅是他个人的安乐,仅仅是他个人的利益。
>
> 在这样做时,有一只看不见的手引导他去促进一种目标,而这种目标绝不是他所追求的东西。由于追逐他自己的利益,因此他经常促进了社会利益,其效果要比他真正想促进社会利益时所得到的效果更大。
>
> 资料来源:亚当·斯密.国富论(下册)[M].伦敦:丹特公司,1955:246.

斯密虽然提出了"看不见的手"的原理,但却仅以论断的方式把该原理陈述出来,并没有对它加以证明。有鉴于此,斯密之后的西方经济学者纷纷致力于这一论证的工作,并试图为这一论断建立一个出色的合乎逻辑的体系。

西方学者试图建立这一合乎逻辑的体系的过程就是西方经济学发展的过程;这一合乎逻辑的体系即为西方经济学的内容。

二是作为上层建筑,总结资本主义的市场经济运行的经验并把经验提升为理论,为这一制度所面临的经济问题,如失业、垄断、经济萧条、劳资对立、通货膨胀、贫富悬殊等,提供政策建议,以便改善其运行。

四、宏观经济学与微观经济学的联系与区别

西方经济学研究的基本问题,微观部分可概括为供求理论、消费者行为理论(效用论)、厂商行为理论(生产论和成本论)、市场理论、分配理论和福利理论。宏观部分的核心问题是国民收入决定理论,包括经济波动、经济增长、就业、通货膨胀和国家财政等。

(一)微观经济学

微观经济学(Microeconomics):研究企业、家庭和单个市场等微观供求行为与价格之间的关系。

研究对象:个别经济单位(居民户、厂商)的经济行为。

解决的问题:资源配置。

中心理论:价格理论(看不见的手,Invisible Hand)。

研究方法:个量分析。研究经济变量的单项数值如何决定。

微观经济循环流动图与微观经济学的体系框架见前言(第1版)中图0-1及相关文字。概括起来,微观经济学的研究是在三个逐步深入的层次上进行的。第一个层次是研究单个消费者和单个生产者的最优决策问题;第二个层次是研究单个市场的价格决定问题;第三个层次是研究一个经济社会中所有单个市场的价格的同时决定问题。

学习微观经济学有助于理解以下问题。

（1）各种商品的价格是由什么因素决定的？

（2）为什么有的产品（如大白菜）卖出去的数量多了，收益反而可能下降了；而有的产品（如石油）减少供给量，收益可能会上升？

（3）工人的工资由什么决定？

（4）为什么著名歌星的收入是著名科学家的很多倍，尽管后者对社会的贡献可能更大？

（5）消费者怎样花费他的收入是最优的？

（6）利润最大化的生产者应该怎样花费其成本，如何给产品定价？

（7）为什么有的行业（如汽车行业）中厂商的规模很大而数量很少，而有的行业（如牙膏行业）数量很多但规模不大？

（8）为什么电信运营商（如中国移动）可以给自己的服务定价，而客户只能被动地接受市场的价格？

……

微观经济学分析方法与手段

与其他学科尤其是宏观经济学相比较，微观经济学在理论面貌和研究方法上有如下主要特点，即运用经济模型，以个量分析为基本方法，以个人利益最大化为目标，以边际分析为主要工具，以均衡状态分析为依托，以实证分析为主要手段。

（二）宏观经济学

宏观经济学（Macroeconomics）：研究一个国家整体经济的运行，以及政府运用经济政策来影响整体经济等宏观经济问题。

研究对象：整个经济（政府行为）。

解决的问题：资源利用。

中心理论：国民收入决定理论（一只有形的手——凯恩斯主义）。

研究方法：总量分析。

学习宏观经济学有助于理解以下问题。

（1）国民产出水平是如何决定的？

（2）利率下降时，投资会变化吗？

（3）国民总产出受投资变化的影响吗？

（4）为什么会有失业？

（5）是什么原因使有的国家长期遭受高失业率的困扰，而有的国家失业率却很低？

（6）什么因素引起了通货膨胀？又是什么因素决定了国民经济的长期增长？

（7）为什么会出现有规律的波动？

……

微观经济学与宏观经济学比较见表1-3。

表 1-3　微观经济学与宏观经济学比较

	研究对象	解决的问题	中心理论	研究方法
微观经济学	个别经济单位的经济行为	资源配置	价格理论（看不见的手）	个量分析
宏观经济学	整个经济	资源利用	国民收入决定理论（一只有形的手）	总量分析

微观经济学与宏观经济学的关系

这两种经济运行的分析方法各有长处，相辅相成。总量要以个量为基础，但总量又并非是个量的简单合成。

联系：两者互相补充；资源充分利用与合理配置是经济学的两个方面；微观经济学是宏观经济学的基础；两者都是实证分析。

区别：微观经济学的本质是市场有效，市场万能；宏观经济学的基本假设是市场失灵，市场不完善，政府有能力。

本章小结

经济学研究稀缺资源的有效配置与利用，在有限资源的各种可供利用的组合中，进行选择的科学。

经济学研究的基本前提是人类欲望的无限性和资源的稀缺性。经济学研究的是人们和社会如何有效地解决人类欲望无限性和资源有限性之间的矛盾。

传统西方经济学有完全理性、完全竞争、完全信息三大基本假设，一般均衡理论就是基于这三大基本假设论证资源配置的最优状态的。

资源虽然是稀缺的，但具有多种用途和用法，应当进行选择，使资源配置最优化。经济学研究的基本内容，即资源的有效配置和利用这两大基本问题。

对稀缺资源如何进行合理的配置和利用实际上就是要回答生产什么、如何生产、为谁生产、生产多少、何时生产这 5 个经济学的基本问题。

经济学的研究方法与分析工具主要包括实证分析与规范分析、经济模型的运用、均衡分析与边际分析、静态分析与动态分析。

西方经济学是一个泛指的概念，泛指大量与经济问题有关的各种不同的文献、资料和统计报告等。

西方经济学企图为资本主义解决两个核心问题：一是在意识形态上，宣传资本主义制度的合理性和优越性；二是作为上层建筑，总结资本主义的市场经济运行的经验并上升为理论，为这一制度所面临的经济问题提供政策建议。

微观经济学研究企业、家庭和单个市场等微观供求行为与价格之间的关系。宏观经济学：研究一个国家整体经济的运行，以及政府运用经济政策来影响整体经济等宏观经济问题。

西方经济学研究的基本问题，微观部分可概括为供求理论、消费者行为理论（效用论）、厂商行为理论（生产论和成本论）、市场理论、分配理论和福利理论。宏观部分的核心问题是国民收入决定理论,包括经济波动、经济增长、就业、通货膨胀和国家财政等。

本章内容结构

经济学导论
- 经济学研究的基本内容
  - 两个基本前提：欲望无限性与资源稀缺性
  - 三个基本假设：完全理性、完全竞争、完全信息
  - 两大基本问题：资源配置与资源利用
- 经济学的研究方法与分析工具
  - 实证分析与规范分析
  - 经济模型的运用
  - 均衡分析与边际分析
  - 静态分析与动态分析
- 西方经济学概述
  - 西方经济学的含义
  - 西方经济学的由来和演变
    - 重商主义
    - 古典经济学
    - 庸俗经济学
    - 新古典经济学
    - 现代经济学：新古典综合派
  - 西方经济学构成
    - 微观经济学
    - 宏观经济学

综 合 练 习

一、名词解释

经济学　　欲望　　无限性　　资源　　稀缺性　　理性人
经济人　　资源配置　　资源利用　　实证分析　　规范分析　　均衡分析
边际分析　　经济模型

二、选择题

1. 经济学可定义为(　　)。
   A. 政府对市场制度的干预
   B. 企业取得利润的活动
   C. 研究如何最合理地配置稀缺资源于诸多用途
   D. 人们靠收入生活

2. "资源稀缺性"是指(　　)。
   A. 世界上大多数人生活在贫困中
   B. 相对于资源的需求而言,资源总是不足的
   C. 资源必须保留给下一代
   D. 世界上资源将由于生产更多的物品和劳务而消耗光

3. 经济学研究的基本问题是(　　)。
   A. 怎样生产　　　　　　　　B. 生产什么,生产多少
   C. 为谁生产　　　　　　　　D. 以上都包括
4. 以下(　　)不是微观经济学所考察的问题。
   A. 一个厂商的产出水平　　　B. 失业率的上升或下降
   C. 高税率对货物销售的影响　D. 某一行业中雇用工人的数量
5. 下列(　　)不是实证经济学命题。
   A. 美联储(Fed)理事会 2012 年 2 月 21 日会议决定将贴现率维持在 0.75% 不变
   B. 德国 2011 年失业率为 7.1%,降到了 1991 年以来的最低点
   C. 联邦所得税对中等收入家庭是不公平的
   D. 社会保险税的课税依据现已超过 30 000 美元

三、简答题
1. 为什么说稀缺性的存在与选择的必要产生了经济学?
2. 为什么经济学的研究对象是经济资源的合理配置和充分利用问题?

四、简述题
简述微观经济学的体系框架与主要研究内容。

推荐阅读

[1] 高鸿业. 西方经济学[M]. 6 版. 北京:中国人民大学出版社,2014:第一章.
[2] 尹伯成. 西方经济学简明教程[M]. 8 版. 上海:格致出版社,2013:第一章.
[3] 卜洪运. 微观经济学[M]. 北京:机械工业出版社,2009:第一章.
[4] 朱中彬,等. 微观经济学[M]. 北京:机械工业出版社,2007:第一章.
[5] 范家骧,刘文忻. 微观经济学[M]. 2 版. 大连:东北财经大学出版社,2007:第一章.
[6] 厉以宁. 西方经济学[M]. 4 版. 北京:高等教育出版社,2015:第一章.
[7] 刘秀光. 西方经济学原理[M]. 3 版. 北京:清华大学出版社,2017:第一章.
[8] 袁志刚. 西方经济学[M]. 2 版. 北京:高等教育出版社,2015:第一章.
[9] 卫志民. 微观经济学[M]. 北京:高等教育出版社,2012:第一章.

第二章

供 需 理 论

【内容提要】

在市场经济中,市场这只"看不见的手"在调节资源配置中起主要的作用,而市场是由需求与供给两个方面构成的,本章主要从需求与供给深入分析市场均衡价格是如何形成的,以及需求弹性和供给弹性的相关知识。

【学习目标与重点】

- 重点掌握需求/供给、需求曲线/供给曲线、需求函数/供给函数、需求定理/供给定理等内容,掌握影响需求/供给的因素,理解需求量变动与需求变动的区别和需求定理的特例。
- 重点掌握供需均衡的形成,掌握需求/供给的变动对供需均衡的影响。
- 重点掌握需求的价格弹性、交叉弹性、收入弹性以及计算方法,掌握需求价格弹性与厂商收益的关系,理解影响需求价格弹性的因素。

【关键术语】

需求　供给　供需均衡　需求弹性　供给弹性　厂商收益

【引入案例】

2017年,农村丰产不丰收,该咋办

2017年,中国农村有一个问题,那就是"丰产不丰收"。产量高了,但卖的价格却低了,最后的收益反而不如产量低的时候。今年这在农村是一种非常普遍的现象,比如前几天的蒜薹、韭菜等,都是这种情况。

"20亩蒜薹不要了,欢迎自己过来采摘,中午管饭……"最近几天,这则关于蒜薹的消息在微信朋友圈中被广泛转发。以往被称为"贵族菜"的蒜薹,如今不但可以免费采摘,甚至还管饭,这不禁让人感觉有些不可思议。

近几年,农产品滞销、价格跳水的现象屡见不鲜,带给菜农们无限伤心和焦虑。如今,这一现象再一次上演——由于种植面积的扩大,产量增加,自2017年5月份进入收获期以来,蒜薹的收购价一路下滑,让农户遭遇了"蒜你完"行情,因此才会出现上面的请人免费来摘蒜薹的消息。

如今正值蒜薹上市的时节,2017年5月11日,记者来到商河县白桥镇,往年这个时候,村民们正热火朝天地将收获的蒜薹捆成捆儿,一趟一趟地往前来收购蒜薹的大车上搬,一片丰收繁忙的景象。而今年,不仅来收蒜薹的大车少了,农民们的脸上也不再洋溢

着丰收的喜悦，反而是一片愁容。

正在抽蒜薹的关王庙村村民李孝贵介绍，他家今年种了7亩地的大蒜，每亩地大概能收1500斤蒜薹。谈起今年蒜薹的行情，李孝贵便愁眉不展，"今年蒜薹的价格只有去年的一半。去年品相好的蒜薹能卖到3块2一斤，今年就不行了，基本上都在1块5左右，品相不好的去年1块2一斤，现在也就2毛了。"

对于为何今年蒜薹价格会下跌，村民李孝贵说，这都是因为种大蒜的人增多了。他介绍，白桥镇是整建制种蒜乡镇，镇上家家户户种蒜，产量一直很稳定。去年由于大蒜价格卖得好，周边乡镇的人眼红，就跟风种植大蒜，再加上今年气候好，雨水足，所以今年的蒜薹以及大蒜产量明显增加。"你想想，这么多人种大蒜，来收购的还是那些人，就要那些数量，这价格能上去吗。"

对此，市农业部门工作人员告诉记者，蒜薹价格大跌，主要原因在于种植面积大幅扩大，如果在短期内无法存放至冷库保鲜，那么为避免烂掉只能集中上市销售，而蒜薹作为蔬菜，短期市场消费量有限，因此出现阶段性供大于求情况，跌势难止。

很多农民发出这样的疑问：为什么收成这么好就是不赚钱呢？那么，面对"丰产不丰收"的问题，咱们农民该咋办呢？到底是什么原因造成"菜贱伤农"现象的发生？市场如何才能走出"菜贱伤农"的怪圈？

改编自：钱堃."菜贱伤农"频上演 如何走出"丰产不丰收"的怪圈［OL］. 济南日报，2017-05-15，http://news.163.com/17/0515/11/CKFN9J0G00018AOP.html

思考：
如何看待这种现象？"菜贱伤农"原因何在？为什么会出现"丰产不丰收"的现象？

第一节 需求与供给

一、需求与需求曲线

（一）需求的含义

一种商品的需求（Demand）：在一定时期内，在各种可能的价格水平，人们愿意并且能够购买的商品量。根据定义，需求包括两层含义：第一，消费者有购买欲望（愿意——购买欲望）；第二，消费者要有购买能力（能够——购买能力）。需求是购买欲望和购买能力的统一，两个条件缺一都不能构成有效需求。

个案研究 2-1

有 效 需 求

1840年鸦片战争后，英国企业界为开辟了中国这样一个大市场而高兴。他们把国内大量的物品，如棉布、棉纱，甚至于娱乐的钢琴、吃饭的刀叉都整船地运往中国，以为可以在中国这个大市场上大大地赚上一笔。然而，钢琴对于当时绝大多数的中国人而言，属于奢侈品，是不具备消费能力的；刀叉价格虽然低廉，即使是普通人也消费得起,但没有消费意愿,因为当时西餐在中国并不流行。结果可想而知,由于当时中国的市场上并不存在对刀叉和钢琴的有效需求,所以根本就卖不出去。

再如当今社会,人人都想买车买房,然而,只有那些想买车买房又买得起的才是真正有效的需求,至于那些买不起的并不算是经济学上的需求。如果只考虑想买却不考虑是否买得起时,就会夸大市场(需求量),做出误判。

(二)需求表

需求表:某种商品的各种价格水平和与之相对应的该商品需求量之间关系的数字序列表,即用数字表格的形式来表示商品的价格和需求量之间的函数关系,见表2-1。

表2-1 某商品的需求表

价格—数量组合	A	B	C	D	E	F	G
价格 P/元	1	2	3	4	5	6	7
需求量 Q(单位数)	700	600	500	400	300	200	100

(三)需求曲线

需求曲线:根据需求表中商品不同的价格—需求量的组合在平面坐标图上所绘制的一条曲线。图2-1是根据表2-1绘制的某商品的一条需求曲线。

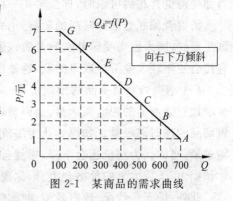

图2-1 某商品的需求曲线

应该指出的是,与数学上的习惯相反,在微观经济学中分析需求曲线和供给曲线时,通常以纵轴表示自变量 P,以横轴表示因变量 Q。

由图2-1可知,需求曲线有一个明显的特征,向右下方倾斜,即它的斜率为负值。该特征表示商品的需求量和价格之间呈反方向变动的关系。

(四)需求定理

需求定理:一般而言,在其他条件不变的情况下,需求量随着价格的上升而减少,随着价格的下降而增加,即需求量与价格呈反方向变动:$P\uparrow,Q\downarrow;P\downarrow,Q\uparrow$。

但有时需求量与价格不呈反方向变动,这种特殊情况将在后面介绍。

二、影响需求的因素与需求函数

(一)影响需求数量的因素

一种商品的需求数量是由很多因素共同决定的,其中主要的因素有:该商品的价格、消费者的收入水平、相关商品的价格、消费者的偏好和消费者对该商品的价格预期等。价格和收入主要影响购买能力,消费者偏好和预期主要影响购买欲望。它们各自对商品的需求数量的影响如下。

(1) 商品本身的价格。一般来说,一种商品的价格越高,该商品的需求量就会越小。反之,价格越低,需求量就会越大。如果每瓶可乐的价格上升了1元,你将会减少对可乐的购买量;相反,如果每瓶可乐的价格下降了1元,你则会增加对可乐的购买量。

(2) 消费者的收入水平。对于大多数商品来说,当消费者的收入水平提高时,就会增加对商品的需求量。反之,当消费者的收入水平下降时,就会减少对商品的需求量。

(3) 相关商品的价格。当一种商品本身的价格保持不变,而与它相关的其他商品的价格发生变化时,这种商品本身的需求量也会发生变化。具体有以下两种情况。

① 对于替代品而言,一种商品的价格提高,就会导致另一种商品需求增加,反之亦然。替代品是指在消费中相当程度上可互相替代的产品,如可口可乐和百事可乐。当可口可乐价格上升时,相当于百事可乐价格下降,百事可乐需求量上升。

② 对于互补品而言,一种商品的价格提高,就会导致另一种商品需求量减少,反之亦然。互补品是指用于一起消费的商品,如羽毛球拍和羽毛球。当羽毛球拍的价格上升时,导致羽毛球拍的需求量减少,同时,会传递减少对羽毛球的需求量。

(4) 消费者偏好。当消费者对某种商品的偏好程度增加时,该商品的需求量就会增加。反之,当消费者对某种商品偏好程度减弱,需求量就会减少。如对可乐和橘汁而言,当你变得更喜欢喝可乐时,你会多买一些可乐;反之你会多买一些橘汁。

消费者偏好受消费时尚的影响,消费时尚受示范效应和广告效应影响。例如,国外某歌星走红,国人也会受国外影响爱听该歌星的歌曲,这是示范效应;报纸媒体对某歌星的宣传会使年轻人爱听该歌星的歌,这是广告效应。

(5) 消费者对该商品的预期价格。当消费者预期某种商品的价格未来会上升时,就会增加对该商品的现时需求量;当消费者预期某种商品的价格未来会下降时,就会减少对该商品的现时需求量。如果你认为房价还会上升,你就会愿意现在购买房子,增加了现时需求量;当你认为房价还会下降,你就会更愿意观望等待,减少了现时需求量。再如,如果你预期10天后大米的价格会上升,你现在就会多储备一些大米。

此外,像天气状况、政府政策、时间的长短等因素都可能会影响到你对可乐的需求,但可乐本身的价格、消费者的收入、相关商品的价格、消费者的嗜好,以及对未来价格的预期这5个因素是最基本的影响因素。

(二) 需求函数

所谓**需求函数**,表示的是一种商品的需求数量和影响该商品数量的各种因素之间的相互关系。影响需求数量的各个因素是自变量,需求数量是因变量。一种商品的需求数量是所有影响这种商品需求数量的因素的函数。数学表达式如下:

$$D = f(X_1, X_2, \cdots, X_i, \cdots, X_n) \tag{2-1}$$

式中:D 为需求量;$X_i(i=1,2,\cdots,n)$ 代表上述第 i 种影响需求的因素;f 表示函数关系。

为将问题简化,假定其他因素保持不变,仅分析一种商品的价格对该商品需求量的影响。于是，需求函数就可以用下式表示：
$$Q_d = f(P) \tag{2-2}$$
式中：P 为商品的价格；Q_d 为商品的需求量。

更进一步简化分析，在不影响结论的前提下，大多使用线性需求函数。表达式如下：
$$Q_d = \alpha - \beta P \tag{2-3}$$
式中：α、β 为常数；α 为截距；β 为斜率的倒数。

三、需求量的变动与需求的变动

在经济分析中，特别要注意区分需求量的变动与需求的变动。

从需求曲线来看，需求量在需求曲线上表现为具体的一个个的点。需求是指在不同价格水平时的不同需求量的总称。需求是指整条需求曲线。

（一）需求量的变动

需求量的变动是指在其他条件不变时，由某商品的价格变动所引起的该商品的需求数量的变动，即其他因素不变，商品本身的价格变化，引起需求曲线上点的移动，并不表示整个需求状态的变化。这些变动的点都在同一条需求曲线上。

在图 2-2(a)中，当价格由 P_0 上升为 P_1 时，需求量从 Q_0 减少到 Q_1，在需求曲线上则表现为由 b 点沿着需求曲线向左上方移动到 a 点。当价格由 P_0 下降到 P_2 时，需求量从 Q_0 增加到 Q_2，在需求曲线上则表现为由 b 点沿着需求曲线向右下方移动到 c 点。可见，在同一条需求曲线上，需求曲线上的点沿着需求曲线向左上方移动是需求量减少，向右下方移动是需求量增加。

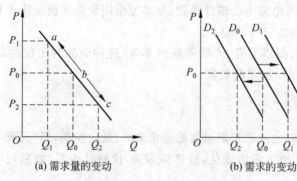

图 2-2 需求量的变动与需求的变动

（二）需求的变动

需求的变动是指在某商品价格不变的条件下，由于其他因素变动所引起的该商品数量的变动，即商品本身的价格不变，其他因素变化引起需求曲线的移动。如消费者收入水平、相关商品的价格变动、消费者偏好的变化和消费者对商品预期价格的变动等。

在图 2-2(b)中，由于收入增加，使得需求曲线 D_0 上所有的点都向右方移动了，整体上就表现为需求曲线向右平行移动到 D_1。如果是收入减少了，将使得需求曲线上的所有点都向左方移动,整体上就表现为需求曲线 D_0 由向左平行移动到 D_2。可见,需求曲线向左平行移动表示需求减少,需求曲线向右平行移动表示需求增加。

需求量的变动与需求的变动对比见表 2-2。

表 2-2 需求量的变动与需求的变动对比表

	变动主体	价格 P	其他因数	图形表现
需求量变动	Q_d	变化	不变	需求曲线上点的移动
需求变动	D	不变	变化	整条需求曲线的位移

四、需求定理的特例

需求定理的特例如图 2-3 所示。

(一)吉芬物品

吉芬物品(Giffen's Goods):需求量与价格成同向变动的特殊商品,$P\uparrow \to Q\downarrow$。

英国人吉芬发现,1845 年爱尔兰发生灾荒时,土豆价格上升,需求量不降反而增加。在当时被称为"吉芬难题"。

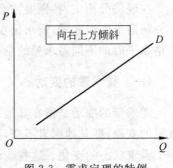

图 2-3 需求定理的特例

原因:土豆涨价引起英国靠工资生活的低收入者购买更多的土豆,而不是买得更少。

(二)炫耀性物品

炫耀性物品:由凡勃伦提出炫耀性消费,如果完全用价格来衡量需求程度,在价格低时买得少,价格高时买得多,$P\downarrow \to Q\downarrow$。

如高档首饰(钻戒)、高档手表、劳斯莱斯汽车等,这种商品为定位性物品(Positional Goods),这类商品具有显示财富的效应。

(三)表面上的"例外"

(1)在价格大变动时由价格预期引起的高价多买、低价少买,即"买涨不买落"。

(2)在经济波动时,收入发生变化,价格高多买,价格低少买,如黑白电视价格下降,买的人少。

(3)价格高的同种商品需求可能大于价格低的商品,如名牌商品与同种的非名牌商品,应当作两种不同的商品来对待。

五、供给

(一)供给的含义

一种商品的供给是指在一定时期内,在各种可能的价格水平下,生产者(厂商)愿意而且能够供应的商品量。根据定义,与需求类似,供给也包括两层含义:第一,厂商要有出售的欲望(愿意——供给欲望);第二,厂商要有出售的能力(能够——供给能力)。供给是出售欲望与出售能力的统一。如果生产者只有出售的愿望,而没有出售的能力,则不能形成有效供给;反之亦然。因此,缺少任何一个条件都不能形成有效供给。

(二) 供给表

供给表是某种商品的各种价格和与各种价格相对应的该商品的供给数量之间关系的数字序列表,用数字表格的形式表示商品的价格和供给量之间的函数关系,见表2-3。

表2-3 某商品的供给表

价格—数量组合	A	B	C	D	E
价格 P/元	2	3	4	5	6
供给量 Q(单位数)	0	200	400	600	800

从表2-3可以清楚地看出商品价格与供给数量之间的函数关系。如当商品价格为2元时,供给量为0单位;当价格上升为3元时,供给量为200单位;当价格进一步上升为4元,供给量为400单位;等等。

(三) 供给曲线

供给曲线:根据供给表中商品不同的价格—供给数量的组合在平面坐标图上所绘制的一条曲线。图2-4是根据表2-3绘制的一条供给曲线。

由图2-4可知,供给曲线具有一个明显的特征,向右上方倾斜,即它的斜率为正值。该特征表示商品的供给量和价格之间呈同方向变动的规律。

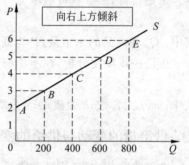

图2-4 某商品的供给曲线

(四) 供给定理

供给定理:在其他条件不变的情况下,供给量随着价格的上升而增加,随着价格的下降而减少,即供给量与价格呈同方向变动,$P\uparrow,Q\uparrow;P\downarrow,Q\downarrow$。

六、影响供给数量的因素与供给函数

(一) 影响供给数量的因素

一种商品的供给数量是由很多因素共同决定的,其中主要的因素有:该商品的价格、生产成本、相关商品的价格、生产技术水平、生产者对未来的预期等。它们各自对商品的供给数量的影响如下。

(1) 该商品的价格。一般来说,一种商品的价格越高,生产者提供的产量就会越大;反之,价格越低,生产者提供的产量就会越小。

(2) 生产成本。在商品本身价格不变的条件下,生产成本上升会减少利润,从而使得商品的供给量减少。反之,生产成本下降会增加利润,从而使得商品的供给量增加。如生产要素价格上升会使生产成本上升,生产要素价格下降会使生产成本下降。

(3) 相关商品的价格。在一种商品的价格不变,而其他相关商品的价格发生变化时,该商品的供给量就会发生变化。

(4) 生产技术水平。在一般情况下,生产技术水平的提高可以降低生产成本,增加生产者的利润,生产者就会提供更多的产量。

(5) 生产者对未来的预期。如果生产者对未来的预期看好,看涨商品价格,生产者会扩大生产,增加商品的供给。如果生产者对未来的预期是悲观的,看跌商品价格,生产者往往会缩减生产,减少商品供给。

除此之外,还有生产者的目标、政府的政策等因素也都会影响到生产者的供给。

(二) 供给函数

所谓供给函数,表示的是一种商品的供给数量和影响该商品数量的各种因素之间的相互关系。影响供给数量的各个因素是自变量,供给数量是因变量。一种商品的供给数量是所有影响这种商品供给数量的因素的函数。数学表达式为

$$S = f(X_1, X_2, \cdots, X_i, \cdots, X_n) \tag{2-4}$$

式中:S 为供给量;$X_i(i=1,2,\cdots,n)$ 代表上述第 i 种影响供给的因素;f 表示函数关系。

为将问题简化,假定其他因素保持不变,仅分析一种商品的价格对该商品供给量的影响。于是,供给函数就可表示为

$$Q_s = f(P) \tag{2-5}$$

式中:Q_s 为商品的供给量;P 为商品的价格。

更进一步简化分析,在不影响结论的前提下,大多使用线性供给函数。表达式为

$$Q_s = -\delta + \gamma P \tag{2-6}$$

式中:δ、γ 为常数;δ 为截距;γ 为斜率的倒数。

七、供给量的变动与供给的变动

在经济分析中,特别要注意区分供给量的变动与供给的变动。

从供给曲线来看,供给量在供给曲线上表现为具体的一个个的点。供给是指在不同价格水平时的不同供给量的总称。供给是指整条供给曲线。

(一) 供给量的变动

供给量的变动是指其他条件不变时,由于某商品本身的价格变动所引起的供给数量的变动,即其他因素不变,商品本身的价格变化,引起供给曲线上点的移动,并不表示整个供给状态的变化。这些变动的点都在同一条供给曲线上。

在图 2-5(a)中,当价格由 P_0 上升为 P_1 时,供给量从 Q_0 增加到 Q_1,在供给曲线上则表现为由 b 点沿着供给曲线向右上方移动到 a 点。当价格由 P_0 下降到 P_2 时,供给量从 Q_0 下降到 Q_2,在供给曲线上则表现为由 b 点沿着需求曲线向左下方移动到 c 点。可见,

在同一条供给曲线上,供给曲线上的点沿着供给曲线向右上方移动是供给量增加,向左下方移动是供给量减少。

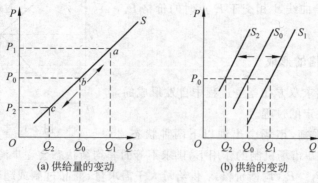

图 2-5 供给量的变动与供给的变动

(二)供给的变动

供给的变动是指在某商品价格不变的条件下,由于其他因素变动所引起的该商品数量的变动,即商品本身的价格不变,其他因素变化引起供给曲线的移动,如生产成本的变动、相关商品的价格的变动、生产技术水平的变动、生产者对未来的预期的变化等。

如成本上升,供给曲线向左移动,供给减少;成本下降,供给曲线向右移动,供给增加。由于排除了价格因素的变化,所以在价格不变的情况下,供给的变动就表现为供给曲线的水平移动:供给增加,则供给曲线向右移动;供给减少,则供给曲线向左移动,如图 2-5(b)所示。

供给量变动与供给变动的区别:前者由本身价格变动引起;后者由生产技术、生产成本等非本身价格变动引起。供给量的变动与供给的变动对比表见表 2-4。

表 2-4 供给量的变动与供给的变动对比表

	变动主体	价格 P	其他因素	图形表现
供给量变动	Q_s	变化	不变	供给曲线上点的移动
供给变动	S	不变	变化	整条供给曲线的位移

第二节 供求均衡理论

在第一章第二节里已经简要介绍了均衡及均衡分析的相关概念。下面介绍供需均衡理论。

一、市场均衡

市场供给和市场需求相等时的市场状况称为市场均衡,而达到市场均衡时的商品价格和商品数量分别称为均衡价格和均衡数量。

需求曲线和供给曲线都说明了价格对于消费者的需求量和生产者的供给量的影响。

而最终商品的价格,即均衡价格是在商品的市场需求和市场供给这两种相反力量的相互作用下形成的,是需求曲线 D 与供给曲线 S 相交于 E 点时的价格 P_e,如图 2-6 所示。

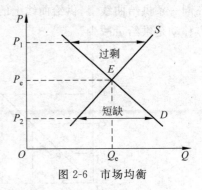

图 2-6 市场均衡

(一)均衡价格的形成

均衡价格是供求双方在竞争过程中自发形成的,是一个价格自发决定的过程。

如果供求不平衡,市场会出现以下两种状态之一:过剩或短缺。在市场机制的作用下,供求不等的非均衡状态会逐步消失。

当市场价格 $P_1 > P_e$(均衡价格):供给量大于需求量,商品过剩或超额供给。在市场自发调节下,需求者压低价格,供给者减少供给量。价格必然下降,一直下降到均衡价格的水平。

当市场价格低于 P_e,比如等于 P_2 时,市场需求大于市场供给,市场存在短缺,价格存在向上的压力。无论是过剩还是短缺的存在,由于市场竞争机制的作用,市场价格和供求数量均存在着向均衡价格 P_e 和均衡数量 Q_e 收敛的趋势,最终在 E 点实现市场均衡。

(二)均衡方程式

如果供给函数和需求函数是已知的,就可以通过解联立方程式求得均衡价格和均衡数量。这已在第一章第二节经济模型的运用中进行了说明。现在举例如下。

例 2-1 假定某商品需求函数为 $Q_d = 200 - 2P$,供给函数为 $Q_s = -100 + 3P$。求均衡价格 P_e 和均衡产量 Q_e。

解:均衡时 $Q_d = Q_s$,得

$$200 - 2P_e = -100 + 3P_e$$
$$5P = 300$$

得

$$P_e = 60$$

将 $P_e = 60$ 代入需求方程或供给方程得

$$Q_e = 80$$

二、供求定理与均衡的变动

既然市场均衡是由市场需求和市场供给共同决定的,那么因为非价格因素发生变动,引起两者之间的任意一方发生变化或两者同时变化,都会导致市场均衡点的变动(见图 2-7 和图 2-8)。

具体可分为以下两种基本情况。

(1)供给不变,需求增加则使需求曲线向右上方移动,均衡价格上升,均衡数量增加(见图 2-7(a));需求减少则使需求曲线向左下方移动,均衡价格下降,均衡数量减少(见图 2-7(b))。

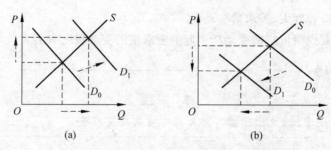

图 2-7 需求变动引起市场均衡的变动情况

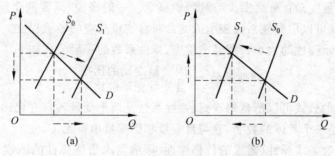

图 2-8 供给变动引起市场均衡的变动情况

(2) 需求不变,供给增加,供给曲线右下方移动,均衡价格下降,均衡数量增加(见图 2-8(a));供给减少,供给曲线左上方移动,均衡价格上升,均衡数量减少(见图 2-8(b))。

综上所述,供求定理:在其他条件不变的情况下,需求与均衡价格和均衡数量同方向变动;供给与均衡数量同方向变动,而与均衡价格反方向变动。

第三节 弹性理论

一、弹性的一般含义

问题:图 2-9 中两条需求曲线为什么不同?

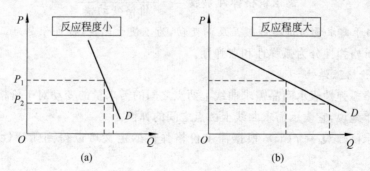

图 2-9 需求价格弧弹性的两种基本情况

价格的变动会引起需求量的变动,但需求量对价格变动的反应程度是不同的。
同样单位的价格变动,图 2-9(a)中的需求曲线反应程度小,需求量变动小;图 2-9(b)

中的需求曲线反应程度大，需求量变动大。

弹性理论主要说明价格的变动所引起的需求量的变动程度有多大。

> **知识链接 2-1**
>
> **弹　性**
>
> 弹性，物理学名词，是指一物体对外部力量的反应程度。

弹性系数是相对数之间的相互关系，即百分数变动的比率，或者说它是一个量变动1%，引起另一个量变动百分之多少（程度）的概念。一般来说，只要两个经济变量之间存在着函数关系，就可以用弹性系数表示因变量对自变量反应的敏感程度。

弹性系数表示弹性的大小。在经济学中，弹性系数的一般公式如下。

$$\text{弹性系数} = \frac{\text{因变量变动的比率}}{\text{自变量变动的比率}} \tag{2-7}$$

由弹性系数的公式可以清楚地看到，弹性系数是两个变量各自变化比例的一个比值，所以，弹性系数是一个具体的数字，它与自变量和因变量单位无关。

本节主要研究需求弹性（需求的价格弹性、影响需求价格弹性的因素、需求价格弹性与厂商销售收入的关系、需求的交叉价格弹性、需求的收入弹性、恩格尔定律与食物支出的收入弹性）和供给弹性（供给的价格弹性、影响供给价格弹性的因素、供给的交叉弹性、供给的成本弹性）等。

二、需求价格弹性

（一）需求价格弹性的含义

需求价格弹性简称需求弹性，表示在一定时期内一种商品的需求量变动对该商品的价格变动的反应程度，即需求量变动对价格变动的反应程度。需求价格弹性系数的公式如下。

$$\text{需求价格弹性系数} = -\frac{\text{需求量变动率}}{\text{价格变动率}} \tag{2-8}$$

注意：由于需求量与价格一般呈反向变动，为了便于比较，将负号变为正值。下同。

需求的价格弹性分为弧弹性和点弹性。

1. 需求价格弧弹性

需求价格弧弹性表示商品需求曲线上两点之间的需求量的变动对于价格的变动的反应程度。简单地说，它表示需求曲线上两点之间的弹性。

假定需求函数 $Q_d = f(P)$，根据需求价格弹性的定义可以得到弧弹性的计算公式如下。

$$E_d = -\frac{\Delta Q/Q}{\Delta P/P} \tag{2-9}$$

式中：E_d 表示需求的价格弹性；ΔQ 表示需求量的变动量；ΔP 表示价格的变动量；$\Delta Q/Q$ 表示需求量变动的百分比；$\Delta P/P$ 表示价格变动的百分比。

需求价格弧弹性按照其大小可以分为以下5种情况。

(1) 富有弹性：$E_d > 1$。在这种情况下，需求量变动的比率大于价格变动的比率。奢侈品消费，如汽车、珠宝、国外旅游等属于这种情况。若某商品价格上升6%，其需求量减少9%，则该商品属于富有需求弹性。这时的需求曲线是一条比较平坦的线，如图2-9(b)所示。

(2) 缺乏弹性：$0 < E_d < 1$。在这种情况下，需求量变动的比率小于价格变动的比率。生活必需品，如粮食、蔬菜等属于这种情况。若某商品价格上升20%，其需求量下降10%，则该商品的需求价格弹性为缺乏弹性。这时的需求曲线是一条比较陡峭的线，如图2-9(a)所示。

(3) 单位弹性：$E_d = 1$。在这种情况下，需求量变动的比率与价格变动的比率相等。例如，当价格上升1%时，需求量下降也是1%，这时求得的需求价格弹性为1。这时的需求曲线是一条正双曲线，如图2-10(a)所示。

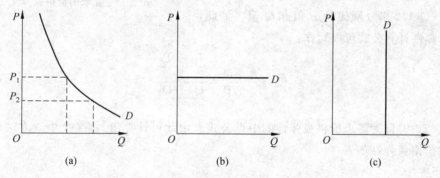

图2-10 需求的价格弧弹性的另外3种情况

(4) 完全弹性：$E_d \to \infty$。在这种情况下，当价格为既定时，需求量是无限的。例如，银行以一固定价格收购黄金。无论有多少黄金都可以按这一价格收购，银行对黄金的需求是无限的。这时，黄金的需求弹性为无限大。再如实行保护价的农产品。这时的需求曲线是一条与横轴平行的线，如图2-10(b)所示。

(5) 完全无弹性：$E_d = 0$。在这种情况下，无论价格如何变动，需求量都不会变动。例如急救药，当你需要时，不管多贵你都会买；当你不需要时，不管多便宜你也不会买。糖尿病人对胰岛素这种药品的需求就是如此。胰岛素是糖尿病人维持生命所必需的，无论价格如何变，需求量也不变。所以病人对胰岛素的需求价格弹性为零。这时的需求曲线是一条与横轴垂直的直线，如图2-10(c)所示。

例2-2 图2-11中需求曲线上a、b两点价格分别为5和4，相应需求量分别为400和800。

问：当商品的价格由5下降为4时，或者当商品的价格由4上升为5时，应该如何计算相应的弧弹性值？两种情况的弧弹性值是否相等？为什么？

解：① 由a点到b点（即降价时）：

$$E_d = -\frac{\Delta Q}{\Delta P} \cdot \frac{P}{Q} = -\frac{Q_b - Q_a}{P_b - P_a} \cdot \frac{P_a}{Q_a} = -\frac{800-400}{4-5} \times \frac{5}{400} = 5$$

② 由 b 点到 a 点（即涨价时）：

$$E_d = -\frac{\Delta Q}{\Delta P} \cdot \frac{P}{Q} = -\frac{Q_a - Q_b}{P_a - P_b} \cdot \frac{P_b}{Q_b} = -\frac{400 - 800}{5 - 4} \times \frac{4}{800} = 2$$

③ 由 a 点到 b 点和由 b 点到 a 点的弧弹性数值不同。

④ 原因：尽管 ΔQ 和 ΔP 的绝对值都相等，但由于 P 和 Q 所取的基数值不同，降价时取的是 a 点值，涨价时取的是 b 点值，两种计算结果便不同。因此，虽然在同一区间，但涨价和降价产生的需求价格弹性是不等的。

中点公式：为了避免不同的计算结果，通常取 a、b 两点价格和需求量的平均值 $(P_1+P_2)/2$ 和 $(Q_1+Q_2)/2$ 来分别代替 P 值和 Q 值。如此，价格弧弹性计算公式可以写作：

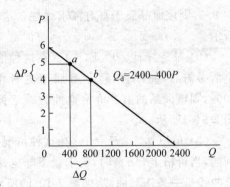

图 2-11 需求的价格弧弹性

$$E_d = -\frac{\Delta Q}{\Delta P} \cdot \frac{\dfrac{P_1 + P_2}{2}}{\dfrac{Q_1 + Q_2}{2}} \qquad (2\text{-}10)$$

式(2-10)即为需求价格弧弹性的中点公式。由此可计算出，例 2-2 中 a、b 两点间的需求的价格弧弹性如下：

$$E_d = -\frac{400}{1} \cdot \frac{\dfrac{5+4}{2}}{\dfrac{400+800}{2}} = 3$$

综上所述，需求价格弧弹性的计算可以分为 3 种情况：涨价时；降价时；中点公式。

例 2-3 某种商品价格由 8 元下降为 6 元时，需求量由 20 单位增加为 30 单位。用中点法计算这种商品的需求弹性，并说明属于哪一种需求弹性。

解：① 已知 $P_1=8, P_2=6, Q_1=20, Q_2=30$。代入式(2-10)得

$$E_d = -\frac{\Delta Q}{\Delta P} \cdot \frac{\dfrac{P_1 + P_2}{2}}{\dfrac{Q_1 + Q_2}{2}} = 1.4$$

② 根据计算结果，$E_d = 1.4 > 1$，即需求量变动的比率大于价格变动的比率，故该商品的需求富有弹性。

例 2-4 某商品的需求价格弹性系数为 0.15，现价格为 1.2 元，试问该商品的价格上涨多少元才能使其消费量减少 10%？

解：已知 $E_d = 0.15, P = 1.2, \Delta Q/Q = -10\%$。

将已知数据代入式(2-9)，可得

$$0.15 = \frac{10\%}{\Delta P / 1.2}$$

$$\Delta P = 0.8(元)$$

该商品的价格上涨0.8元才能使其消费量减少10%。

2. 需求价格点弹性

用弧弹性计算,两点距离越远,弧线越长,精确性越差。

同一条需求曲线上,各点的弹性值通常不同。

需求价格点弹性:曲线上两点之间的变化量趋于无穷小时的弹性,即表示商品需求曲线上某一点的需求量的变动对于价格的变动的反应程度。在弧弹性的基础上,需求的价格点弹性的公式如下:

$$E_d = \lim_{\Delta P \to 0} -\frac{\Delta Q}{\Delta P} \cdot \frac{P}{Q} = -\frac{dQ}{dP} \cdot \frac{P}{Q} \tag{2-11}$$

dQ/dP是需求曲线上任一点切线斜率的倒数。

例2-5 接续例2-2,计算a点的点弹性。

解:由需求函数$Q_d = 2400 - 400P$可得

$$\frac{dQ}{dP} = (2400 - 400P)' = -400$$

在a点,当$P = 5$时,由需求函数可得

$$Q = 2400 - 400 \times 5 = 400$$

代入式(2-11),可得

$$E_d = -\frac{dQ}{dP} \cdot \frac{P}{Q} = -(-400) \cdot \frac{5}{400} = 5$$

扩展知识2-1

需求点弹性的几何意义

由图2-12,令C点为需求曲线上的任意一点。从几何意义看,根据点弹性的定义,C点的需求价格弹性如下:

$$\begin{aligned} E_d &= -\frac{dQ}{dP} \cdot \frac{P}{Q} \\ &= \frac{GB}{CG} \cdot \frac{CG}{OG} \\ &= \frac{GB}{OG} = \frac{BC}{AC} \\ &= \frac{OF}{AF} \end{aligned}$$

由此可见,需求点弹性的几何测定,可由需求曲线上任一点向价格轴和数量轴引垂线求得。

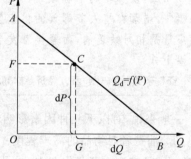

图2-12 线性需求曲线的点弹性

需求价格点弹性的5种情况。

根据点弹性的几何意义可以发现,线性需求曲线的点弹性有一个明显的特征:在线性需求曲线上的点的位置越高,相应的点弹性系数值就越大。需求价格点弹性的5种情

况如下(见图 2-13)。

① 线段 AB 中点 C 的点弹性系数为 $E_d=1$。
② AC 段(不含 A 点和 C 点)$E_d>1$。
③ BC 段(不含 B 点和 C 点)$0<E_d<1$。
④ A 点 $E_d=\infty$。
⑤ B 点 $E_d=0$。

(二)影响需求价格弹性的因素

不同物品的价格弹性,或者说对价格的敏感程度差别很大。当一种物品的需求价格弹性较大时,称这种物品是富有弹性的,这意味着该物品的需求

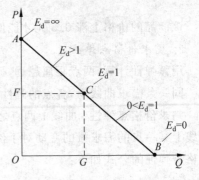

图 2-13 线性需求曲线点弹性的 5 种情况

量对价格变动反应强烈。当一种物品的需求价格弹性较小时,称这种物品是缺乏弹性的,也就是说该物品的需求量对价格变动反应微弱。

个案研究 2-2

情人节那天的需求与供给

在一年中的任何时候,人们都会购买贺卡和玫瑰花。但当情人节将近的时候,毫无疑问,贺卡和玫瑰花将变得急需,这两种商品的需求将会大幅攀升。可以应用需求与供给原理分析:预期这两种商品的价格将会上升。但是,玫瑰花价格的上升总是会比贺卡价格的上升幅度大,这是为什么呢?

通过考虑这两种商品市场供应上的价格弹性的区别,可以解释这种现象。在情人节那天的贺卡供应量比玫瑰花的供应量更加富有弹性。贺卡是一种可以储存的物品,所以生产者可以轻易地逐步增加产量并且在情人节前准备大量的存货,这就意味着贺卡的供应是相对有弹性的。因此,增加了的需求对价格的影响不是那么显而易见。

相反,玫瑰花属于娇嫩的、容易凋谢的商品,只有在情人节那天长成的玫瑰花才适合销售,增加在情人节那天的供应量相对来说是比较困难的。这就意味着,玫瑰花的供应量是相对缺乏的,而紧接着发生的事情就不足为奇了,需求的增加将引起价格的大幅上升。

资料来源:袁志刚.西方经济学[M].2 版.北京:高等教育出版社,2015.

一般来说,有以下几种因素影响着需求价格弹性的大小。

(1) 消费者对物品的需求程度。一般来说,生活必需品 E_d 小,需求缺乏弹性;而奢侈品 E_d 大,需求富有弹性。例如,当大米的价格上升时,尽管人们会比平常的购买量少一些,但不会大幅度地改变他们购买大米的数量。与此相比,当游艇价格上升时,游艇需求量会大幅度减少。原因是对于大多数人来说,大米是生活必需品,对大米的需求强度较大且稳定,而游艇是奢侈品,对游艇的需求强度较小。

(2) 物品的可替代程度。可替代程度大则 E_d 大,可替代程度小则 E_d 小。如果一种物品有许多替代品,那么,当该物品的价格上升时,消费者会购买其他替代品。例如,消费

者对乘飞机旅游的需求往往富有弹性,主要是因为有汽车旅行、火车旅行等可替代。相反,如果一种物品的替代品很少,则该物品往往缺乏弹性,如胰岛素,糖尿病人不管价格高低都要用。

(3)市场范围的大小。范围小的市场的需求弹性往往大于范围大的市场,因为范围小的市场上的物品更容易找到相近的替代品。例如,饮料是一个广泛的范畴,它的需求相当缺乏弹性,因为缺乏替代品。可乐是一个较狭窄的范畴,它的需求较富有弹性,因为容易找到其他的饮品代替可乐。而非常可乐则是一个非常狭窄的范畴,它的需求非常富有弹性,因为像可口可乐、百事可乐等不同品牌的可乐都是它的替代品。

(4)用途的广泛性。用途广泛的E_d大,用途小的E_d小。如果一种物品具有多种用途,当它的价格较高时,消费者只购买较少的数量用于最重要的用途上;当它的价格逐步下降时,消费者的购买量就会逐步增加,将该种物品越来越多地用于其他各种用途。

(5)调节时间或使用时间长短。时间长则E_d大,如耐用品冰箱;时间短则E_d小,如非耐用品手纸。因为在短期内,人们不容易找到替代品,而在较长的时间内,人们则很容易找到替代品。例如,当汽油价格上升时,在最初的几个月中汽油的需求量只略有减少。但是,随着时间的推移,人们可能会购买更省油的汽车,或改乘公交车,或迁移到离工作单位近的地方,步行上下班。这么做的结果是,几年后,汽油的需求量会明显减少。

(6)物品在家庭支出中所占的比例。在家庭支出中所占比例大的则E_d大,如汽车,价格变动对需求的影响较大;所占比例小的则E_d小,如香烟,价格变动对需求的影响较小。

注意:某种物品需求弹性的大小,是由上述因素综合决定的,不能只考虑其中的一种因素。而且,某种物品的需求弹性也因时期、消费者收入水平和地区而不同。

例如,汽车在20年前还只是公务用车,基本没有私车。随着时间的推移,人们收入水平的提高,以及汽车价格的下降,目前,汽车已经进入家庭。同样,彩电、冰箱等物品刚出现时,需求弹性也相当大,但随着收入水平的提高和这些物品的普及,其需求弹性逐渐变小了。表2-5列举了一些商品的需求价格弹性。

表2-5 某些商品的需求价格弹性

家具	1.52	饮料	0.78
汽车	1.14	衣着	0.64
专业服务	1.09	烟草	0.61
运输服务	1.03	银行与保险服务	0.56
水、煤气、电	0.92	书籍、杂志与报纸	0.34
石油	0.91	食物	0.12

课堂练习:

① 下面几样物品中,需求弹性最小的是(   )。
　A. 小汽车　　　　B. 酒　　　　C. 食盐　　　　D. 化妆品

② 比较影响需求的因素与影响需求价格弹性的因素之间的联系与区别。

（三）需求价格弹性与厂商销售收入的关系

经济现象 2-1

提高价格会使销售收入增加吗

在实际的经济生活中会发生这样一些现象：有的厂商靠降低产品的价格使自己的销售收入增加，而有的厂商靠提高产品的价格来增加自己的销售收入。那么，到底是提高价格还是降低价格会使销售收入增加？

需求弹性是影响厂商销售收入的一个非常重要的因素。具体来说，厂商的销售收入等于商品的价格乘以商品的销售量。

1. 总收益(Total Revenue)

假定厂商的商品销售量等于市场上对其商品的需求量，那么厂商的销售收入就可以表示为商品的价格乘以商品的需求量，即

$$\text{厂商总收益(TR)} = \text{价格} \times \text{销售量} = P \cdot Q \tag{2-12}$$

式中：P 表示商品的价格；Q 表示商品的需求量；TR 表示厂商的总收益。

注意：这里的厂商总收益就是指厂商的销售收入，而不是利润。

商品的需求弹性表示商品需求量的变化率对于商品价格的变化率的反应程度，这就意味着，该商品的需求弹性的大小将影响提供这种商品的厂商的销售收入的变动。

例如，某商品的价格从 3 元降到 2 元，需求量从 8 个单位增加到 10 个单位，这时卖者的总收益会怎样变化？

答案是减少。因为原收益=3×8=24，而现收益=2×10=20。

课堂讨论：

① 对于给定的需求曲线，厂商能决定什么？商品价格，还是商品数量？

② 易腐商品如何来买卖？

2. 富有需求弹性（$E_d > 1$）的情况

例 2-6 已知：电视机 $E_d = 2$，$P_1 = 500$ 元/台，$Q_1 = 100$ 台。

问：① 如果价格下调 10%，厂商收益如何变化？

② 如果价格上调 10% 呢？

解：① 依题意，$E_d = 2$，根据式(2-9)，当价格下调 10%，则数量增加 20%。如此，新的价格和数量如下：

$$P_2 = 500 - 500 \times 10\% = 450(元/台)$$
$$Q_2 = 100 + 100 \times 20\% = 120(台)$$

收益的变化情况如下：

$$TR_2 = P_2 \times Q_2 = 450 \times 120 = 54000(元)$$
$$TR_1 = P_1 \times Q_1 = 500 \times 100 = 50000(元)$$
$$TR_2 - TR_1 = 54000 - 50000 = 4000(元)$$

$TR_2 > TR_1$，表明价格下跌，总收益增加。

② 依题意，$E_d=2$，根据式(2-9)，当价格上调 10%，则数量减少 20%。如此，新的价格和数量如下：

$$P_3 = 500 + 500 \times 10\% = 550(元/台)$$
$$Q_3 = 100 - 100 \times 20\% = 80(台)$$

收益的变化情况如下：

$$TR_3 = P_3 \times Q_3 = 550 \times 80 = 44000(元)$$
$$TR_1 = P_1 \times Q_1 = 500 \times 100 = 50000(元)$$
$$TR_3 - TR_1 = 44000 - 50000 = -6000(元)$$

$TR_3 < TR_1$，表明价格上涨，总收益减少。

推论1：当 $E_d > 1$，降价可以增加厂商收益；涨价将降低厂商收益。

知识链接 2-2

"薄利多销"

"薄利多销"就是通过降价促使产品多销，达到增加销售收入的目的。那么，哪些产品适合"薄利多销"呢？

对于 $E_d > 1$，即富有需求弹性的商品，需求量变动的比率大于价格变动的比率。价格下调，总收益增加，对生产者有利；价格上调，总收益减少，对生产者不利。因此，此种情况，厂商适当降低价格能增加总收益。

3. 缺乏需求弹性（$E_d < 1$）的情况

例 2-7 已知：面粉 $E_d = 0.5$，$P_1 = 0.2$ 元/斤，$Q_1 = 100$ 斤。

问：① 如果价格下调 10%，总收益怎样？

② 如果价格上调 10% 呢？

解：① 依题意，$E_d = 0.5$，根据式(2-9)，当价格下调 10%，则数量增加 5%。如此，新的价格和数量如下：

$$P_2 = 0.2 - 0.2 \times 10\% = 0.18(元/斤)$$
$$Q_2 = 100 + 100 \times 5\% = 105(斤)$$

收益的变化情况如下：

$$TR_2 = P_2 \times Q_2 = 0.18 \times 105 = 18.9(元)$$
$$TR_1 = P_1 \times Q_1 = 0.2 \times 100 = 20(元)$$
$$TR_2 - TR_1 = 18.9 - 20 = -1.1(元)$$

$TR_2 < TR_1$，表明价格下跌，总收益减少。

② 依题意，$E_d = 0.5$，根据式(2-9)，当价格上调 10%，则数量下降 5%。如此，新的价格和数量如下：

$$P_3 = 0.2 + 0.2 \times 10\% = 0.22(元/斤)$$
$$Q_3 = 100 - 100 \times 5\% = 95(斤)$$

收益的变化情况如下：

$$TR_3 = P_3 \times Q_3 = 0.22 \times 95 = 20.9(元)$$

$$TR_1 = P_1 \times Q_1 = 0.2 \times 100 = 20(元)$$
$$TR_3 - TR_1 = 20.9 - 20 = 0.9(元)$$

$TR_3 > TR_1$，表明价格上涨，总收益增加。

推论 2：当 $E_d < 1$，涨价可以增加厂商收益；降价反而降低厂商收益。

知识链接 2-3

"谷贱伤农"

在农业生产活动中，存在这样一种经济现象：在丰收的年份，农民的收入却减少了。这种现象在我国民间被形象地概括为"谷贱伤农"。造成这种"谷贱伤农"经济现象的根本原因在于：农产品的需求价格弹性往往是小于 1 的。

对于 $E_d < 1$，即缺乏需求弹性的商品，需求量变动的比率小于价格变动的比率。价格下调，总收益减少，对生产者不利；价格上调，总收益增加，对生产者有利。粮食是需求弹性小于 1 的商品，丰收导致价格下降会降低农民的收益。

分析思考 1：为什么某种化妆品降价会实现薄利多销，而小麦降价却使农民受损失？

我们知道，化妆品属于奢侈品且有众多替代品，因此需求富有弹性。富有弹性的商品价格变动百分比小，而需求量变动百分比大。总收益等于销售量（即需求量）乘以价格。当这种物品小幅度降价时，其需求量大幅度增加，从而总收益增加，这就是薄利多销的含义。但小麦属于生活必需品且替代品少，因此，需求缺乏弹性。需求缺乏弹性的商品，其价格变动百分比大，而需求量变动百分比小。当这种物品大幅度降价时，其需求量只有少量增加，从而总收益减少。这就是谷贱伤农的原因。

分析思考 2：如果对高档奢侈品征税，谁将承受这种税收的负担？

乍一看，答案很简单，谁购买这些高档奢侈品当然是谁纳税，谁承受税收负担。实际上问题并不是这么简单，直接纳税人并不一定是最后的税收承担者。有些纳税人也是税收承担人，如个人所得税。但有些税纳税人可以把税收负担转嫁出去，如香烟的税收由生产者和经营者缴纳，但可以通过提价来转移给消费者，实际最后是烟民承担了税收负担。这个问题是税收归宿问题，涉及税收负担在生产者和消费者之间的分摊。税收分摊则与弹性概念相关。一般来说，如果需求富有弹性而供给缺乏弹性，税收负担主要由生产者承担；如果需求缺乏弹性而供给富有弹性，则税收负担主要由消费者承担。香烟就是后一种情况，而高档消费品则属于前一种情况。高档奢侈品属奢侈品且有众多替代品，需求富有弹性，但在短期中生产难以减少，故而供给缺乏弹性。这样高档奢侈品的税收实际落在了生产者身上。

资料来源：梁小民.经济学是什么[M].北京：北京大学出版社，2017.

课堂分析：

① 为什么化妆品可以薄利多销而药品却不行？

② 是不是所有的药品都不能薄利多销？为什么？

答：① 化妆品能薄利多销，是因为化妆品的需求富有弹性，小幅度降价可使需求量有较大幅度增加,从而使总收益增加;而药品一般缺乏需求弹性,降价只能使总收益减少。

② 并不是所有药品都不能薄利多销。例如一些滋补药品,其需求富有弹性,降价可以增加总收益,可以薄利多销。

4. 单位弹性($E_d=1$)的情况

对于$E_d=1$,即单位弹性的商品,需求量变动的比率等于价格变动的比率。因此,无论降价还是涨价,厂商的收益都不会变化。

综上所述,商品的需求弹性与厂商的销售收入之间的关系可以用表 2-6 来说明。既可以通过需求弹性的大小来判断厂商收益的变化,也可以通过厂商收益的变化来判断需求弹性的大小。

表 2-6 需求的价格弹性与销售收入的关系

价格	销售收入				
	$E_d>1$	$E_d=1$	$E_d<1$	$E_d=0$	$E_d=\infty$
降价	增加	不变	减少	同比例于价格的下降而减少	既定价格下,收益可以无限增加,因此厂商不会降价
涨价	减少	不变	增加	同比例于价格的上升而增加	收益会减少到零

如果价格变化引起厂商收益同方向变化(价格上升,收益上升;价格下降,收益下降),则该商品是缺乏弹性的。

如果价格变化引起厂商收益反方向变化(价格上升,收益下降;价格下降,收益上升),则该商品是富有弹性的。

如果厂商收益不随价格的变化而变化,则该商品是单位弹性的。

个案研究 2-3

2017 年,农村丰产不丰收,该咋办

"丰产不丰收"指在丰收的年份,农民的收入反而减少的现象。造成这种现象的根本原因在于农产品是缺乏弹性的商品,农产品均衡价格的下降幅度大于均衡数量的上升幅度,致使农民收入减少。与此类似,在歉收年份,由于缺乏弹性的需求曲线作用,农产品均衡价格上升的幅度大于农产品均衡数量减少的幅度,反而使农民的总收入增加。

三、需求的其他弹性

(一)需求的交叉弹性

如前所述,一种商品的需求量受多种因素的影响,相关商品的价格就是其中的一个因素。

需求的交叉价格弹性简称需求交叉弹性,是指在一定时期内,一种商品 X 的需求量变动对于它的相关商品 Y 的价格变动的反应程度。它是该商品的需求量的变动率和它的相关商品的价格变动率的比值。用公式表示如下：

$$E_{XY} = \frac{\Delta Q_X/Q_X}{\Delta P_Y/P_Y} = \frac{\Delta Q_X}{\Delta P_Y} \cdot \frac{P_Y}{Q_X} \tag{2-13}$$

式中：$\Delta Q_X/Q_X$ 表示 X 商品需求量变动的百分比；$\Delta P_Y/P_Y$ 表示 Y 商品价格变动的百分比。当 X 商品的需求量的变化量 ΔQ_X 和相关 Y 商品价格的变化量 ΔP_Y 均为无穷小时，则商品 X 的需求的交叉价格点弹性公式如下：

$$E_{XY} = \lim_{\Delta P \to 0} \frac{\Delta Q_X/Q_X}{\Delta P_Y/P_Y} = \frac{dQ_X/Q_X}{dP_Y/P_Y} = \frac{dQ_X}{dP_Y} \cdot \frac{P_Y}{Q_X} \tag{2-14}$$

需求的交叉弹性系数是正还是负，取决于所考察的两种商品之间的关系。

$$\begin{cases} E_{XY} > 0, & 替代品 \\ E_{XY} < 0, & 互补品 \\ E_{XY} = 0, & 无关系 \end{cases}$$

1. $E_{XY} > 0$，替代品

如果两种商品之间可以互相代替以满足消费者的某一种欲望，则称这两种商品之间存在着替代关系，即互为替代品，如苹果和梨之间就是替代关系。当梨的替代品苹果的价格上升时，苹果的需求量会减少，而梨的需求量会上升，梨的需求交叉弹性系数为正。

2. $E_{XY} < 0$，互补品

如果两种商品必须同时使用才能满足消费者的某一欲望，则这两种商品之间就存在着互补关系，即互为互补品，如汽车和汽油之间就是互补关系。当汽车的互补品汽油的价格上升时，汽油的需求量会减少，汽车的需求量也会减少，汽车的需求交叉弹性系数为负。

3. $E_{XY} = 0$，无关系

如果两种商品之间不存在相关关系，如汽车与苹果、茶叶与食盐，既不相互竞争，也不相互补充，一种商品的价格变化不影响另一种商品的需求量，则其需求的交叉弹性系数为零。

上述结论（互补品之间价格与需求呈反向变动；替代品之间价格与需求呈正向变动）也可以反过来使用，即可根据两种商品之间需求交叉弹性系数的正负符号来判断两种商品之间的相关关系。若两种商品的需求交叉弹性系数为正，则这两种商品为替代品；若为负，则为互补品；若为零，则两种商品之间无关联。

课堂练习：

当咖啡的价格急剧上升时，对茶叶的需求量将怎样变化？

例 2-8 A 和 B 是生产同种有差异的产品的竞争者，其需求曲线分别是：$P_A = 200 - Q_A$，$P_B = 300 - 0.5Q_B$；两厂商目前的销售量分别为 $Q_A = 50$ 和 $Q_B = 100$。

① 求两者的需求价格弹性。

② 如果 B 降价后,B 需求量增加为 160,同时使 A 需求量减少到 40,则 A 需求的交叉弹性是多少?

③ 假定 B 的目标是谋求销售收入最大化,则 B 降价在经济上是否合理?

解:① 依题意,得

$$Q_A = 200 - P_A, \quad Q_B = 600 - 2P_B$$

由 $Q_A = 50$,得 $P_A = 150$;由 $Q_B = 100$,得 $P_B = 250$。

因此,A 和 B 当前的价格弹性如下:

$$E_A = -(-1) \cdot \frac{P_A}{Q_A} = \frac{150}{50} = 3$$

$$E_B = -(-2) \cdot \frac{P_B}{Q_B} = 2 \times \frac{250}{100} = 5$$

② 如果 B 降价后,B 需求量增加为 160,则 B 的价格由 250 下降为 220。

$$\frac{\Delta Q_A}{Q_A} = \frac{100-40}{100} = 0.6, \quad \frac{\Delta P_B}{P_B} = \frac{250-220}{250} = \frac{3}{25}$$

因此,A 交叉弹性

$$E_{AB} = 0.6/(3/25) = 5$$

③ 由于 B 的价格弹性 $E_B = 5 > 1$,富有弹性,B 降价在经济上合理。

验证:B 降价后,收益由 $TR_{B1} = 100 \times 250 = 25000$,变为 $TR_{B2} = 160 \times 220 = 35200$,$TR_{B2} > TR_{B1}$,总收益增加。

(二) 需求的收入弹性

需求的收入弹性表示在一定时期内,消费者对某种商品需求量的变动对收入变动的反应程度。

$$需求的收入弹性 = \frac{某商品需求量的变化率}{消费者收入量的变化率} \tag{2-15}$$

假定某商品的需求量 Q 是消费者收入水平 M 的函数,即 $Q = f(M)$,该商品的需求收入弹性公式为

$$E_M = \frac{\Delta Q/Q}{\Delta M/M} = \frac{\Delta Q}{\Delta M} \cdot \frac{M}{Q} \tag{2-16}$$

如收入增加 10% 引起需求量增加 5%,则收入弹性 $E_M = 5\% \div 10\% = 0.5$。

根据需求的收入弹性系数是正还是负,可以给商品分类。

$$\begin{cases} E_M > 0, & 正常品 \begin{cases} E_M > 1, & 奢侈品/高档品 \\ 0 < E_M < 1, & 必需品 \end{cases} \\ E_M < 0, & 劣等品/吉芬物品 \end{cases}$$

(1) 劣等品/吉芬物品的需求量随着收入水平的增加而减少,因为,当收入增加时,人们会减少对劣等品的需求,而增加对正常品的需求。因此,劣等品的需求收入弹性小于零,$E_M < 0$,如肥肉、土豆、粗米、公共交通等。

(2) 正常品的需求量随着收入水平的增加而增加。因此,正常品的需求收入弹性大于零,$E_M>0$。进一步,正常品又可划分为必需品和奢侈品/高档品。

① 当收入增加时,尽管消费者对必需品和奢侈品的需求量都会有所增加,但必需品的需求量的增加是有限的,或者说,是缺乏弹性的,因此,$0<E_M<1$。

② 而对奢侈品/高档品的需求量的增加是较多的,或者说,是富有弹性的,因此,$E_M>1$,如高档消费品和耐用消费品(高档家电、室内装修、旅游等)。

③ $E_M=1$,收入单位弹性,需求量随收入变动相同的百分比,如衣服。

(3) $E_M=0$,收入无弹性,收入变化后,消费量完全没有变化,如食盐。

部分商品的收入弹性系数见表 2-7。

表 2-7 部分商品的收入弹性系数

苹果	1.32	国际空运(美国/欧洲)	1.91
牛肉	1.05	国际空运(加拿大/欧洲)	1.77
鸡肉	0.28	牛奶	0.50
看牙医(成人男士)	0.61	橘子	0.83
看牙医(成人女士)	0.55	马铃薯	0.15
看牙医(儿童)	0.87	西红柿	0.24
住房(低收入承租者)	0.22		

知识链接 2-4

恩格尔定律

1857 年,德国统计学家恩格尔在研究了当时西欧某些居民家庭的收入和食品消费支出的关系后,提出了这样一个结论:在一个家庭或一个国家中,食物支出在总支出中所占比例随着收入的增加而减少,这一观点被称为恩格尔定律。

其原因是,"民以食为天",吃是人获得生存的首要条件,只有这一层次需求被满足后,消费才会向其他方面扩展,因此,食品支出的比重即恩格尔系数,从一个侧面反映生活水平的高低。一般来说,恩格尔系数越低,生活越富裕,食品支出的收入弹性就越小;相反,生活越贫困,食物支出所占比例就越大,恩格尔系数越高。

恩格尔系数:联合国判别生活水平的标准(见表 2-8)。

表 2-8 联合国判别生活水平的标准

恩格尔系数/%	生活水平	恩格尔系数/%	生活水平
30 以下	极其富裕	50~60	温饱
30~40	相对富裕	60 以上	贫穷
40~50	小康		

中国城镇、农村居民的恩格尔系数见表2-9。

表2-9 中国城镇、农村居民的恩格尔系数/%

年份	1989	1997	2007	2016
城镇	54.5	46.6	36.3	29.2
农村	54.8	55.1	43.1	32.2

其他国家和地区的恩格尔系数可自行上网搜索,在此不一一列出。

四、供给的价格弹性

提示：可结合需求弹性的相关内容学习理解此部分内容。所以,在此作简要介绍。

（一）供给弹性的计算

供给的价格弹性简称供给弹性,表示在一定时期内,一种商品的供给量的相对变动对于该商品价格的相对变动的反应程度。它是商品的供给量变动率与价格变动率之比。

与需求的价格弹性一样,供给的价格弹性也分为弧弹性和点弹性。供给的价格弧弹性表示某商品供给曲线上两点之间的弹性。供给的点弹性表示某商品供给曲线上某一点的弹性。

假定供给函数 $Q_s = f(P)$,以 E_s 表示供给弹性系数,则供给的弧弹性计算公式如下：

$$E_s = \frac{\Delta Q}{\Delta P} \cdot \frac{P}{Q} \tag{2-17}$$

注意：通常情况下,商品供给量和商品价格呈同向变动,即供给的变动量和价格的变动量的符号是相同的,故不需要加负号。

中点弧弹性公式如下：

$$E_s = \frac{\Delta Q}{\Delta P} \cdot \frac{\frac{P_1 + P_2}{2}}{\frac{Q_1 + Q_2}{2}} \tag{2-18}$$

供给的点弹性计算公式如下：

$$E_s = \frac{dQ}{dP} \cdot \frac{P}{Q} \tag{2-19}$$

> **扩展知识 2-2**
>
> **供给价格点弹性的几何求法**
>
> 规律：①若线性供给曲线的延长线与坐标横轴的交点位于坐标原点的左边，则所有点的点弹性都大于 1，如图 2-14 所示。②若交点位于坐标原点的右边，点弹性都小于 1。③若交点恰好是原点，则点弹性都等于 1。
>
> 在 A 点的点弹性值
>
> $$\begin{aligned} E_s &= \frac{\mathrm{d}Q}{\mathrm{d}P} \cdot \frac{P}{Q} \\ &= \frac{CB}{AB} \cdot \frac{AB}{OB} \\ &= \frac{CB}{OB} \end{aligned}$$
>
>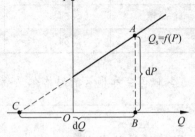
>
> 图 2-14 线性供给曲线的点弹性

（二）供给弹性大小的 5 种情况

供给价格弹性按照其大小也可以分为 5 种情况：①若 $E_s > 1$，称为供给富有弹性；②若 $E_s < 1$，称为供给缺乏弹性；③若 $E_s = 1$，称为供给单位弹性；④ $E_s = \infty$，称为供给完全弹性；⑤若 $E_s = 0$，称为供给完全无弹性。

（三）影响供给弹性的因素

影响供给弹性的因素比影响需求弹性的因素复杂得多，主要有以下因素。

（1）厂商进入和退出一个行业的难易程度。如果厂商进入或者退出某一行业比较容易，则该商品的供给弹性较大。反之，供给弹性较小。

（2）时间的长短。当商品的价格发生变化时，厂商对产量的调整需要一定的时间。短时间内困难，供给弹性较小。长期生产规模的扩大与缩小容易，供给价格弹性较大。

（3）产品的生产周期。生产周期较短的产品，可以根据价格变化及时调整产量，供给弹性较大。相反，较小。

（4）生产时采用的技术类型。有些产品采用资本密集型技术，生产规模一旦固定，变动就比较困难，供给弹性比较小；有些产品采用劳动密集型技术，生产规模变动比较容易，从而供给弹性比较大。

（5）生产成本。产量增加只引起边际成本轻微提高，意味着供给曲线平坦，供给价格弹性较大。产量增加引起边际成本较大提高，意味着厂商供给曲线比较陡峭，供给弹性较小。

课堂讨论：

禁毒是增加还是减少了毒贩的收益？如何禁毒更有效？

提示：毒品需求弹性小（对某些人必需），而供给弹性大。禁毒是控制供给，控制需求更为重要。禁毒教育是控制需求，如图 2-15 所示。

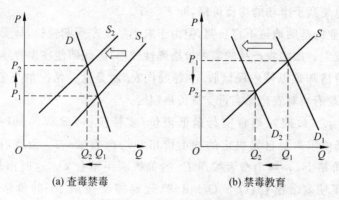

图 2-15　查毒禁毒与禁毒教育

第四节　价格政策的运用

一、易腐商品的售卖

易腐商品比如夏天的鲜鱼，容易腐烂变质，因此在售卖前应根据需求曲线，以准备出售的数量来确定价格。

有些商品，尤其是一些食品，由于具有易腐的特点，必须在一定时间内被销售出去，否则，销售者会蒙受经济损失。那么，这类商品对销售者来说，应该如何定价，才能既保证全部数量的商品在规定时间内卖完，又能使自己获得尽可能多的收入呢？

以鲜鱼为例，如果价格定得过高，就会导致鲜鱼在一定期限内卖不出去；如果价格定得过低，就会导致销售者不能得到最大收益。由于鲜鱼的需求一般是富有弹性的，销售者会因为定价过高导致销售量的减少，最终总收益减少；也会因为定价过低导致销售总收益减少。

因此，销售者应该选定一个恰当的价格水平，也就是能给销售者带来最大收益的最优价格，这个价格就是以全部数量都能卖出去时确定的价格。

二、最高限价和最低限价

价格调节有其不完善性——短期性和无序性，因此需要价格政策来纠正。

政府根据不同的经济形势会采取不同的经济政策，这里主要介绍政府价格政策的两种做法：最低限价和最高限价。

（一）最低限价

最低限价也称支持价格，是指政府为了扶植某一行业的生产而规定的该行业产品的最低价格。如果政府认为依靠市场供求力量确定的某种产品的价格太低，以至于该行业内的企业难以维持简单再生产，这时政府就应该对该类产品实行支持价格保护。最低价格（支持价格）总是高于市场的均衡价格，即 $P_1 > P_e$。

在我国，农业的基础地位不言自明，但由于农产品生产周期较长，易受气候条件影响，因而生产风险较大。加之农产品的需求价格弹性较小，因此即使在丰收年份，依靠市场供求形成的均衡价格却难以使农民增收。"谷贱伤农"就是这一情况的形象概括。有鉴于此，很多国家的政府均对农产品实行支持价格制度。

图 2-16 显示了政府对粮食实行最低限价（支持价格）政策的原理和结果。其中 P_e 和 Q_e 为市场供求力量自发决定的均衡价格和均衡数量。P_1 为政府所实行的支持价格。在支持价格下，一般消费者按照 P_1 的价格购买粮食 Q_0，这时市场供给 Q_1 大于市场需求。为了使剩余粮食（$Q_1 - Q_0$）出清，政府需要按照 P_1 的价格全部购买剩余粮食。

对粮食实行最低限价的作用：稳定农业生产，调整农业结构；扩大农业投资，保障粮食安全。

（二）最高限价

最高限价也称限制价格，是指政府出于防止物价过快上涨（尤其是某些生活必需品和一些垄断性很强的公用事业）的考虑而制定的某种产品的最高价格。例如，在通货膨胀时期，政府为了防止产品价格的普遍上涨，往往限制原材料、燃料、自来水等的价格。限制价格总是低于市场的均衡价格，即 $P_2 < P_e$。

图 2-17 显示了政府对某种产品实行限制价格的原理和结果。其中 P_e 和 Q_e 为市场供求力量自发决定的均衡价格和均衡数量。P_2 为政府所实行的最高价格。在最高限价

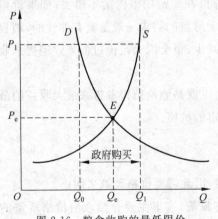

图 2-16　粮食收购的最低限价

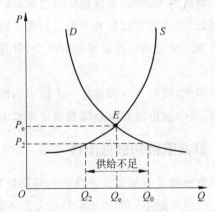

图 2-17　某种产品的最高限价

下，消费者的需求量是 Q_0，而厂商供给却仅有 Q_2，这时的市场供给严重不足。

最高限价政策在一定程度上弥补了市场缺陷。但最高限价下的供不应求会导致两个不良后果：其一为排队抢购；其二为黑市猖獗。解决措施：政府实行配给制。

此外,厂商也可能粗制滥造,降低产品质量,形成变相涨价。另外,限制价格政策有时也被用于限制某些行业的发展。这种情况下,限制价格往往并不构成对市场机制的破坏。

> **个案研究 2-4**
>
> ### 价 格 上 限
>
> 某些医院专家门诊的挂号价格最高为14元,这是政府规定的,违反这一规定就是违法。这种价格称为价格上限或最高价格。这种价格会引起什么后果呢?由于价格低,无论大病、小病,人人都想看专家门诊。但如果价格低,专家看病的积极性并不高,这样供小于求,存在短缺。在存在短缺而价格又不能上升的情况下,只有三种方法来解决这一问题。第一,采用配给制,即由医院决定谁能看专家门诊。这时,掌管挂号的人就有可能出现受贿现象,即谁送礼就把号给谁。第二,采用排队制,即按先来后到的顺序排队挂号,每天有限的号挂完为止。这时,病人为了能看到专家门诊就要提前排队(或由亲友排队)。排队使人们把本来能用于生产活动的时间用于不带来任何产品或劳务的排队,是一种资源浪费。第三,出现黑市,即出现了一批以倒号为业的号贩子,他们把每个号卖到100元。尽管公安部门屡次打击号贩子,但由于丰厚的利润(价格上限14元与黑市价格100元之间的差额86元),号贩子屡禁不止。最近,医院为了对付号贩子,实行了实名制看病(用身份证挂号就医),但仍没有解决问题,变化只是号贩子由卖号变为卖排队的位子。可见,只要存在价格上限,短缺就无法消除,号贩子绝不会消失。
>
> 其实,正确的做法是放开价格,随着价格上升,人们的需求减少(小病不找专家,大病、疑难杂症才找专家),愿意看病的专家增加,才能最终实现供求相等。这时,号贩子无利可图,自然也就消失了。有关部门出于对专家门诊挂号价格太高,许多低收入者看不起病的担心而限制价格,出发点无可厚非,但在供小于求、号贩子横行的情况下,低收入者就可以看得起或看得上专家门诊了吗?当然,放开专家门诊涉及更广泛的医疗改革问题(如医院分级收费、医与药分开、完善社会保障体系等),但看来要解决专家门诊的供求矛盾,从根本上铲除号贩子,还是要放开价格。这正是医疗市场化改革的重要内容之一。
>
> 资料来源:梁小民.经济学是什么[M].北京:北京大学出版社,2017.

限制价格的利与弊

利:①有利于社会平等的实现;②有利于社会的安定。

弊:①不利于刺激生产,产品短缺;②不利于抑制需求,资源浪费;③社会道德败坏,黑市交易。

本章小结

需求是指消费者在一定时期内,在各种可能的价格水平下愿意而且能够购买的该商品的数量。

影响需求数量的因素:商品自身的价格、消费者的收入水平、相关商品的价格、消费者偏好、消费者对该商品的价格预期等。

商品的需求表是表示某种商品的各种价格水平和与各种价格水平相对应的该商品的需求数量之间关系的数字序列表。

需求曲线:根据需求表中商品不同的价格—需求量的组合在平面坐标图上所绘制的一条曲线。

需求函数 $Q_d = f(P)$ 表示一种商品的需求量和价格之间存在着一一对应的关系,这种函数关系可以分别用商品的需求表和需求曲线来表示。

需求量的变动是指在其他条件不变时,由某商品的价格变动所引起的该商品的需求数量的变动,即其他因素不变,商品本身的价格变化,引起需求曲线上点的移动。

需求的变动是指在某商品价格不变的条件下,由于其他因素变动所引起的该商品数量的变动,即商品本身的价格不变,其他因素变化引起需求曲线的移动。

需求定理:一般而言,在其他条件不变的情况下,需求量随着价格的上升而减少,随着价格的下降而增加,即需求量与价格呈反方向变动:$P\uparrow, Q\downarrow; P\downarrow, Q\uparrow$。

供给是指生产者在一定时期内,在各种可能的价格水平下愿意而且能够提供出售的该商品的数量。

影响供给数量的因素:该商品本身的价格、生产成本、相关商品的价格、生产技术水平、生产者对未来的预期等。

供给表:某种商品的各种价格和与各种价格相对应的该商品的供给数量之间关系的数字序列表。

供给曲线:根据供给表中商品不同的价格—供给数量的组合在平面坐标图上所绘制的一条曲线。

供给函数 $Q_s = f(P)$ 表示一种商品的供给量和价格之间存在着一一对应的关系。

供给定理:在其他条件不变的情况下,供给量随着价格的上升而增加,随着价格的下降而减少,即供给量与价格呈同方向变动:$P\uparrow, Q\uparrow; P\downarrow, Q\downarrow$。

市场供给和市场需求相等时的市场状况称为市场均衡,而达到市场均衡时的商品价格和商品数量分别称为均衡价格和均衡数量。

供求定理:在其他条件不变的情况下,需求与均衡价格和均衡数量同方向变动;供给与均衡数量同方向变动,而与均衡价格反方向变动。

一般来说,只要两个经济变量之间存在着函数关系,就可以用弹性表示因变量对自变量的反应的敏感程度。弹性系数＝因变量变动的比率/自变量变动的比率。

需求的价格弹性简称需求弹性,表示在一定时期内一种商品的需求量变动对该商品的价格变动的反应程度,即需求量变动对价格变动的反应程度。

需求的价格弹性分为弧弹性和点弹性。需求价格弧弹性的计算可以分为 3 种情况:①涨价时;②降价时;③中点公式。

需求价格弧弹性按照其大小可以分为以下 5 种情况:①富有弹性:$E_d>1$;②缺乏弹性:$0<E_d<1$;③单位弹性:$E_d=1$;④完全弹性:$E_d\to\infty$;⑤完全无弹性:$E_d=0$。

影响需求价格弹性的因素:消费者对物品的需求程度、物品的可替代程度、市场范围的大小、用途的广泛性、调节时间或使用时间长短、物品在家庭支出中所占的比例等。

需求价格弹性与厂商销售收入的关系:①$E_d>1$,降价可以增加厂商的收益;涨价会降低厂商的收益;②$E_d<1$,涨价可以增加厂商的收益;降价反而会降低厂商的收益;③对于 $E_d=1$,即单位弹性的商品,需求量变动的比率等于价格变动的比率。因此,无论是降价还是涨价,厂商的收益都不会变化。

需求的交叉弹性是指在一定时期内,一种商品的需求量变动对于它的相关商品的价格的变动的反应程度。

需求的交叉弹性系数是正还是负,取决于所考察的两种商品之间的关系:①$E_{XY}>0$,替代品;②$E_{XY}<0$,互补品;③$E_{XY}=0$,无关系。

需求的收入弹性表示在一定时期内消费者对某种商品的需求数量的相对变动对于消费者收入的相对变动的反应程度。

根据需求的收入弹性系数是正还是负,可以给商品分类:①$E_M>0$,正常品;其中,$E_M>1$,奢侈品/高档品;$0<E_M<1$,必需品;②$E_M<0$,劣等品/吉芬物品。

供给的价格弹性表示在一定时期内一种商品的供给量的相对变动对于该商品的价格的相对变动的反应程度。

本章内容结构

- 供需理论
  - 需求
    - 需求的含义
    - 需求表
    - 影响需求数量的因素
      - 商品本身的价格
      - 消费者的收入水平
      - 相关商品的价格
      - 消费者偏好
      - 消费者对该商品的价格预期
    - 需求曲线
    - 需求函数
    - 需求法则
    - 需求定理的特例
      - 吉芬物品
      - 炫耀性物品
    - 需求量的变动与需求的变动
  - 供给(参考上面)
  - 供需均衡理论
    - 供求定理
    - 均衡的变动
  - 弹性理论
    - 需求的价格弹性
      - 富有弹性：$E_d > 1$
      - 缺乏弹性：$0 < E_d < 1$
      - 单位弹性：$E_d = 1$
      - 完全弹性：$E_d \to \infty$
      - 完全无弹性：$E_d = 0$
    - 弧弹性3种计算：涨价时、降价时、中点公式
    - 点弹性计算公式与几何测算
    - 需求弹性与厂商收益的关系
      - $E_d > 1$
      - $E_d < 1$
      - $E_d = 1$
    - 影响需求价格弹性的因素
    - 需求的交叉弹性
      - $E_{XY} > 0$，替代品
      - $E_{XY} < 0$，互补品
      - $E_{XY} = 0$，无关系
    - 需求的收入弹性
      - $E_M > 0$，正常品
        - $E_M > 1$，奢侈品
        - $0 < E_M < 1$，必需品
      - $E_M < 0$，劣等品/吉芬物品
    - 供给弹性(参考上面)

综合练习

一、名词解释

需求　　　需求函数　　　需求定律　　　供给　　　供给函数　　　供给定律
供需均衡　　弹性　　　价格弹性　　　点弹性　　　弧弹性　　　交叉弹性
收入弹性　　厂商收益

二、选择题

1. 需求规律说明（　　）。
   A. 药品的价格上涨会使药品质量增加
   B. 计算机价格下降导致销售量增加
   C. 丝绸价格提高，游览公园的人数增加
   D. 汽油的价格提高，小汽车的销售量减少

2. 对西红柿需求量的变动，可能是由于（　　）。
   A. 西红柿的价格提高了　　　　B. 消费者得知吃西红柿有益健康
   C. 消费者预期西红柿将降价　　D. 以上都对

3. 当羽毛球拍的价格下降时，对羽毛球的需求将（　　）。
   A. 减少　　　B. 不变　　　C. 增加　　　D. 视具体情况而定

4. 其他条件不变，牛奶价格下降将导致牛奶的（　　）。
   A. 需求下降　　B. 需求增加　　C. 需求量下降　　D. 需求量增加

5. 当出租车租金上涨后，对公共汽车服务的（　　）。
   A. 需求增加　　B. 需求量增加　　C. 需求减少　　D. 需求量减少

6. 若一条直线型需求曲线与一条曲线型需求曲线相切，则在切点处两曲线的需求价格弹性（　　）。
   A. 相同　　　　　　　　　　　B. 不同
   C. 可能相同也可能不同　　　　D. 依切点所在位置而定

7. 直线型需求曲线的斜率不变，因此其价格弹性也不变。这个说法（　　）。
   A. 一定正确　　　　　　　B. 一定不正确
   C. 可能不正确　　　　　　D. 无法断定是否正确

8. 如果人们收入水平提高，则食物支出在总支出中比重将（　　）。
   A. 大大增加　　B. 稍有增加　　C. 下降　　D. 不变

三、计算题

1. 已知某一时期内某商品的需求函数为 $Q=50-5P$，供给函数为 $Q=-10+5P$。
   （1）求均衡价格和均衡数量，并做出供求图。
   （2）假定供给函数不变，由于消费者收入水平提高，使需求函数变为 $Q=60-5P$。求出相应的均衡价格和均衡数量，并做出供求图。
   （3）假定需求函数不变，由于生产技术水平提高，使供给函数变为 $Q=-5+5P$。求出相应的均衡价格和均衡数量，并做出供求图。

(4) 利用前面的分析，说明需求变动和供给变动对均衡价格和均衡数量的影响。

2. 已知某商品的需求方程和供给方程分别为：$Q_D=14-3P$，$Q_S=2+6P$。试求该商品的均衡价格，以及均衡时的需求价格弹性和供给价格弹性。

3. 设汽油的需求价格弹性为-0.15，其价格现为每升7.8元，试问汽油价格上涨多少才能使其消费量减少10%？

四、分析讨论题

1. 下面的说法是否正确，为什么？

"经济学家认为，降低价格一定会使供给下降是一条规律。可是这个规律也有例外。例如，1990年一台个人计算机卖2万多元，到现在只卖三四千元，然而销售量却增加了上百倍。可见，降低价格不一定会使供给量下降。"

2. 用供求图解释下面每一种表述。

(1) 据报道，2011年我国粮食总产量将达5.5亿吨，实现八连增。但由于粮食增产可能引起粮食价格下跌。

(2) 2011年，伊朗核危机愈演愈烈。在欧盟扬言要从2012年7月1日起停止进口伊朗石油之际，伊朗官方英语电视台"新闻电视"2012年2月15日报道，作为对欧盟制裁伊朗的回应，伊朗当天已经停止向欧盟六国（荷兰、西班牙、意大利、法国、希腊和葡萄牙）出口石油，导致欧洲汽油价格上升，而二手凯迪拉克车的价格下降。

3. 药物性毒品需求缺乏弹性，而个人计算机需求富有弹性。假设技术进步使这两种物品都增加了一倍（这就是说，在每种价格水平时，供给量是以前的两倍）。

(1) 每个市场的均衡价格和数量会发生怎样的变动？

(2) 哪一种产品价格变动大？

(3) 哪一种产品数量变动大？

(4) 消费者对每种产品的总支出会发生什么变动？

推荐阅读

[1] 高鸿业. 西方经济学（微观部分）[M]. 6版. 北京：中国人民大学出版社，2014：第二章.

[2] 卜洪运. 微观经济学[M]. 北京：机械工业出版社，2009：第二章.

[3] 朱中彬，等. 微观经济学[M]. 北京：机械工业出版社，2009：第二章.

[4] 尹伯成. 西方经济学简明教程[M]. 8版. 上海：格致出版社，2013：第二章.

[5] 弗兰克. 牛奶可乐经济学2[M]. 闾佳，译. 北京：中国人民大学出版社，2009.

[6] 茅于轼. 生活中的经济学[M]. 3版. 广州：暨南大学出版社，2007.

[7] 克鲁格曼. 克鲁格曼经济学原理[M]. 黄卫平，译. 北京：中国人民大学出版社，2011：第三章，第四章，第五章.

[8] 梁小民. 经济学是什么[M]. 北京：北京大学出版社，2017.

[9] 钱堃. "菜贱伤农"频上演 如何走出"丰产不丰收"怪圈 [EB/OL]. [2017-05-15]济南日报. http://news.163.com/17/0515/11/CKFN9J0G00018AOP.html

[10] 薄凉运. 2017年，农村丰产不丰收，该咋办？[EB/OL]. [2017-05-26]https://baijiahao.baidu.com.

第三章

消费者行为理论

【内容提要】

第二章介绍了需求曲线和供给曲线的基本特征,但没有说明形成这些特征的原因是什么。本章将采用效用论分析需求曲线背后的消费者行为,并从对消费者行为的分析中推导出需求曲线。

【学习目标与重点】

- 掌握效用的内涵,理解基数效用和序数效用的概念,理解需求曲线的推导过程。
- 重点掌握基数效用论的边际效用递减规律、消费者均衡条件和消费者剩余。
- 重点掌握序数效用论的无差异曲线、预算线、边际替代率递减规律,以及序数效用论的消费者均衡条件。

【关键术语】

效用　基数效用　序数效用　边际效用　消费者均衡　无差异曲线　预算线

【引入案例】

穷人的木碗

有一个穷人家徒四壁,仅有的财产是一只旧木碗。一天,穷人上了一只渔船去帮工。不幸的是,渔船在航行中遇到了特大风浪,被大海吞没了。船上多数人被淹死了。穷人抱着一根大木头,才幸免于难。穷人被海水冲到了一个小岛上,岛上的酋长看见穷人的木碗,感到非常新奇,便用一口袋最好的珍珠、宝石换走了木碗。

一个富翁听到了穷人的奇遇,心中暗想:"一只木碗都能换回这么多宝贝,如果我送去很多可口的食品,该换回多少宝贝!"富翁装了满满一船山珍海味和美酒,历尽艰辛终于找到了穷人去过的小岛。酋长接受了富人送来的礼物,品尝之后赞不绝口,声称要送给他最珍贵的东西。富人心中暗自得意。看见酋长双手捧着的"珍贵礼物",富人不由得愣住了:它居然是穷人用过的那只旧木碗!原来木碗在这个岛上是绝无仅有的,是最珍贵的东西。

世界上最好吃的东西

兔子和猫争论着一个问题:世界上什么东西最好吃?

兔子抢先说:"世界上最好吃的东西是青草,特别是春天的青草,那股清香味儿,吃起来还甜滋滋的。我一说就要流口水。"

猫不同意这个意见,它说:"我认为世界上没有比鱼更好吃的东西了。你想想,那鲜嫩的肉,柔软的皮,嚼起来又酥又松。只有最幸福的动物,才懂得鱼是世界上独一无二的好东西。"

它们两个都坚持自己的意见,争论了好久,还是得不到解决。最后它们只好去找猴子评理。猴子听了它们的两种意见,都不同意,它说:"你们都是十足的傻瓜,连世界上最好吃的东西都不知道。我告诉你们吧,世界上最好吃的东西是桃子!桃子不仅美味可口,而且长得漂亮。我每天做梦都梦见吃桃子。"

兔子和猫听了直摇头,说:"我们以为你要说别的什么,没想到是桃子,那玩意儿毛茸茸的,有什么好吃的?"那么,世界上到底什么东西最好吃?这就要从效用说起了。

资料来源:

[1] 斯凯恩. 一看就懂的经济常识全图解[M]. 上海:立信会计出版社,2014.

[2] 佚名. 木碗比宝石更珍贵[J]. 商业故事,2010(8):47-47.

第一节 效用论概述

一、效用的概念

效用(Utility)是指消费者从商品消费中得到的满足程度,是消费者的一种主观心理评价。消费者需求某种商品是为了得到满足。满足程度高,则效用大;满足程度低,则效用小。一种商品是否具有效用,不仅在于商品本身所具有的客观物质属性,还取决于消费者的主观感受。它表现在以下两个方面。

(1) 效用大小因人而异,同一物品对于不同消费者的效用是不同的。

(2) 商品的效用会随着时间、地点的变化而变化。例如,一块面包,在一个人饥饿的时候其效用就比较大,不饿的时候其效用就比较小;只有冬季才使用的商品,如棉衣,在夏季对于人们来说就没有效用。

效用本身不具有伦理学的意义。只要能够满足人们的欲望或需要,即使这种欲望是坏的,这种商品也是具有效用的,例如吸毒,当然从法律的角度是被禁止的。此外,效用还有正负之分。负效用是指某种物品所具有的引起人的不舒适或痛苦的能力。例如,烟对于那些不抽烟的人来说,具有负效应。

课堂讨论:

请同学们举例说明效用的特征。

个案研究 3-1

"幸福方程式"与"阿Q精神"

萨缪尔森提出:幸福=效用/欲望。让幸福增加的有效方法:①欲望不变而提高效用;②清心寡欲。

消费是为了获得满足,或者幸福。对于什么是幸福,美国的经济学家萨缪尔森用"幸福方程式"来概括。这个"幸福方程式"就是:幸福=效用/欲望,从这个方程式中可知欲望与幸福成反比,也就是说人的欲望越大越不幸福。但人的欲望是无限的,那么多大的效用不也等于零吗?因此,在分析消费者行为理论的时候,假定人的欲望是一定的。抛开效用论,再来思考萨缪尔森提出的"幸福方程式",会觉得他对幸福与欲望的关系阐述得十分精辟。

在社会生活中，对于幸福，不同的人有不同的理解，政治家把实现自己的理想和抱负作为最大的幸福；企业家把赚到更多的钱当作最大的幸福；教师把学生喜欢听自己的课作为最大的幸福；老百姓觉得衣食无忧是最大的幸福。幸福是一种感觉，自己认为幸福就是幸福。一个人的欲望水平与实际水平之间的差距越大，他就越痛苦。反之，就越幸福。"幸福方程式"使我想起了"阿Q精神"。

鲁迅笔下的阿Q形象，是用来唤醒中国老百姓逆来顺受的那种劣根性。而我要说的是，人生如果一点阿Q精神都没有，会感到不幸福，因此"阿Q精神"在一定条件下是人生获取幸福的手段。市场经济发展到今天，贫富差距越来越大，如果穷人的欲望过高，那只会给自己增加痛苦。倒不如"知足者常乐"，用"阿Q精神"来降低自己的欲望，使自己虽穷却也活得幸福自在。富人比穷人更看重财富，他会追求更富，如果欲望得不到满足他也会感到不幸福。"知足常乐""适可而止""随遇而安""退一步海阔天空""该阿Q时就阿Q"，这些说法有着深刻的经济含义，我们要为自己最大化的幸福做出理性的选择。

资料来源：梁小民.微观经济学纵横谈[M].3版.北京：生活·读书·新知三联书店，2000.

二、基数效用与序数效用

西方经济学家对于量度效用的大小，先后提出了基数效用与序数效用的概念，并在此基础上形成了分析消费者行为的两种方法：边际效用分析方法和无差异曲线分析方法。

基数效用的基本观点是：效用的大小可以用基数（1，2，3，…）来表示，可以计量并加总求和。例如吃一块面包是20个效用单位，看一场3D电影是100个效用单位，这两种消费的效用之和是120个效用单位，并且看一场3D电影的效用是吃一块面包的效用的5倍。

然而，在很多情况下无法明确衡量一个物品的效用大小。到了20世纪30年代，序数效用的概念被大多数西方经济学家所使用。在现代微观经济学里，序数效用论的分析方法占主导地位。

序数效用的基本观点是：效用作为一种心理现象无法用数字具体衡量，也不能加总求和，只能表示出满足程度的高低与顺序，即效用只能用序数（第一，第二，第三，…）来表示。拿上例来说，消费者只需要回答偏好哪一种消费，如果是吃一片面包，则吃一片面包的效用大于看一场3D电影的效用。也就是说，消费者宁愿吃一片面包，也不去看一场3D电影。

知识链接 3-1

效用理论的来源

现代效用理论源于功利主义。功利主义是近两个世纪以来西方理性思潮的一大主流。1700年数理概论学的基本理论开始发展后不久，效用这一概念便产生了。例如，一位聪明的瑞士数学家，丹尼尔·伯努利(Daniel Bernoulli)在1738年观察到，人们似乎是在按下列方式行动：在一场公平的赌博中，他们认为所赢到的1美元的价值小于他们所输掉的 1 美元的价值。这就意味着：人们厌恶风险，并且，相继增加的新的财富给他们带来的是越来越少的真实效用。

早期将效用概念引入社会科学的人是英国的哲学家吉米·边沁（Jeremy Bentham,1748—1832）。他建议，社会应该按"效用原则"组织起来，他把效用原则定义为："任何客体所具有的可以产生满足、好处或幸福，或者防止痛苦、邪恶或不幸的性质。"

随着效用理论的发展，出现了新古典经济学家威廉·斯坦利·杰文斯推广边沁的效用概念，用以解释消费者行为。他认为理性的人应以每一物品所能增添的或边际效用为基础来做他们的消费决策。

资料来源：保罗·萨缪尔森.经济学[M]. 18 版. 萧探，译. 北京：人民邮电出版社，2008.

三、消费者偏好

消费者偏好属于序数效用论的概念，所谓消费者偏好是指所有消费组合在消费者心目中的排序。如上面所说的消费者宁愿吃一片面包，也不去看一场 3D 电影。

序数效用论者提出了关于消费者偏好的 4 个基本假定。

（1）偏好的完全性。完全性是指消费者总是可以比较和排列所有消费组合。如对两个消费组合 A 和 B，消费者总可以做出，也仅可以做出以下 3 种判断中的一种，即 $A>B$，A 的效用大于 B；$A<B$，A 的效用小于 B；$A=B$，A 的效用与 B 相同。不存在无法比较和选择的情况。

（2）偏好的可传递性。可传递性是指对于任何商品组合，消费者的效用排序不发生矛盾，消费者偏好保持一致。例如，在看一场足球比赛和吃一顿大餐中进行选择，消费者选择看一场足球比赛。而在看一场足球比赛和听一场音乐会中进行选择时，消费者选择听一场音乐会，那么对于这名消费者而言，听一场音乐会的效用一定高于吃一顿大餐，即 $A>B$，$B>C$，则 $A>C$。

（3）偏好的非饱和性。非饱和性是指对每一种商品的消费都没有达到饱和点。对任何商品，总认为多比少好。

（4）偏好的稳定性。稳定性是指在所给定时期内消费者的偏好是稳定的。如果消费者偏好看电影，那么在一定时期内，消费者会保持这种偏好。

个案研究 3-2

"子非鱼，安知鱼之乐？"

20 世纪 80 年代中期，日本电视连续剧《血疑》曾风靡神州大地。女主人公信子和父亲大岛茂的故事使不少人感动得流泪。精明的商家从中看出了市场机遇。上海一家服装厂推出了信子裙，北京一家服装厂推出了大岛茂风衣。但结果很不一样：上海的厂家大获其利，北京的厂家却亏本了。其原因就在于不同消费者有不同的消费行为。

消费者购买物品是为了从消费这种物品中得到物质或精神的满足,这种满足称为效用。消费者的消费行为是为了实现效用最大化。效用不同于物品本身的使用价值。使用价值产生于物品的属性,是客观的。效用是消费者消费某物品时的感受,是主观的。某种物品给消费者带来的效用因人而异,效用大小完全取决于个人偏好,没有客观标准。

庄子说:子非鱼,安知鱼之乐?形象地说明了效用的主观性。鱼在水中畅游是苦不堪言的,还是悠然自得其乐无穷,只能由鱼自己的感受来决定。同样,都是根据《血疑》而开发的衣服却有不同的命运,就是因为女中学生与中年男子从衣服中得到的效用不同。女中学生崇尚信子,认为穿信子裙可以得到极大的心理满足。中年男子虽然尊敬大岛茂这样的父亲,但并不以穿同样的衣服为荣,大岛茂风衣对他们并没有什么特殊效用。

女中学生认为信子裙带来的效用大,即主观评价高,所以,愿意用高价购买,厂家当然获利。但中年男子并不认为大岛茂风衣有什么效用,即主观评价低,所以,不愿意出高价,当厂家的定价高于他们的需求价格时就卖不出去,只能赔本。可见,能否对消费者心里做出深度分析和准确判断是商家成败的重要因素。

资料来源:郭万超,辛向阳. 轻松学经济[M]. 北京:对外经济贸易大学出版社,2005.

第二节 基数效用论

一、边际效用递减规律

(一)总效用和边际效用

基数效用论者将效用区分为总效用(Total Utility,TU)和边际效用(Marginal Utility,MU)。总效用是指从商品消费中得到的总的满足程度,即效用量的总和。边际效用是指每增加一个单位的商品所增加的满足程度,即增加的效用量的增量。

假定消费者对一种商品的消费数量为 Q,则总效用函数如下:

$$TU = f(Q) \tag{3-1}$$

相应的边际效用函数如下:

$$MU = \frac{\Delta TU(Q)}{\Delta(Q)} \tag{3-2}$$

当商品的增加量趋于无穷小,即 $\Delta Q \to 0$ 时有

$$MU = \lim_{\Delta Q \to 0} \frac{\Delta TU(Q)}{\Delta Q} = \frac{dTU(Q)}{dQ} \tag{3-3}$$

下面举例说明总效用和边际效用之间的关系。

在一个人很饿的时候,吃第一个馒头增加的效用量是 10,总效用由 0 变为 10;当吃第二个馒头时增加的效用量降为 8,总效用由 10 变为 18;以此类推,当吃第六个馒头时,人已经饱了,增加的效用量为 0,总效用量仍维持 30。再吃就撑着了,人会变得不舒服,增加

的效用量为-2,总效用由30降为28。

表3-1清楚地显示出总效用和边际效用的关系。总效用即为边际效用的累加。按照表3-1中提供的数据资料,还可以画出总效用曲线和边际效用曲线,如图3-1所示。

表3-1 某商品的效用表

商品数量	总效用	边际效用	价格
0	0		
1	10	10	5
2	18	8	4
3	24	6	3
4	28	4	2
5	30	2	1
6	30	0	0
7	28	-2	

注:货币的边际效用 $\lambda=2$。

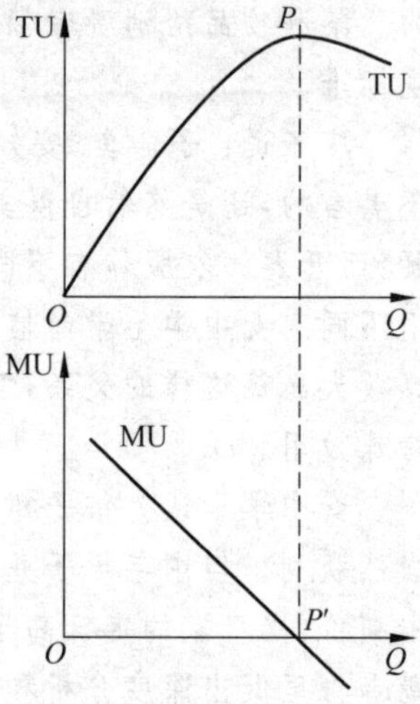

图3-1 某商品的效用曲线

图的横轴表示商品的数量,纵轴表示效用量,TU曲线和MU曲线分别为总效用曲线和边际效用曲线。从图3-1中可看出总效用曲线和边际效用曲线有以下几点关系。

(1) 当 MU>0,TU↑,即当边际效用为正值时,总效用水平不断增加。

(2) 当 MU=0,TU为最高点,即直到边际效用为零时,总效用水平达到最大值。

(3) 当 MU<0,TU↓,即当边际效用为负值时,总效用水平开始下降。

(二) 边际效用递减规律

边际效用递减规律的基本内容:随着消费者对某种商品消费量的增加,人们从该商品连续增加的每个消费单位中得到的满足程度逐渐下降,所得到的效用增量即边际效用是递减的,MU曲线是向右下方倾斜的。

正如上面所说的,一个人在极度饥饿的时候吃下一个馒头是最解燃眉之急的,但随着吃下馒头数量的连续增加,饥饿程度不断降低,对下一个馒头的渴望值也不断减少。当他完全吃饱的时候,也就是总效用最大的时候,他就不想再吃馒头了。如果继续吃下去,那么就会越来越感到不适。

这主要是因为随着相同消费品的连续增加,消费者所能感受到的满足程度和对重复刺激的反应程度是递减的。如果一种商品具有几种用途时,消费者总是将第一单位的消费品用在最重要的用途上,第二单位用在次要用途上。

课堂讨论:

在炎热的夏天,当你吃第一根冰棍时感觉最好,吃得越多感觉越不好,如果一次吃十几根冰棍就会觉得痛苦。试用边际效用递减解释这种现象。

> **知识链接 3-2**
>
> **价 值 悖 论**
>
> 　　必需品(水)的市场价值很低,很少能交换到任何东西。奢侈品(钻石)使用价值很小,但市场价格很高,可以交换到大量其他物品。
>
> 　　亚当·斯密在他的《国民财富的性质和原因的研究》中提出了一个"价值悖论":为什么对我们的生活如此重要的水的价格却极其低廉,而几乎没有什么使用价值的钻石却那么昂贵呢?
>
> 　　这是因为水的供给曲线和需求曲线相交于一个很低的价格水平上,而钻石的供求曲线却相交于一个很高的价格水平上。均衡价格的高低反映的是它们不同的稀缺程度,而不是对不同消费者的有用性——使用价值或价值。
>
> 　　如果从效用的角度去理解价格,我们就需要区分边际效用和总效用。水的市场价格取决于最后一单位水所能够提供的边际效用(即市场上总效用的增量),而不是第一滴水所能为我们提供的效用。因此,虽然第一滴水几乎和生命一样珍贵,但由于水的供给量异常庞大,所以,最后一滴水所能提供的边际效用微不足道,使水的市场价格可以廉价到用来冲洗马桶。第一粒钻石同样也是无比珍贵的,它的供给量使最后一单位钻石所提供的边际效用也不那么大了,但没有大到只有皇后才能够佩戴的地步,不过,钻石的供给量也同样没有大到可以用来代替沙子制作混凝土。而水对于我们的生活是如此重要,所以,就水给我们带来的"总效用"而言,无疑大大超过了钻石给我们带来的"总效用"。
>
> 　　19世纪70年代奥国学派的门格尔、庞巴维克等人用边际效用来解释价值的决定,认为商品的价值取决于其有用性与稀缺性,价值量的大小由边际效用决定,越是稀缺的东西,边际效用越大,其价值量就越高;反之,越是数量多的东西,边际效用越小,其价值量越低,这就是所谓的边际效用价值论。价格不反映一件商品的总效用,而是反映它的边际效用。西方经济学家认为,边际效用价值论解决了所谓的价值的矛盾。
>
> 资料来源:
> [1] 卫志民.微观经济学[M].北京:高等教育出版社,2012:60.
> [2] 卜洪运.微观经济学[M].北京:机械工业出版社,2009:52.

(三)货币的边际效用

　　基数效用论者认为,货币如同商品一样,也具有效用。商品的边际效用递减规律对于货币也同样适用。对于一个消费者来说,随着货币收入量的不断增加,每增加一元钱所带来的边际效用越来越小。

　　但是,在分析消费者行为时,基数效用论者又通常假定货币的边际效用是不变的。因为消费者的收入在一定时期内是给定的,而单位商品的价格只占消费者总收入中的很小一部分,当消费者对某种商品的购买量发生很小的变化时,所支出的货币边际效用的变化是非常小的,可忽略不计。这样,货币的边际效用通常用一个不变的常数 λ 来表示。

个案研究 3-3

吃 3 个面包的感觉

　　罗斯福连任三届美国总统后,曾有记者问他有何感想,总统一言不发,只是拿出一块三明治面包让记者吃。这位记者不明白总统的用意,又不便问,只好吃了。接着总统拿出第二块,记者还是勉强吃了。紧接着总统拿出第三块,记者为了不撑破肚皮,赶紧婉言谢绝。这时罗斯福总统微微一笑:"现在你知道我连任三届总统的滋味了吧。"这个故事揭示了经济学中的一个重要的原理:边际效用递减规律。

　　比如,水是非常宝贵的,没有水,人们就会死亡,但是你连续喝超过了你能饮用的数量时,那么多余的水就没有什么用途了,再喝边际价值几乎为零,或是在零以下。现在我们的生活富裕了,我们都有"天天吃着山珍海味也吃不出当年饺子的香味"的体验。这就是边际效用递减规律。设想如果不是递减而是递增会是什么结果,吃一万个面包也不饱。所以说,幸亏我们生活在效用递减的世界里,在购买消费达到一定数量后因效用递减就会停止下来。

　　消费者购买物品是为了效用最大化,而且,物品的效用越大,消费者愿意支付的价格越高。根据效用理论,企业在决定生产什么时首先要考虑商品能给消费者带来多大效用。

　　企业要使自己生产出的产品能卖出去,而且能卖高价,就要分析消费者的心理,能满足消费者的偏好。一个企业要成功,不仅要了解当前的消费时尚,还要善于发现未来的消费时尚。这样才能从消费时尚中了解到消费者的偏好及变动,并及时开发出能满足消费者这种偏好的产品。同时,消费时尚也受广告的影响。一则成功的广告会引导一种新的消费时尚,左右消费者的偏好。所以说,企业行为从广告开始。

　　消费者连续消费一种产品的边际效用是递减的。如果企业连续只生产一种产品,它带给消费者的边际效用就在递减,消费者愿意支付的价格就低了。因此,企业要不断生产出多样化的产品,即使是同类产品,只要不相同,就不会引起边际效用递减。例如,同类服装做成不同式样,就成为不同的产品,就不会引起边际效用递减。如果是完全相同,则会引起边际效用递减,消费者不会多购买。

　　边际效用递减原理告诉我们,企业要进行创新,生产不同的产品满足消费者需求,减少和防止边际效用递减。

二、基数效用论的消费者均衡

　　消费者均衡研究的是单个消费者如何在既定的收入下实现效用最大化的均衡条件。当消费者获得最大效用时,将不能也不愿意改变任何商品的购买数量。

　　基数效用论关于消费者实现效用最大化的均衡条件。

　　(1) 把全部收入用完。

　　(2) 每一元钱都花在刀刃上。消费者应该使自己所购买的各种商品的边际效用与价格之比相等,即消费者应该使自己花费在各种商品购买上的最后一元钱所带来的边际效用相等,且等于货币的边际效用。

用公式表示如下:

$$P_1X_1 + P_2X_2 + \cdots + P_nX_n = I \tag{3-4}$$

$$\frac{MU_1}{P_1} = \frac{MU_2}{P_2} = \cdots = \frac{MU_n}{P_n} = \lambda \tag{3-5}$$

式中:P_n 表示第 n 种商品的既定价格;X_n 表示第 n 种商品的数量;MU_n 表示第 n 种商品的边际效用;λ 表示不变的货币的边际效用;I 表示消费者的既定收入。

式(3-4)是实现消费者均衡的预算约束,消费者购买商品组合的花费不能大于既定的收入水平。式(3-5)是在预算约束下实现消费者均衡的条件。

下面以例题来进一步具体说明消费者的均衡条件。

例 3-1 一位大学生即将参加三门课的期末考试,他能够用来复习功课的时间只有 6 天。假设每门功课占用的复习时间和相应会有的成绩见表 3-2,每门课复习一天的成本是相同的。试运用消费者行为理论分析该大学生怎样分配复习时间才能使三门课的总成绩最高?

表 3-2 某大学生复习三门课程的天数与分数表

天数	0	1	2	3	4	5	6
经济学分数	30	44	65	75	83	88	90
管理学分数	40	52	62	70	77	83	88
统计学分数	70	80	88	90	91	92	93

解:首先将各门课程占用的时间与相应的边际效用计算出来,见表 3-3。

表 3-3 某大学生复习三门课程的边际效用表

天数	0	1	2	3	4	5	6
经济学		14	11	**10**	8	5	2
管理学		12	**10**	8	7	6	5
统计学		**10**	8	2	1	1	1

分别用 X_1、X_2、X_3 表示复习经济学、管理学和统计学占用的时间,分别用 MU_1、MU_2、MU_3 表示复习经济学、管理学和统计学的边际效用,用 I 表示该大学生可以复习的总天数,用 P 表示复习一天的成本,$P>0$,那么该大学生的预算约束为:$PX_1 + PX_2 + PX_3 = PI = 6P$。

在预算约束下的均衡条件是:$\frac{MU_1}{P} = \frac{MU_2}{P} = \frac{MU_3}{P} = \lambda$,则 $MU_1 = MU_2 = MU_3 = 10$,此时 $X_1 = 3, X_2 = 2, X_3 = 1$。

由表 3-3 可以看出,经济学用 3 天,其边际效用是 10 分;管理学用 2 天,其边际效用是 10 分;统计学用一天,其边际效用也是 10 分,而且 3 门课程所用的时间正好是 6 天。该大学生把 6 天时间作如上的分配时,总分最高,总分=经济学 75 分+管理学 62 分+统计学 80 分=217 分。

如果该大学生将时间分配为经济学 4 天,管理学 1 天,统计学 1 天,就会出现 $\left(\frac{MU_1}{P}=\frac{8}{P}\right)<\left(\frac{MU_3}{P}=\frac{10}{P}\right)<\left(\frac{MU_2}{P}=\frac{12}{P}\right)$ 的情况,同样的一天用来复习经济学所得到的边际效用小于复习统计学和管理学的边际效用,那么该大学生就会调整三门课程的复习时间,将减少经济学的复习时间,同时相应增加管理学和统计学的复习时间,直至它们的边际效用相等为止,此时,该大学生获得了最大的效用,即最高的总分。

(资料来源:http://bbs.pinggu.org/thread-547435-1-1.html)

个案研究 3-4

把每一分钱都用在刀刃上

消费者均衡就是消费者购买商品的边际效用与货币的边际效用相等。这就是说消费者的每一元钱的边际效用和用一元钱买到的商品边际效用相等。假定一元钱的边际效用是 5 个效用单位,一件上衣的边际效用是 50 个效用单位,消费者愿意用 10 元钱购买这件上衣,因为这时的一元钱的边际效用与用在一件上衣的一元钱边际效用相等。此时消费者实现了消费者均衡,也可以说实现了消费(满足)的最大化。低于或大于 10 元钱,都没有实现消费者均衡。简单地说,在你收入既定,且商品价格既定的情况下,花钱最少得到的满足程度最大就实现了消费者均衡。

商品的连续消费边际效用递减,其实货币的边际效用也是递减的。在收入既定的情况下,你存的货币越多,购买的物品就越少,这时货币的边际效用下降,而物品的边际效用在增加,明智的消费者就应该把一部分货币用于购物,增加它的总效用;反过来,消费者卖出商品,增加货币的持有,也能提高它的总效用。通俗地说,假定你有稳定的收入,你的银行存款有 50 万元,但你非常节俭,吃、穿、住都处于温饱水平。实际上这 50 万元足以使你实现小康生活。要想实现消费者均衡,你应该用这 50 万元的一部分去购房、用一部分去买一些档次高的服装,银行也要有一些积蓄;相反,如果你没有积蓄,购物欲望非常强烈,见到新的服装款式,甚至借钱去买,买的服装很多,而效用降低,如遇到一些家庭风险,没有一点积蓄,生活便陷入困境。

经济学家的消费者均衡的理论看似难懂,其实一个理性的消费者,他的消费行为已经遵循了消费者均衡的理论。比如你在现有的收入和储蓄额的条件下是买房还是买车,你会做出合理的选择。你走进超市,见到琳琅满目的物品,你会选择你最需要的。你去买服装肯定不会买回你已有的服装。所以说经济学是选择的经济学,而选择,就是在你资源(货币)有限的情况下,实现消费满足的最大化,使每一分钱都用在刀刃上,这样就实现了消费者均衡。

两种商品均衡条件的解释(经济含义)如下。

如果 $\frac{MU_1}{P_1}>\frac{MU_2}{P_2}$ 说明对于消费者,同样的一元钱购买商品 1 的边际效用小于商品 2 的边际效用。这样,理性消费者就会调整这两种商品的购买量:减少商品 1;增加商品 2。这还意味着总效用会增加。直到两种商品的边际效用相等时,$\frac{MU_1}{P_1}=\frac{MU_2}{P_2}$,便获得最大效用。

反之亦然。

三、消费者剩余

消费者剩余就是消费者对于某种商品所愿意支付的最大总价格与实际支付的总价格之间的差额。由于消费者对于每一单位所愿意支付的价格取决于这一单位的边际效用,所以消费者所愿意支付的价格是逐步下降的。

下面以表 3-4 为例,进一步说明消费者剩余的内容。

表 3-4 某消费者的消费者剩余表

消费者愿付的价格/元	茶叶数量/50g	实际支付的市场价格/元	消费者剩余
8	1	4	4
7	2	4	3
6	3	4	2
5	4	4	1
4	5	4	0

如表 3-4 所示,消费者按价格 4 元购买 250g 茶叶,总效用为 30 单位(8+7+6+5+4),而为此实际支出了 20 单位(4×5=20);消费者剩余为 10 个单位。对某个消费者来说,他愿意支付的价格取决于他对该物品效用的评价。边际效用递减决定了他所愿意支付的价格是随着该物品数量的增加而递减的。由此可见,消费者剩余是边际效用递减的直接结果。

消费者剩余是消费者的主观心理评价,它反映消费者通过购买和消费商品所感受到的状态的改善,通常被用来量度和分析社会福利问题。

四、对需求曲线的推导

基数效用论以边际效用递减规律和建立在该规律上的消费者效用最大化的均衡条件为基础推导消费者的需求曲线。

在其他条件不变的前提下,随着消费者对某一种商品消费量的连续增加,该商品的边际效用是递减的,相应地,消费者为购买这种商品所愿意支付的最高价格即需求价格也是越来越低的,即消费者的需求曲线是向右下方倾斜的。

考虑消费者购买一种商品的情况,消费者效用最大化的均衡条件如下:

$$\frac{MU}{P} = \lambda \tag{3-6}$$

式(3-6)意味着,随着需求量的不断增加,边际效用 MU 是递减的,为了保证式(3-6)的实现,在货币的边际效用 λ 不变的前提下,商品的需求价格 P 必然与 MU 等比例递减。

基数效用论在对消费者行为的分析中,运用边际效用递减规律的假定和消费者效用最大化的均衡条件,导出了单个消费者的需求曲线(见图 3-2),同时,解释了需求曲线向右下方倾斜的原因。

图 3-2 中的横轴表示商品的数量,纵轴表示商品的价格,需求曲线 $Q_d = f(P)$ 是向右下方倾斜的。它表示:商品的需求量随商品价格的上升而减少,随着商品价格的下降而增加。即商品的需求量与商品的价格呈反方向变动。

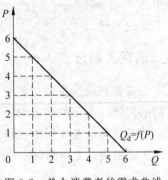

图 3-2 单个消费者的需求曲线

第三节 序数效用论

在第二节用基数效用论分析了消费者效用最大化的条件,并推导出需求曲线。但序数效用论者认为,效用是一种心理活动或感觉,无法用具体数字衡量,只能用顺序或等级来表示。本节就用序数效用论的无差异曲线分析方法来讨论消费者行为,并在此基础上推导消费者的需求曲线。

一、无差异曲线

(一)无差异曲线的含义

无差异曲线是指 X_1、X_2 两种商品不同数量的各种组合却能给消费者带来相同效用的一条曲线,即处于同一条无差异曲线上的两个点:两种商品的组合不同,但效用水平相同。

无差异曲线的意义:在现实生活中,消费者在消费两种可相互代替的商品 X_1 和 X_2 时,可以多消费一点 X_1 而少消费一点 X_2,或少消费一点 X_1 而多消费一点 X_2,但得到的总效用水平不变。例如,在对猪肉和羊肉、苹果和梨、咖啡和牛奶等替代品进行消费时,都可能出现这种情况。

现在假定消费者消费苹果和梨。该消费者原来消费 10 单位的梨和 1 单位的苹果,若梨的价格因某种原因上升而苹果的价格不变甚至下降时,该消费者会多买些苹果而少买些梨,但仍可得到同样程度的满足。假定梨和苹果有如表 3-5 所示的不同组合。

表 3-5 梨和苹果的不同组合

组合	梨(X_2)	苹果(X_1)	组合	梨(X_2)	苹果(X_1)
A	10	1	C	4	3
B	6	2	D	2.5	4

表 3-5 给出了梨和苹果两种商品 A、B、C、D 4 种不同数量的组合,但是它们所提供的效用水平是相等的。把表 3-5 中所反映的内容在一坐标图上表现出来,即可得到一条无差异曲线,如图 3-3 所示。

可见,无差异曲线是表示能给消费者带来同等效用的两种商品的不同组合的曲线,即线上任何一点 X_1 与 X_2 的不同组合,给消费者所带来的效用相同。U_0 是个常数,表示某个效用水平。

(二) 无差异曲线的基本特征

（1）向右下方倾斜，斜率为负。该特征表明为实现同样的满足程度，增加一种商品的消费，必须减少另一种商品的消费。

（2）凸向原点。无差异曲线不仅向右下方倾斜，而且是以凸向原点的形状向右下方倾斜。图3-3即显现出了这一点，图3-4更明显。

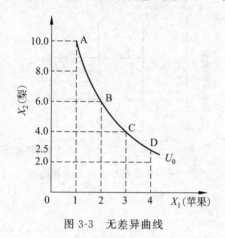

图 3-3　无差异曲线

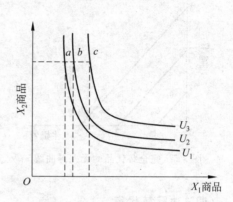

图 3-4　某消费者的无差异曲线

（3）无差异曲线离原点越远效用水平越高。在同一坐标平面上的任何两条无差异曲线之间，可以有无数条无差异曲线。同一条曲线代表相同的效用，不同的曲线代表不同的效用。离原点越远的无差异曲线代表的效用水平越高。

简单说明如下：如图3-4所示，在 U_1、U_2、U_3 这3条无差异曲线的 a、b、c 三点上，所消费的 X_2 商品数量是相等的，X_1 商品的数量却是逐步递增的，根据非饱和性假定，效用水平也应该是逐步递增的。

（4）无差异曲线不相交。在偏好的完全性假定和非饱和性假定下，同一坐标平面图上的任何两条无差异曲线都不会相交。

假设两条无差异曲线相交，那么交点同时在两条不同的无差异曲线上。由于不同的无差异曲线表示不同的满足程度，这就意味着交点所代表的同一个商品组合对于同一个消费者来说有不同的满足程度，这显然是不合逻辑的。所以，无差异曲线不能相交。

(三) 无差异曲线的特殊形状

无差异曲线的形状表明在维持效用水平不变的前提下一种商品对另一种商品的替代程度。一般情况下，无差异曲线的形状是凸向原点的，但有时也存在一些极端情况，此时无差异曲线有着特殊的形状。

（1）完全替代品的情况。完全替代品是指两种商品之间的替代比例是固定不变的情况。在这种情况下，两种商品的无差异曲线是一条斜率不变的直线。例如，在某消费者看来，一杯牛奶和一杯咖啡之间是无差异的，两者总是可以以1∶1的比例相互替代，相应的无差异曲线如图 3-5 所示。

(2) 完全互补品的情况。两种商品必须按固定不变的比例同时使用,它们之间完全不可以替代。因此,为了维持满足程度不变,就不能增加一种商品的数量以取代另一种商品,即减少另一种商品的数量。此时,无差异曲线呈直角形状。例如,一副眼镜架必须和两片镜片同时配合,才能构成一副可使用的眼镜,则相应的无差异曲线如图 3-6 所示。

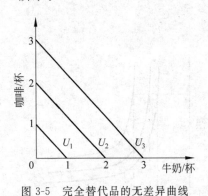

图 3-5 完全替代品的无差异曲线

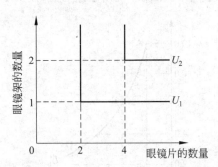

图 3-6 完全互补品的无差异曲线

(四) 边际替代率

一般情况下,无差异曲线总是凸向原点的,这是边际替代率递减规律决定的,那么什么是商品的边际替代率?

1. 商品的边际替代率

边际替代率(MRS)是指为了保持同等的效用水平,消费者要增加一定数量(ΔX)的 X 物品就必须放弃一定数量(ΔY)的 Y 物品。X 对 Y 的边际替代率定义公式如下:

$$\text{MRS}_{XY} = -\frac{\Delta Y}{\Delta X} \tag{3-7}$$

式中:ΔX 和 ΔY 分别为 X 物品和 Y 物品的变化量。由于 ΔX 是增加量,ΔY 是减少量,两者符号肯定是相反的,所以,为了使 MRS_{XY} 的计算结果是正值以便于比较,就在公式中增加了一个负号。

当商品数量的变化趋于无穷小时,则商品的边际替代率公式如下:

$$\text{MRS}_{XY} = \lim_{\Delta X \to 0} -\frac{\Delta Y}{\Delta X} = -\frac{dY}{dX} \tag{3-8}$$

显然,无差异曲线上某点的边际替代率就是无差异曲线在该点的斜率的绝对值。

边际替代率与边际效用的关系(一般规律)

任意两商品的边际替代率等于该两种商品的边际效用之比,即

$$\text{MRS}_{XY} = \frac{MU_X}{MU_Y} \tag{3-9}$$

2. 商品的边际替代率递减规律

西方经济学家认为,在维持效用水平不变的前提下,随着一种商品的消费数量的连续增加,消费者为得到每一单位的这种商品所需要放弃的另一种商品的消费数量是递减的。

出现这种现象的原因在于:随着一种商品的消费量逐步增加,消费者想要获得更多的这种商品的愿望就会递减,从而,为了多获得一单位的这种商品而愿意放弃的另一种商品的数量就会越来越少。

> **边际效用递减规律与边际替代率递减规律**
> ① 边际效用递减规律属于基数效用论的范畴。
> ② 边际替代率递减规律属于序数效用论的范畴。
> ③ 两者都反映出这一消费本质:随着一种商品的消费量逐步增加,消费者在单位消费量上获得的效用降低,想要获得更多的这种商品的愿望也会降低。

二、预算线

(一)预算线的含义

预算线又称为预算约束线、消费可能线和价格线。预算线表示在消费者的收入和商品价格给定的条件下,消费者的全部收入所能购买到的两种商品最大数量的各种组合的轨迹。

预算线的意义:在现实生活中,对某一消费者来说,在一定时期内的收入水平和他所面对的两种物品的价格都是一定的,他不可能超越这一现实而任意提高自己的消费水平,也就是说,他的购买受到收入和价格的制约。

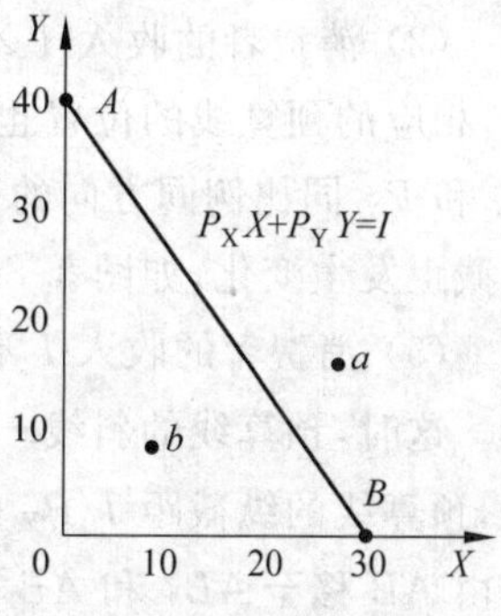

假定某消费者的一笔收入为 120 元,全部用来购买商品 X 和商品 Y,其中,商品 X 的价格 $P_X=4$ 元,商品 Y 的价格 $P_Y=3$ 元。那么,全部收入都用来购买商品 X 可得 30 单位,全部收入用来购买商品 Y 可得 40 单位。由此做出的预算线为图 3-7 中的线段 AB。

如以 I 表示消费者的货币收入,P_X 和 P_Y 分别表示商品 1 和商品 2 的价格,以 X 和 Y 分别表示商品 X 和商品 Y 的数量,那么,相应的预算线的公式如下:

$$P_X X + P_Y Y = I \tag{3-10}$$

图 3-7 预算线

该式表示:消费者的全部收入等于他购买商品 X 和商品 Y 的总支出。

预算线的斜率为 $-P_X/P_Y$。

从图 3-7 中可以看到,预算线 AB 把平面坐标图划分为 3 个部分:预算线 AB 以外的区域中的任何一点,如 a 点,是消费者利用全部收入都不可能实现的商品购买组合;AB 以内的区域中的任何一点,如 b 点,表示消费者的全部收入在购买该点的商品组合以后还有剩余;预算线 AB 上的任何一点,则是消费者的全部收入刚好花完所能购买到的商品组合点。

(二)预算线的变动

预算线是在收入和价格一定的条件下消费可能性曲线,如果收入或价格变了,预算线将发生变动。

预算线的变动可以归纳为以下 4 种情况。

(1) 两商品的价格 P_X 和 P_Y 不变,消费者的收入 I 发生变化。这时,相应的预算线的位置会发生平移,收入增加往右移,收入减少往左移。其理由是,P_X 和 P_Y 不变,意味着预算线的斜率 $-P_X/P_Y$ 保持不变。于是,I 的变化只能使得预算线的横、纵截距发生变化,如图 3-8(a) 所示。

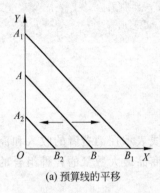
(a) 预算线的平移
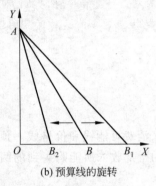
(b) 预算线的旋转
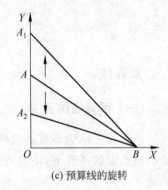
(c) 预算线的旋转

图 3-8 预算线的变动

(2) 消费者的收入 I 不变,两种商品的价格 P_X 和 P_Y 同比例同方向发生变化。这时,相应的预算线的位置也会发生平移,价格下降往右移,价格上升往左移。其理由是,P_X 和 P_Y 同比例同方向的变化,并不影响预算线的斜率 $-P_X/P_Y$,而只能使预算线的横、纵截距发生变化,如图 3-8(a) 所示。

(3) 消费者的收入 I 不变,商品 X 的价格 P_X 发生变化而商品 Y 的价格 P_Y 保持不变。这时,预算线的斜线 $-P_X/P_Y$ 会发生变化,预算线的横截距 I/P_X 也会发生变化,但是,预算线的纵截距 I/P_Y 保持不变。那么仅由商品 X 价格的下降与提高,分别引起预算线由 AB 移至 AB_1 和 AB_2,如图 3-8(b) 所示。类似情况,商品 X 的价格 P_X 保持不变而商品 2 的价格 P_Y 发生变化,预算线的变化如图 3-8(c) 所示。

(4) 消费者的收入 I 与两种商品的价格 P_X 和 P_Y 三者都同比例同方向发生变化。这时预算线不发生变化。其理由是,此时预算线的斜率 $-P_X/P_Y$,以及预算线的横截距和纵截距都不会发生变化。它表示消费者的全部收入用来购买任何一种商品的数量都未发生变化。

三、消费者均衡条件

序数效用论关于消费者均衡研究的是单个消费者如何在既定的收入水平、商品价格和偏好程度下进行商品组合的选择以获得最大的效用。

序数效用论关于消费者均衡的假设前提如下。

(1) 消费者的偏好(嗜好)既定。

(2) 消费者的收入既定。

(3) 商品的价格既定。

消费者均衡的基本情况(条件)如下。

(1) 把全部收入用完,即最优的商品组合必须位于给定的预算线上。

(2) 效用最大化,即最优的商品组合必须是能给消费者带来最大效用的商品组合。

具体的做法:把消费者的无差异曲线和预算线结合在一起,来分析消费者追求效用最大化的购买选择行为。

消费者的收入和商品的价格既定,意味着给定了该消费者的一条预算线。同时,该消费者的偏好一定,意味着给定了一组(无数条)效用水平不同的无差异曲线。当把消费者的预算线置于无差异曲线图里,它与无差异曲线的关系有以下3种情况,如图3-9所示。

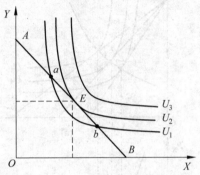

图3-9 序数效用论的消费者均衡

(1) $U_1 < U_2$,浪费了。预算线 AB 与无差异曲线 U_1 相交于 a、b 两点。这两点虽代表着消费者一定的满足程度,但它们并没有达到消费者支出允许的范围内所获取的最大效用水平,因为当 a、b 点相向移动到 E 点时,可以获得比 a、b 点更大的效用。

(2) $U_3 > U_2$,但无法实现。预算线 AB 与无差异曲线 U_3 既不相交,也不相切,虽然此时有较高的效用水平,但对消费者来说,已经超越其财力许可的范围。

(3) 预算线 AB 与无差异曲线 U_2 相切于 E 点。E 点同时在预算线 AB 及无差异曲线 U_2 上,意味着它所代表的商品组合是消费者在既定的收入下可以实现的,同时能给消费者带来最高水平的满足。显然,只要 E 点沿着预算线偏离原来的位置,它所代表的满足程度都将低于 U_2 水平。

综上所述,消费者效用最大化的均衡点发生在一条给定的预算线与无数条无差异曲线中的一条相切的切点 E 上,该点是在既定收入下能给消费者带来最大效用的商品组合,此时预算线的斜率等于无差异曲线在该点切线的斜率。

无差异曲线的斜率的绝对值就是商品的边际替代率 MRS_{XY},预算线的斜率的绝对值可以用两商品的价格之比 P_X/P_Y 来表示。

由此,在均衡点 E 有

$$\mathrm{MRS}_{XY} = \frac{P_X}{P_Y} \tag{3-11}$$

这就是序数效用论关于消费者效用最大化的均衡条件。它表示:在一定的预算约束下,为了实现最大的效用,消费者应该选择最优的商品组合,使得两商品的边际替代率等于两商品的价格之比,也等于两商品的边际效用之比。

由于 MRS_{XY} 一般性地等于 $\dfrac{MU_X}{MU_Y}$，因此在均衡点有

$$MRS_{XY} = \frac{P_X}{P_Y} = \frac{MU_X}{MU_Y} \tag{3-12}$$

四、价格变化对消费者均衡的影响及对需求曲线的推导

一种商品价格发生变化可以得到相应的价格—消费曲线。价格—消费曲线是在其他条件不变的情况下，与某一种商品的不同价格水平相联系的消费者效用最大化的均衡点的轨迹。图3-10(a)说明了价格—消费曲线的形成。

当商品X的价格从 P_{X1} 逐步下降到 P_{X2} 和 P_{X3}，预算线 AB 将绕 A 点向外逆时针方向转动到 AB_1 和 AB_2，并分别和3条无差异曲线相切，把这些切点联结起来形成一条价格—消费曲线。

由消费者的价格—消费曲线可以推导出消费者的需求曲线。

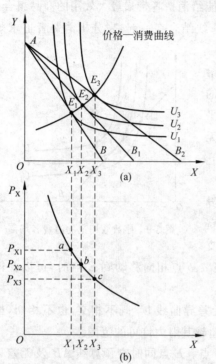

分析图3-10(a)中价格—消费曲线上的3个均衡点 E_1、E_2 和 E_3，可以看出，在每一个均衡点上，都存在着商品X的价格与商品X的需求量之间一一对应的关系。当价格由 P_{X1} 下降到 P_{X3} 时，均衡点由 E_1 到 E_3，随之商品X的需求量由 X_1 增加到 X_3。

图 3-10 价格—消费曲线和消费者的需求曲线

根据一种商品的不同价格水平和相应的最优消费量即需求量之间的一一对应关系，把每一个 P_X 数值和相应的均衡点上的 X 数值描绘在同一坐标平面上，就可以得到需求曲线图3-10(b)。

显然，需求曲线是向右下方倾斜的，它表示商品的价格和需求量呈反方向变化。需求曲线上与每一价格水平相对应对商品需求量都是可以给消费者带来最大效用的均衡数量。

五、收入变化对消费者均衡的影响

在其他条件不变而仅有消费者的收入水平发生变化时，也会改变消费者效用最大化的均衡量的位置，并由此可以得到收入—消费曲线。收入—消费曲线是在消费者的偏好和商品的价格不变的条件下，与消费者的不同收入水平相联系的消费者效用最大化的均衡点的轨迹。

图 3-11 用来说明收入—消费曲线的形成。

在图 3-11 中,随着收入水平的不断增加,预算线由 AB 移至 A_1B_1,再移至 A_2B_2,于是,形成了 3 个不同收入水平下的消费者效用最大化的均衡点 E_1、E_2 和 E_3。如果收入水平的变化是连续的,则可以得到无数个这样的均衡点的轨迹,这便是图中的收入—消费曲线。图 3-11 中的收入—消费曲线是向右上方倾斜的,它表示:随着收入水平的增加,消费者对商品 X 和商品 Y 的需求量都是上升的,说明这两种商品都是正常品。

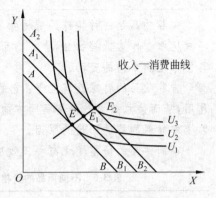

图 3-11 收入—消费曲线

也存在另外一种情况,随着收入水平的连续增加,可以描绘出另一条收入—消费曲线,是向后弯曲的,它表示:随着收入水平的增加,消费者对商品 X 的需求量开始是增加的,但当收入上升到一定水平之后,消费者对商品 X 的需求量反而减少了。这说明,在一定的收入水平上,商品 X 由正常品变成了劣等品。日常经济生活中存在这样的例子。譬如,对某些消费者来说,在收入水平较低时,土豆是正常品;而在收入水平较高时,土豆就有可能成为劣等品。因为,在他们变得较富裕的时候,他们可能会减少对土豆的消费量,而增加对其他肉类等食物的消费量。

扩展知识 3-1

替代效应和收入效应

一种商品价格变动会引起该商品的需求量的变化,这种变化可以被分解为替代效应和收入效应两个部分,总效应＝替代效应＋收入效应。

其中,由商品的价格变动所引起实际收入水平变动,进而由实际收入水平变动所引起的商品需求量的变动,称为收入效应。收入效应引起效用水平变化,表现为均衡点从一条无差异曲线上移动到另一条无差异曲线上。

由商品的价格变动所引起的商品相对价格发生变动,进而由商品的相对价格变动所引起的商品需求量的变动,被称为替代效应。替代效应不改变消费者的效用水平。

对于正常物品来说,替代效应与价格呈反方向的变动;收入效应也与价格呈反方向的变动,在它们的共同作用下,正常物品的总效应必然与价格呈反方向的变动,所以正常物品的需求曲线是向右下方倾斜的。

对于低档物品来说,替代效应与价格呈反方向的变动,收入效应与价格呈同方向的变动,而且,在大多数场合,收入效应的作用小于替代效应的作用,所以,总效应与价格呈反方向的变动,相应的需求曲线是向右下方倾斜的。

但是,在少数场合,某些低档物品的收入效应的作用会大于替代效应的作用,于是,就会出现违反需求曲线向右下方倾斜的现象。这类物品就是吉芬物品。

吉芬物品是一种特殊的低档物品。随着价格的上升，消费者对吉芬物品的需求量不减反增。作为低档物品，吉芬物品的替代效应与价格呈反方向的变动，收入效应则与价格呈同方向的变动。

吉芬物品的特殊性就在于：它的收入效应的作用很大，以至于超过了替代效应的作用，从而使总效应与价格呈同方向的变动。这也就是吉芬物品的需求曲线呈现出向右上方倾斜的特殊形状的原因。

不同商品的价格变化与替代效应和收入效应的关系见表3-6。

表3-6 不同商品的价格变化与替代效应和收入效应的相互关系

商品类别	价格的关系			需求曲线形状
	替代效应	收入效应	总效应	
正常物品	反向变化	反向变化	反向变化	右下方倾斜
低档物品	反向变化	同向变化	反向变化	右下方倾斜
吉芬物品	反向变化	同向变化	同向变化	右上方倾斜

本章小结

效用是消费者消费商品时所感受到的满足程度。在分析消费者行为时有两种观点：一种是基数效用论；另一种是序数效用论。基数效用论用边际效用分析消费者行为，序数效用论用无差异曲线分析消费者行为。

边际效用是指某商品消费量改变一单位所引起的总效用的改变量。在一定时期内，其他条件不变的情况下，随着某商品消费量的连续增加，消费者所获得的边际效用是递减的。

消费者均衡研究单个消费者在既定收入、价格和偏好条件下获得最大的效用。

基数效用论中，消费者均衡的条件如下：

$$\frac{MU_1}{P_1} = \frac{MU_2}{P_2} = \cdots = \frac{MU_n}{P_n} = \lambda$$

即每一单位货币所购买到的任何商品的边际效用相等，并且都等于这一单位货币的边际效用。

无差异曲线是指消费者在一定的偏好、技术和资源条件下，满足程度相同的两种商品的所有组合。

预算线表示在消费者收入和商品价格既定时，消费者的全部收入所能够买到的两种商品的各种组合。

序数效用论中，消费者均衡的条件如下：

$$MRS_{XY} = \frac{MU_X}{MU_Y} = \frac{P_X}{P_Y}$$

即两种商品的边际替代率等于两种商品的价格比率。

基数效用论与序数效用论之间的异同如下。

（1）假设不同。基数效用论认为效用是可以用数字进行计量和比较的，而序数效用论认为效用无法用具体数字表示，只能有大小次序的区别。

（2）分析方法不同。基数效用论采用边际效用分析法；序数效用论采用无差异曲线分析法。

（3）均衡条件形式不同。基数效用论根据边际效用递减规律得到消费者均衡条件，而序数效用论根据边际替代率递减规律得到消费者均衡条件。

一种商品价格变化所引起的该商品的需求量变动的总效应可分为替代效应和收入效应。正常物品的替代效应、收入效应以及总效应与价格呈反方向的变动，需求曲线总是向右下方倾斜。低档物品的替代效应和总效应与价格呈反方向的变动，收入效应与价格呈同方向的变动，需求曲线一般也是向右下方倾斜。吉芬商品是特殊的低档物品，其收入效应大于替代效应，使总效应与价格呈同方向的变动。

本章内容结构

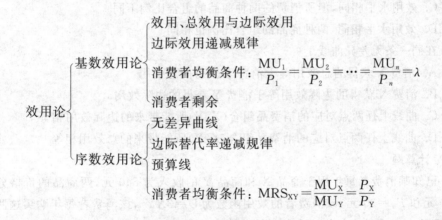

综合练习

一、名词解释

效用　　总效用　　边际效用　　无差异曲线　　预算线　　消费者均衡
边际效用递减规律　　边际替代率递减规律

二、选择题

1. 若消费者张某只准备买两种商品 X 和 Y，X 的价格为 10，Y 的价格为 2。若张某买了 7 个单位 X 和 3 个单位 Y，所获得的边际效用值分别为 30 和 20 个单位，则（　　）。

　　A. 张某获得了最大效用

　　B. 张某应当增加 X 的购买，减少 Y 的购买

　　C. 张某应当增加 Y 的购买，减少 X 的购买

　　D. 张某要想获得最大效用，需要借钱

2. 若某消费者消费了两个单位某物品之后,得知边际效用为零,则此时(   )。
   A. 消费者获得了最大平均效用
   B. 消费者获得的总效用最大
   C. 消费者获得的总效用最小
   D. 消费者获得的总效用为负
3. 如果商品 X 对商品 Y 的边际替代率 MRS_{XY} 小于 X 和 Y 的价格之比 P_X/P_Y,则(   )。
   A. 该消费者获得了最大效用
   B. 该消费者应该增加 X 的消费,减少 Y 的消费
   C. 该消费者应该增加 Y 的消费,减少 X 的消费
   D. 该消费者要想获得最大效用,需要借钱
4. 同一条无差异曲线上的不同点表示(   )。
   A. 效用水平不同,但所消费的两种商品组合比例相同
   B. 效用水平不同,两种商品的组合比例也不相同
   C. 效用水平相同,但所消费的两种商品的组合比例不同
   D. 效用水平相同,两种商品的组合比例也相同
5. 在同一条无差异曲线上(   )。
   A. 消费 X 获得的总效用等于消费 Y 获得的总效用
   B. 消费 X 获得的边际效用等于消费 Y 获得的边际效用
   C. 曲线上任两点对应的消费品组合(X,Y)所能带来的边际效用相等
   D. 曲线上任两点对应的消费品组合(X,Y)所能带来的总效用相等

三、计算题

1. 已知某消费者每年用于商品 X 和商品 Y 的收入为 540 元,两商品的价格分别为 $P_X=20$ 元和 $P_Y=30$ 元,该消费者的效用函数为 $U=3XY^2$,该消费者每年购买这两种商品的数量应各是多少?每年从中获得的总效用是多少?

2. 若某人的效用函数为 $U=4\sqrt{X}+Y$,原来他消费 9 个单位 X,8 个单位 Y,现在 X 减少到 4 个单位,问需消费多少单位 Y 才能与以前的满足相同?

3. 若消费者张某的收入为 270 元,他在商品 X 和 Y 的无差异曲线上的斜率为 $\dfrac{dY}{dX}=\dfrac{-20}{Y}$ 的点上实现均衡。已知 X 和 Y 的价格分别为 $P_X=2,P_Y=5$,那么此时张某将消费 X 和 Y 各多少?

四、分析讨论题

1. 如果你有一辆车,这辆车需要 4 个轮子才能开动,但你只有 3 个,那么当你有第四个轮子时,这第四个轮子的边际效用似乎超过了第三个轮子的边际效用,这是不是违反了边际效用递减规律?

2. 钻石用处极小而价格昂贵,生命必不可少的水却非常之便宜。试用边际效用的概

念加以解释。

推荐阅读

[1] 高鸿业. 西方经济学(微观部分)[M]. 6版. 北京：中国人民大学出版社,2014：第三章.
[2] 卜洪运. 微观经济学[M]. 北京：机械工业出版社,2009：第三章.
[3] 朱中彬,等. 微观经济学[M]. 北京：机械工业出版社,2009：第三章.
[4] 尹伯成. 西方经济学简明教程[M]. 8版. 上海：格致出版社,2013：第三章.
[5] 厉以宁. 西方经济学[M]. 4版. 北京：高等教育出版社,2015：第三章.
[6] 郭万超,辛向阳. 轻松学经济[M]. 北京：对外经济贸易大学出版社,2005.
[7] 梁小民. 微观经济学纵横谈[M]. 北京：生活·读书·新知三联书店,2000.
[8] 卫志民. 微观经济学[M]. 北京：高等教育出版社,2012.
[9] 斯凯恩. 一看就懂的经济常识全图解[M]. 上海：立信会计出版社,2014.

第四章

厂商行为理论

【内容提要】

消费者行为是从需求角度入手的,并根据效用理论推导出需求曲线。然而,市场上的均衡价格与均衡数量是需求与供给共同作用的结果,因此,本章将从供给的角度入手,分析生产者的行为,研究厂商如何有效地利用各种投入要素从事生产活动(生产论),以及厂商的生产成本与产量之间的关系问题(成本论)。

【学习目标与重点】

- 深刻理解等产量线、等成本线、边际技术替代率等一系列重要概念。
- 掌握生产函数的含义、典型的生产函数与图形,各种产量变动的规律与相互关系。
- 重点掌握短期生产理论中实现生产要素最佳组合的生产者均衡的条件。
- 深刻理解经济成本与会计成本的区别,掌握各种成本曲线之间的关系。

【关键术语】

等产量线　等成本线　边际技术替代率　生产者均衡　机会成本　规模经济

【引入案例】

2016年王菲演唱会一票难求

休息了近六年的王菲要在2016年年底举办演唱会的消息一经传出,迅速引爆了话题。然而,这场名为"幻乐一场"的演唱会,除了加入时下最吸引眼球的VR与直播技术之外,最低1800元、最高7800元的票价也格外引人注目。

自从2010年在世界各地"巡唱"了46场之后,王菲便一直没有再举行个人演唱会,偶尔献声,也仅仅是影视主题曲。这六年里,关于王菲演唱会的传闻从未停止,直到"天后"在京召开新闻发布会,亲自将"幻乐一场"演唱会坐实。

据了解,此次演唱会的筹办费用高达5000万元,由张亚东担任音乐总监,导演陈奕仁担任视像创作总监,从演唱会监制到形象设计无一不是业内大咖,相比制作上的不计成本,王菲本人对演唱会的精神内涵更为看重,演唱会选曲完全不假手他人,首次一手包办歌单。她在发布会上表示,"幻乐一场"是通过丰富意念视像表达人生的一种演唱会,王菲希望观众能通过这幻乐时光,寻找心灵中最真实的自己。由于"幻乐一场"演唱会仅开一场,为了回馈歌迷,演唱会将引入直播与360°VR全景拍摄,一次向数十亿观众同步推送演唱会实况。

"观看演唱会直播和在现场看演唱会的体验是完全不一样的,在合理的票价范围内,我还是更愿意去现场看演唱会。"消费者曾女士说道。然而,王菲演唱会的票价显然给这些粉丝泼了冷水,王菲经纪人陈家瑛在发布会上表示,"幻乐一场"演唱会最贵的票价为7800元,最便宜的票价为1800元,而且为了照顾歌迷的消费能力,1800元的门票占全场近一半位置。

这个票价是周杰伦演唱会票价的7倍多,是张学友演唱会票价的3倍多,可以说"秒杀"了华语乐坛众多的"天王""天后"。对此,有部分歌迷表示,对于"天王""天后"级别的演唱会来说,1800元的票价其实不贵,但这如果是最便宜的座位,定价还是有些高了;但也有歌迷认为,王菲的演唱会向来都有质量保证,不管花多少钱都是值得的。

显然,再高的票价也不能阻挡"粉丝"的热情,而演唱会的"标配"——票务黄牛也开始有了动作。消息发布不久,在淘宝、豆瓣、微博等社交网络,已有"预订王菲演唱会门票"的黄牛出现。对此,王菲经纪人连续发布消息称,演唱会门票发售时间未定,没有委托机构和个人发售,提醒"粉丝"别上当。

王菲经纪人忙"打假"的背后,反映的是演唱会门票供求关系的失衡,人们一方面吐槽门票定价过高,另一方面又想方设法地从各种渠道获取门票,甚至明明知道是陷阱也愿意往里面跳。有业内人士指出,王菲的演唱会就是一场经典的饥饿营销,利用的就是"粉丝"被不断推高的期待值。

"值得注意的是,其实王菲的'粉丝'群体也在萎缩,如果这场演唱会多开几十场,效果肯定不如只开一场来得好,可以说,这场演唱会把王菲'粉丝'中忠诚度和价格承受力最高的歌迷集中起来,但是只开一场,'粉丝'群体被大量压缩,必然会出现一票难求的情况。"王毅强调。

除了消费群体与"粉丝"基础,王菲演唱会这个产品本身就是一种包装精致的稀缺资源,这种资源的消费号召力十分巨大。据了解,王菲演唱会的直播也是收费的,那些不能到现场和买不到票的"粉丝",必然不会错过付费直播,而通过这一次演唱会,王菲的"粉丝"经济也被集中挖掘。

"与其说我们在消费王菲,不如说我们在消费情怀,因为当下像王菲这样有水平的歌手已经不多了。""粉丝"陈先生认为,王菲演唱会票价定价如此之高,并不意味着她就比周杰伦或者张学友更厉害,如果他们两个也像王菲一样几年才开一次只有一场的演唱会,同样可以收获如此之高的溢价。目前华语乐坛正面临着青黄不接的尴尬境地,老将渐渐凋零,新人徒有虚名,而王菲演唱会的爆红,点燃了一个全新的高票价消费和互联网直播付费模式。

改编自:王菲演唱会最高票价7800元,明星高价演唱会市场为何这么火[EB/OL].北京商报,[2016-09-22]http://money.qq.com/a/20160922/007964.htm

第一节 生产函数

一、生产函数的含义与具体形式

> **预备知识 4-1**
>
> **企 业**
>
> 在西方经济学中,生产者称企业或厂商,它是指能够做出统一的生产决策的单个经济单位。企业的目标是利润最大化。因此,在今后讨论中始终坚持的一个基本假设:实现利润最大化是一个企业竞争生存的基本准则。企业进行生产的过程就是从投入生产要素到生产出产品的过程。
>
> 企业和家庭一样是市场经济中的基本经济单位,它购买各种生产要素进行生产,向社会提供物品与劳务。企业也是经济人,它生产的目的是实现自己的利润最大化。当企业在实现这一目的时,遇到了三种限制:一是企业组织内部的效率。在现代社会中企业是一种组织,它的内部比家庭复杂得多,因此,它的内部组织是否协调,决定了效率的高低,这种效率对企业的利润最大化至关重要。二是企业所拥有的资源和技术水平。企业必须有效地配置自己的资源,实现资源配置效率。三是市场竞争。企业只有在市场竞争中把自己的产品卖出去才能实现利润最大化。前两个限制因素要在企业内解决。
>
> 资料来源:梁小民.经济学是什么[M].北京:北京大学出版社,2017:53.

(一)生产要素

生产要素是指在生产中投入的各种经济资源。在西方经济学中,生产要素一般被划分为劳动、资本、土地和企业家才能这 4 种类型。

劳动是人类为了进行生产或者为了获取收入而提供的劳务,包括体力劳动和脑力劳动;资本的实物形态是指机械、工具、厂房、仓库等,资本的货币形态通常称为货币资本;土地则是一个广义的概念,不仅包括土地,还包括山川、河流、森林、矿藏等地上、地下一切自然资源。除了以上 3 种传统的生产要素,还有一种生产要素即企业家才能。生产任何一种产品都需要投入这些生产要素。

$$\text{生产要素}\begin{cases}\text{劳动}(L):\text{体力和智力的总和}\\ \text{资本}(K):\text{实物形态、货币形态}\\ \text{土地}(N):\text{土地及地上、地下的一切自然资源}\\ \text{企业家才能}(E):\text{建立企业与经营企业的才能}\end{cases}$$

(二)生产函数

生产函数是指在一定时期内,在同一技术水平下,生产中所使用的各种生产要素的数量与所能生产的最大产量之间的关系。

产量 Q 与生产要素 L、K、N、E 等投入存在着一定的依存关系,即生产函数:
$$Q = f(L,K,N,E) \tag{4-1}$$
式中:土地 N 是固定的,企业家才能 E 难以估算,所以简化为只使用劳动和资本两种生产要素,其公式为
$$Q = f(L,K) \tag{4-2}$$
式中:L 表示劳动投入的数量;K 表示资本的投入数量;f 表示函数关系。

研究生产函数一般都以特定时期和既定生产技术水平作为前提条件;这些因素发生变动,会形成新的生产函数。

(三)生产函数的典型形式

生产函数的具体形式是多种多样的,其中最常用的有 3 种。

1. 固定替代比例的生产函数

固定替代比例的生产函数也叫线性生产函数,表示在每一产量水平上任何两种生产要素间的替代比例是固定的。它的一般形式如下:
$$Q = aL + bK \tag{4-3}$$
式中:Q 表示产量;L 和 K 分别为劳动和资本投入量;a 和 b 为常数,且 a、$b<0$。假定劳动和资本之间的固定替代比例为 1:1,则相应的等产量曲线如图 4-1 所示。

2. 固定投入比例的生产函数

固定投入比例的生产函数通常被称为里昂惕夫生产函数,这一生产函数表示在每一个产量水平上任何一对生产要素投入数量的比例是固定的。它的一般形式如下:
$$Q = \min\left(\frac{L}{u}, \frac{K}{v}\right) \tag{4-4}$$
式中:Q 表示产量;L 和 K 分别为劳动和资本投入量;u 和 v 为常数,分别为固定的劳动和资本的生产技术系数,且 u、$v>0$;min 表示取括号内两个比例中的最小者作为函数值。

在这种情况下,产量 Q 只取决于 $\frac{L}{u}$ 和 $\frac{K}{v}$ 这两个比值中较小的那一个,即使其中的一个比例数值较大,那也不会提高产量 Q。比如两个人抬一桶水是最合适的组合,如果再增加一个人则必然会导致人员的闲置;当然同样道理,再增加一个桶也是没有效率的。

如图 4-2 所示,横轴和纵轴分别表示劳动和资本投入量,以 a、b 为顶点的两条直角线是两条等产量线,依次表示生产既定的产量 Q_1 和 Q_2 的各种要素组合情况。OR 表示这一固定投入比例生产函数的所有产量水平的最小要素投入量的组合。

通常假定生产要素投入量 L、K 都满足最小的要素投入组合的要求,所以有
$$Q = \frac{L}{u} = \frac{K}{v} \tag{4-5}$$

3. 柯布—道格拉斯生产函数

柯布—道格拉斯生产函数是 20 世纪 30 年代初,由美国数学家柯布和经济学家道格拉斯为了分析美国的经济状况一起提出来的经验性假说,这一生产函数被认为是一种很

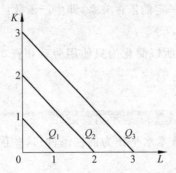
图 4-1 固定替代比例的生产函数

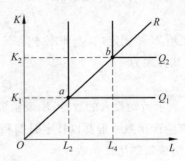
图 4-2 固定投入比例的生产函数

有用的生产函数,它的一般形式如下:

$$Q = AL^\alpha K^\beta \tag{4-6}$$

式中:Q 表示产量;L 和 K 分别为劳动和资本投入量;A、α 和 β 为参数,$0<\alpha$、$\beta<1$。A 作为技术参数,表示给定的技术水平对总产出的效应,其数值越大,在既定投入的情况下所能生产的产量就越大。

α 和 β 分别代表增加 1% 的资本和劳动时产量增加的百分比,即分别反映了资本和劳动在生产过程中的相对重要程度。

此外,根据参数 α 和 β 之和,可以判断规模报酬的情况。若 $\alpha+\beta>1$,则为规模报酬递增;若 $\alpha+\beta=1$,则为规模报酬不变;若 $\alpha+\beta<1$,则为规模报酬递减。

图 4-3 给出了柯布—道格拉斯生产函数的等产量曲线。

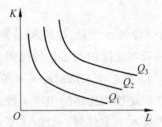
图 4-3 柯布—道格拉斯生产函数

二、短期生产函数——一种可变要素的生产函数

> **预备知识 4-2**
>
> ### 长期与短期
>
> 微观经济学的生产理论可以分为短期生产理论和长期生产理论。这里的"短期"和"长期"不是指一个具体的时间跨度,那么如何区分短期和长期呢?
>
> 短期指生产者来不及调整全部生产要素的数量,至少有一种生产要素的数量是固定不变的时间周期;长期指生产者可以调整全部生产要素数量的时间周期。在长期中,一切生产要素都是可以变动的;而在短期中,只有一部分要素是可变的,另一些生产要素是不变的。"短期"和"长期"的区分是相对的。
>
> 在有些生产部门中,如在钢铁工业、机器制造业等部门中,所需资本设备数量多,技术要求高,变动生产规模不容易,则几年也许算是"短期";反之,有些行业如普通服务业、食品加工业,所需资本设备数量少,技术要求低,变动生产规模比较容易,也许几个月可算是"长期"。

(一) 一种可变生产要素的生产函数

由生产函数 $Q=f(L,K)$ 出发,假定资本的投入量是固定的,用 $\bar{K}$ 表示,劳动的投入量是可变的,用 L 表示,则生产函数可以写成

$$Q = f(L,\bar{K}) \tag{4-7}$$

这就是通常所采用的一种可变生产要素的生产函数的形式,也被称为短期生产函数。由于这时资本的投入量是固定不变的,所以这个生产函数还可以简写为

$$Q = f(L) \tag{4-8}$$

即产量完全取决于劳动的投入量。

(二) 总产量、平均产量和边际产量

式(4-7)表示,在资本投入量固定时,由劳动投入量的变化带来的最大产量的变化。为了探讨这个问题,需要从劳动的总产量、平均产量和边际产量这 3 个概念及其相互关系说起。

劳动的总产量(Total Product)简写为 TP_L,是指与一定的可变要素劳动的投入量相对应的最大产量。公式如下:

$$\text{TP}_L = f(L,\bar{K}) \tag{4-9}$$

劳动的平均产量(Average Product)简写为 AP_L,是指平均每一单位可变要素劳动的投入量所生产的产量。公式如下:

$$\text{AP}_L = \frac{\text{TP}_L}{L} \tag{4-10}$$

劳动的边际产量(Marginal Product)简写为 MP_L,是指增加一单位可变要素劳动投入量所增加的产量。公式如下:

$$\text{MP}_L = \lim_{\Delta L \to 0} \frac{\Delta \text{TP}_L}{\Delta L} = \frac{\text{dTP}_L}{\text{d}L} \tag{4-11}$$

类似地,可以得出:在劳动投入量固定时,由资本投入量的变化所带来的最大产量的变化,并得出资本的总产量、平均产量和边际产量的含义和公式。

为了说明上述三者之间的关系,假定只有一种可变要素劳动投入,生产一种产品,生产函数具体形式设为 $Q=f(L)=27L+12L^2-L^3$,则

$$\text{AP}_L = \frac{Q}{L} = 27 + 12L - L^2$$

$$\text{MP}_L = \frac{\text{d}Q}{\text{d}L} = 27 + 24L - 3L^2$$

根据上边的计算公式,投入的劳动量与总产量、平均产量和边际产量见表 4-1。

根据表 4-1,可画出劳动的总产量、平均产量和边际产量的曲线,如图 4-4 所示。从表 4-1、图 4-4 中可得出以下结论。

表 4-1 劳动的总产量、平均产量和边际产量

L	TP_L	AP_L	MP_L	L	TP_L	AP_L	MP_L
0	0			6	378	63	63
1	38	38	48	7	434	62	48
2	94	47	63	8	472	59	27
3	162	54	72	9	486	54	0
4	236	59	75	10	470	47	−33
5	310	62	72				

(1) 随着劳动量的增加,总产量、平均产量和边际产量这 3 个量都呈现出先升后降的特征。

(2) 当劳动量增加到 4 个单位时,从边际产量曲线 MP_L 线可以看出,这时 MP_L 达到最大,即在 E 点。

(3) 当劳动量增加到 6 个单位时,平均产量达到最大,即 $AP_L = MP_L$ 时,平均产量达到最大,即在 F 点。

(4) 当劳动量增加到 9 个单位时,总产量达到最大,即在 G 点,这时边际产量为 0。这时若再增加劳动量,不会带来总产量的增加,而只会使总产量减少。

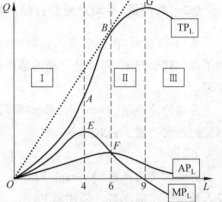

图 4-4 边际报酬递减规律的 3 个阶段

由以上分析,可以得到这 3 个产量之间的关系如下。

(1) 总产量和边际产量的关系。只要边际产量是正的,总产量总是增加的;只要边际产量是负的,总产量总是减少的;当边际产量为零时,总产量达到最大值 G 点。在边际报酬递减规律的作用下,边际产量曲线先上升后下降,在 E 点达到最大值,所以相应的总产量曲线的斜率先是递增的,在 A 点为拐点,然后再递减。也就是说,劳动的边际产量曲线的最大值点和总产量曲线的拐点 A 是相互对应的。

(2) 平均产量和总产量的关系。连接劳动的总产量曲线上任何一点和坐标原点的线段的斜率就是相应的劳动的平均产量值。正是由于这种关系,在图 4-4 中,当平均产量曲线达到最大值 B 点时,总产量曲线必然有一条从原点出发的最陡的切线,其切点为 B 点。

(3) 平均产量与边际产量的关系。当 $MP_L > AP_L$ 时,AP_L 曲线是上升的;当 $MP_L < AP_L$ 时,AP_L 曲线是下降的;当 $MP_L = AP_L$ 时,AP_L 曲线达到极大值。

MP_L 与 TP_L 之间关系如下:

(1) $MP_L > 0$,$TP_L \uparrow$;
(2) $MP_L < 0$,$TP_L \downarrow$;
(3) $MP_L = 0$,TP_L 最大,边际产量曲线与横轴相交。

MP_L 与 AP_L 之间关系如下:

(1) 当 $MP_L > AP_L$，$AP_L \uparrow$；

(2) 当 $MP_L < AP_L$，$AP_L \downarrow$；

(3) 当 $MP_L = AP_L$，AP_L 最高，边际产量曲线与平均产量曲线相交。

（三）边际报酬递减规律

边际产量表现出的先上升而最终下降的特征，称为边际报酬递减规律，有时也称为边际产量递减规律或边际收益递减规律，即在一定技术水平条件下，若其他生产要素不变，连续增加一种要素投入，当这种生产要素小于某一数值时，边际产量递增；继续增加这种要素投入超过这一值时，边际产量会递减，甚至为负数。例如，一个面包房有两个烤面包炉为固定投入，当可变投入劳动从一个工人增加到两个工人时，烤面包炉得到充分利用，工人的边际产量递增，但如果增加到三个、四个，甚至更多工人时，几个人用一个烤面包炉，每个人的边际产量自然会递减，甚至为负数。我国一些农村地区曾经盲目推行水稻密植，结果引起减产，就是土地边际报酬递减的典型例证。通过合理密植可以提高亩产，但如果密植过度，反而使亩产下降。

个案研究 4-1

马尔萨斯与食品危机

经济学家马尔萨斯的人口论（1798 年）的一个主要依据便是边际报酬递减规律。他认为，随着人口的膨胀，越来越多的劳动力耕种土地，地球上有限的土地将无法提供足够的食物。最终劳动的边际产量与平均产量下降，但又有更多的人需要食物，因而会产生大的饥荒。幸运的是，人类的历史并没有按马尔萨斯预言发展（尽管他正确地指出了"劳动边际报酬"递减现象）。

在 20 世纪，科学技术飞速发展，改变了许多国家食物的生产方式，劳动的平均产量因而上升。这些进步包括高产抗病的良种，更高效的化肥，更先进的收割机械。在第二次世界大战结束后，世界上总的食物生产的增幅总是或多或少地高于同期人口的增长。这就告诉我们，劳动边际报酬递减的规律是基于劳动生产率不变的前提下发挥作用的，一旦劳动生产率有了大幅的提升，就有可能大大延缓这个规律发挥作用的时间。

资料来源：平狄克，鲁宾费尔德. 微观经济学[M]. 李彬，等，译. 北京：中国人民大学出版社，2013.

边际报酬递减规律发生作用必须具备 3 个前提条件。

(1) 技术水平保持不变，其他生产要素投入不变。如果技术水平提高，在保持其他生产要素不变而增加某种生产要素时，边际收益不一定递减，可能会上升。同样，如果各种生产要素的投入量按原比例同时增加，边际收益也不一定递减。

(2) 并非一增加要素投入就会出现递减，只是投入超过一定量时才会出现。

(3) 要素在每个单位上具有相同的效率。先投入和后投入没有区别，只是量的变化。如果增加的第二个单位的生产要素比第一个单位的更为有效，则边际收益不一定递减。

边际报酬递减规律的3个阶段。

第一阶段：边际产量递增，总产量增加，上升加快。

第二阶段：边际产量递减，总产量增加，但增长趋缓。

第三阶段：边际产量为负，总产量开始减少。

总产量实际上是经历了一个逐渐上升加快→增长趋缓→最大不变→绝对下降的过程。

边际报酬递减规律产生的原因如下。

生产中，可变要素与不变要素之间在数量上都存在一个最佳配合比例，即最佳技术系数。

开始时，由于可变要素投入量小于最佳配合比例所需数量，随着可变要素投入量的逐渐增加，越来越接近最佳配合比例。边际产量呈递增趋势。

当达到最佳配合比例后，再增加可变要素的投入，可变生产要素的边际产量呈递减趋势。

边际报酬递减规律与边际效用递减规律

边际报酬递减规律是短期生产的一条基本规律，是消费行为理论中边际效用递减规律在生产理论中的应用或转化形态。但边际效用递减规律不存在先升后降的问题，而边际报酬递减规律表现为先升后降、最终下降的趋势。

（四）生产要素合理投入区域

现代西方经济学中，通常根据总产量曲线、平均产量曲线和边际产量曲线，把产量的变化分为3个区域，如图4-5所示，第一区域是平均产量递增阶段，第二区域是平均产量递减阶段，第三区域是负边际产量阶段。

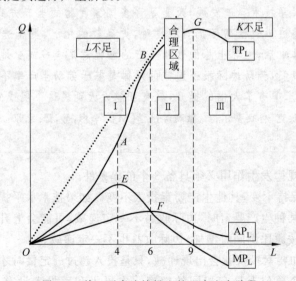

图4-5 单一要素连续投入的3个生产阶段

第一区域，可变要素劳动量 L 投入的增加，会使平均产量增加，边际产量高于平均产量。这表明，和可变要素劳动量 L 相比，固定要素 K 投入太多，很不经济。在这一区域，增加劳动量投入是有利可图的，它不仅会充分利用固定要素，而且带来总产量以递增的比率增加，任何有理性的厂商通常不会把可变要素投入的使用量限制在这一区域内。

第二区域，从平均产量最高点开始，随可变要素劳动量 L 投入的增加，边际产量虽递减但大于 0，故总产量仍递增，但增速放慢，直到边际产量为零、总产量达到最大时为止。另外，平均产量开始递减，因为边际产量已小于平均产量。

第三区域，从总产量达到最高点开始，随着可变要素劳动量 L 投入的增加，边际产量成为负值，总产量开始下降，这时每减少一个单位的可变要素 L 投入反而能提高总产量，表明与固定要素 K 投入相比，可变要素投入太多了，也不经济。显然，理性的厂商也不会在这一区域进行生产。

可见，理性厂商必然要在第二区域进行生产。这一区域也是生产要素合理使用区域，又称经济区域。但是在第二区域的生产中，究竟投入多少可变要素，或生产多少，还无法解决，因为这不仅取决于生产函数，而且取决于成本函数，具体将在后面讨论。

单一要素连续投入的 3 个生产阶段分析，如图 4-6 所示。

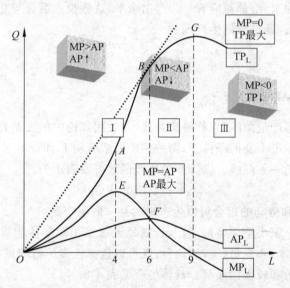

图 4-6　单一要素连续投入的 3 个生产阶段分析

单一要素连续投入的 3 个生产阶段与边际报酬递减规律的 3 个阶段的区别

单一要素连续投入的 3 个生产阶段（见图 4-5）与边际报酬递减规律的 3 个阶段（见图 4-4）略有区别：主要表现在Ⅰ和Ⅱ两个阶段的分界线，边际报酬递减规律的Ⅰ和Ⅱ两个阶段以 MP_L 的最高点为分界点，3 个生产阶段的Ⅰ和Ⅱ两个阶段以 AP_L 的最高点为分界点。

三、长期生产函数——两种可变要素的生产函数

长期中,所有的要素都是可变的。通常以两种可变要素的生产函数来研究长期生产问题。

在长期内,所有的生产要素的投入量都是可变的。多种可变生产要素的长期生产函数可以写成

$$Q = f(X_1, X_2, \cdots, X_i, \cdots, X_n) \tag{4-12}$$

式中:Q 为产量;$X_i(i=1,2,\cdots,n)$ 为第 i 种可变生产要素的投入数量;f 表示函数关系。该生产函数表示:长期内在技术水平不变的条件下,由 n 种可变生产要素投入量的一定组合所能生产的最大产量。

与短期相对应,在这里厂商可以根据企业的经营状况调整所有生产要素的投入量来改变产量。

为了简化分析,通常以劳动和资本两种可变生产要素的生产函数来考察长期生产问题。则长期生产函数可以写为

$$Q = f(L, K) \tag{4-13}$$

式中:L 表示可变要素劳动的投入数量;K 表示可变要素资本的投入数量。这时,劳动与资本之间的任意一种组合,都对应着一个产出水平,这些投入组合与它们所能生产的最大产量之间的对应关系,就是长期生产函数。

四、等产量曲线

(一)等产量曲线的含义

生产理论中的等产量曲线(也称等产量线)与效用理论中的无差异曲线很相似。等产量曲线表示在技术水平不变的条件下,两种生产要素劳动 L 和资本 K 的不同数量的组合可以带来相等产量的一条曲线。则等产量曲线函数可以表示为

$$Q = f(L, K) = Q_0 \tag{4-14}$$

式中:Q_0 表示资本和劳动的组合可以生产出的某一既定产量。

假设某乡镇的一家小型服装加工厂,计划每天加工 100 条休闲裤。其可以选择的生产要素有缝纫机(资本)和雇员(劳动)两种,既可以选择较多的缝纫机和较少的雇员,也可以选择较少的缝纫机和较多的雇员。具体组合见表 4-2。

表 4-2 生产要素的各种组合

要素组合	劳动投入量(L)	资本投入量(K)	总产量(Q_0)
A	10	80	100
B	20	40	100
C	40	20	100
D	60	13.3	100
E	80	10	100

将表 4-2 中的数据描绘在以两个要素投入量为坐标轴的坐标图上,可以得出一条生产函数为 $Q=\frac{1}{8}KL$,这条曲线就是 $Q_1=100$ 的等产量曲线。如图 4-7 中的 Q_1 曲线所示,在这条曲线上的每一点都代表为生产 100 条休闲裤时,两种生产要素可能的各种组合。

假定产量由 $Q_1=100$ 增加到 $Q_2=200$,$Q_3=300$,…,则在坐标图上可以给出无数条等产量曲线,如图 4-7 所示。等产量曲线位置越高,代表的产量越大。在图 4-7 中的 3 条等产量曲线中,$Q_3>Q_2>Q_1$。

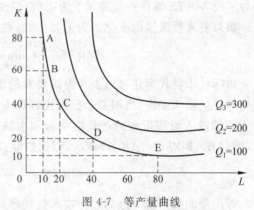

图 4-7　等产量曲线

(二) 等产量曲线的特点

(1) 向右下方倾斜,斜率为负。这说明两种生产要素之间具有一定的替代关系,要想维持相同的产量水平,在减少一种生产要素投入量的同时,必然要增加另一种生产要素的投入量。

(2) 凸向原点。这说明两种生产要素之间不是简单的替代关系,简单地说,就是一种要素对另一种要素替代能力减弱的结果。

(3) 等产量曲线离原点越远产量越高。这是因为离原点越远,则生产中投入的资本和劳动数量也越多,必然生产出的产量也越大。

(4) 任意两条等产量曲线不能相交。如果两条等产量曲线相交,意味着相同的资源组合生产出了两种不同的最大产量。

等产量曲线与无差异曲线

效用论中引进了无差异曲线的概念,即能给消费者带来同等效用的两种商品各种数量组合而形成的曲线。同样地,在生产论中引进了等产量曲线,说的是能给生产者带来同样产量的两种生产要素(劳动与资本)各种数量组合而形成的曲线。两者具有类似的基本特征:向右下方倾斜,斜率为负;凸向原点;离原点越远效用或产量越高;任意两条曲线不相交。

(三) 边际技术替代率

从等产量线上一点向下做一定数量的移动,在图 4-7 中,A 点表示 $10L$ 和 $80K$ 可生产 100 条休闲裤,将劳动增加到 $20L$,资本减少为 $40K$(C 点)时,根据等产量曲线的特性,仍可生产 100 条休闲裤,增加劳动所得的产量恰恰弥补了因资本投入减少而损失的产量。

产量不变,正是两种投入量相互替代的结果。为了表达两种要素相互替代的能力,经济学家提出了边际技术替代率的概念。

边际技术替代率(MRTS)是指在产量不变的情况下,当某种生产要素增加一单位时,与另一生产要素所减少的数量的比率。劳动对资本的边际技术替代率的定义公式如下:

$$\mathrm{MRTS_{LK}} = -\frac{\Delta K}{\Delta L} \tag{4-15}$$

式中：ΔK 和 ΔL 分别为资本投入量的变化量和劳动投入量的变化量。公式中加一负号是为了使 MRTS 值在一般情况下为正值，以便于比较。

如果要素投入量的变化量为无穷小时，则边际技术替代率公式如下：

$$\mathrm{MRTS_{LK}} = \lim_{\Delta L \to 0} -\frac{\Delta K}{\Delta L} = -\frac{\mathrm{d}K}{\mathrm{d}L} \tag{4-16}$$

边际技术替代率还可以表示为两要素的边际产量之比。这是因为，对于任意一条给定的等产量曲线来说，当用劳动投入代替资本投入时，在维持产量水平不变的前提下，由增加劳动投入量所带来的产量增加量和由减少资本量所带来的产量减少量必定是相等的，即 $|\Delta L \times \mathrm{MP_L}| = |\Delta K \times \mathrm{MP_K}|$，根据边际技术替代率的定义公式整理得出：

$$\mathrm{MRTS_{LK}} = -\frac{\mathrm{d}K}{\mathrm{d}L} = \frac{\mathrm{MP_L}}{\mathrm{MP_K}} \tag{4-17}$$

等产量曲线上任一点的边际技术替代率，从几何意义上看，是经过该点作等产量曲线的切线的斜率，即边际技术替代率等于等产量曲线该点斜率的绝对值。

（四）边际技术替代率递减规律

在两种生产要素相互替代的过程中，普遍地存在一种现象：在维持产量不变的前提下，当一种生产要素的投入量不断增加时，每一单位的这种生产要素所能替代的另一种生产要素的数量是递减的。这一现象被称为边际技术替代率递减规律。

边际技术替代率递减的主要原因在于：任何一种产品的生产技术都要求各要素投入之间有适当的比例，这意味着要素之间的替代是有限制的。以劳动和资本两种要素投入为例，在劳动投入量很少和资本投入量很多的情况下，减少一些资本投入量可以很容易地通过增加劳动投入量来弥补，以维持原有的产量水平，即劳动对资本的替代是很容易的。但是，在劳动投入增加到相当多的数量和资本投入量减少到相当少的数量的情况下，再用劳动去替代资本将是很困难的了。

边际技术替代率（MRTS）与边际替代率（MRS）

效用论中不仅引进了无差异曲线的概念，还导出了边际替代率及其递减规律；同样地，在生产论中不仅引进了等产量曲线，还导出了边际技术替代率及其递减规律。边际替代率与边际技术替代率具有类似的公式和相同的递减规律。

第二节 最优的生产要素组合

第一节讨论了厂商生产的 3 个阶段和合理的生产区域（经济区域），以上分析给出了生产者对生产投入的可选择范围，但并没有解决最优选择问题。本节要解决生产要素的最优组合问题，即生产者均衡。

在两种可变生产要素投入下，如何使要素投入量达到最优组合，以使既定成本下产量最大，或使既定产量下成本最小。

一、等成本线

在生产要素市场上,厂商对生产要素的购买支付,构成了厂商的生产成本。成本问题是追求利润最大化的厂商必须要考虑的一个经济问题。而成本还依存于要素的价格,为此,要讨论要素的最优组合,需要引入等成本线的概念。

等成本线又称企业预算线,是指在既定的成本和生产要素价格条件下,生产者可以购买到的两种生产要素的最大数量的各种组合的轨迹。

假定要素市场上给定的劳动的价格(即工资率)为 w,给定的资本的价格(即利息率)为 r,厂商的既定成本支出为 C,则购买到的劳动和资本的数量组合可用公式表示为

$$C = wL + rK \tag{4-18}$$

该式即为厂商的等成本方程。该方程可改写为

$$K = \frac{C}{r} - \frac{w}{r} \cdot L \tag{4-19}$$

根据上式即可得出等成本线,如图 4-8 所示。

图 4-8 中,等成本线在纵轴上的截距是 $\frac{C}{r}$,表示厂商把全部成本支出都用来购买资本时所能购买的数量;在横轴上的截距是 $\frac{C}{w}$,表示厂商把全部成本支出都用来购买劳动时所能购买的数量。连接这两点的线段就是等成本线。等成本线的斜率是 $-\frac{w}{r}$,它是两种生产要素价格之比的负值。

与消费者预算约束线相似,等成本线之内的 b 点,表示厂商用既定的全部成本购买劳动和资本的组合以后还有剩余;而等成本线之外的 a 点,则表示厂商在现有预算限制情况下无法购买的劳动和资本的组合。唯有等成本线上的点表示厂商用既定的全部成本刚好可以购买到的劳动和资本的组合。

当要素价格不变,厂商的成本支出增加($C_1 > C$)时,等成本线会向右平移;反之,当厂商的成本支出减少($C_2 < C$)时,等成本线会向左平移,如图 4-9 所示。

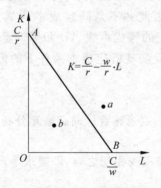

图 4-8 等成本线

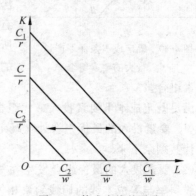

图 4-9 等成本线的平移

> **等成本线与预算线**
>
> 预算线是指消费者的全部收入所能购买到的两种商品最大数量的各种组合。
>
> 等成本线是指厂商在既定成本下所能购买到的劳动和资本两种生产要素最大数量的各种组合。
>
> 两者具有类似的特性。

二、既定成本条件下的产量最大化

要解决生产要素的最优组合问题,必须将等产量线和等成本线结合起来。要素的最优组合可以是产量一定时成本最低的要素组合,也可以是成本一定时产量最高的要素组合。这两种情况的要素组合点表现在图形上,都是等成本线和等产量线相切之点。

假定在给定技术水平条件下,厂商用固定的成本支出 C_0 购买任何劳动和资本的组合,用以生产一种产品,如何才能使产量最大(劳动的价格 w 和资本的价格 r 已知)?把 3 条典型的等产量曲线和既定的一条等成本线画在同一平面坐标系中(见图 4-10),就能确定厂商在既定成本下实现最大产量的最优要素组合点 E,即生产的均衡点。

其中 AB 为等成本线,Q_1、Q_2 和 Q_3 为等产量曲线。等成本线 AB 的位置和斜率决定于既定的成本量 C_0 和已知的两生产要素的价格比率 $\dfrac{w}{r}$。由图 4-10 可见,既定的一条等成本线 AB 与其中一条等产量线 Q_2 相切于 E 点,该点就是生产的均衡点。它表示:在既定成本条件下,厂商应该按照 E 点的生产要素组合进行生产,即劳动投入量和资本投入量分别为 L_E 和 K_E,这样,厂商就会获得最大的产量 Q_2。

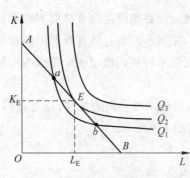

图 4-10 既定成本条件下产量最大的要素组合

E 点是最优的生产要素组合点,这是因为,Q_1、Q_2、Q_3 是 3 条分别代表不同产量水平的等产量曲线,且 $Q_1<Q_2<Q_3$,AB 是厂商的等成本线,代表厂商固定的成本支出 C_0,等产量曲线 Q_3 位于等成本线 AB 以外的区域,根据前面对等成本线内外区域的分析可以知道,AB 线以外的部分是厂商在既定成本下无法实现的产量,而 AB 线以内的部分表示既定成本还有剩余的产量,因此并不是既定成本的最大产量。所以,只有在既定的等成本线 AB 和等产量曲线 Q_2 的相切点 E,才是实现既定成本条件下的最大产量的要素组合。

满足既定成本下要素投入最优组合的两个条件。

(1)要素投入的最优组合处在既定的等成本线上,这意味着厂商必须充分利用资金,而不让其剩余下来。

(2)要素投入的最优组合发生在等产量线和等成本线相切之点,即要求等产量曲线的切线斜率与等成本线的切线斜率相等,即

$$\text{MRTS}_{LK} = \frac{\text{MP}_L}{\text{MP}_K} = \frac{w}{r}$$

进而有

$$\frac{\mathrm{MP_K}}{r} = \frac{\mathrm{MP_L}}{w} \tag{4-20}$$

式(4-20)表示：厂商可以通过对两要素投入量的不断调整，使得最后一单位的成本支出无论用来购买哪一种生产要素所获得的边际产量都相等，从而实现既定成本条件下的最大产量。

生产者均衡与消费者均衡

两者都是在资源有约束的情况下，想要将手中有限的资源发挥最大效用时所采用的解决方法。

预算线和无差异曲线的切点是消费者效用最大化的均衡点。

等成本线和等产量曲线的切点是厂商在既定成本下产量最大化的均衡点。

三、既定产量条件下的成本最小化

假定厂商在给定技术水平下，厂商要生产一定的产量 Q_0，应如何选择劳动和资本两种生产要素的不同组合（劳动的价格 w 和资本的价格 r 已知）。把既定的一条等产量曲线和3条典型的等成本线画在同一平面坐标系中（见图4-11），就能确定厂商在既定产量下实现成本最小的最优要素组合点 E。

在图4-11中，Q_0 是代表既定产量的等产量曲线，A_1B_1、A_2B_2、A_3B_3 是厂商的一组等成本线，分别代表不同的成本支出水平，且 $A_1B_1 < A_2B_2 < A_3B_3$。由图4-11可见，既定的一条等产量曲线 Q_0 与其中一条等成本线 A_2B_2 相切于 E 点，该点就是生产的均衡点。它表示：在既定的产量条件下，厂商应该按照 E 点的生产要素组合 (L_E, K_E) 进行生产，这样，厂商就会花最小的成本实现既定的产量。

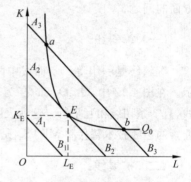

图4-11 既定产量条件下成本最小的要素组合

A_1B_1 与既定的等产量曲线 Q_0 既无交点又无切点，虽然所花成本低但却实现不了所需的产量；而 A_3B_3 与 Q_0 有两个交点 a 和 b，在这两点虽可以实现所需产量但成本却不是最低的。当 a、b 两点相向运动时，成本逐步降低。所以，只有在切点 E，才是实现既定产量条件下最小成本的要素组合。

满足既定产量下要素投入最优组合的两个条件。

（1）要素投入的最优组合处在既定的等产量曲线上，这意味着厂商必须恰到好处地生产出所需的产量，既不多也不少。

（2）要素投入的最优组合发生在等产量线和等成本线相切之点，即要求等产量曲线的切线斜率与等成本线的切线斜率相等，即

$$\frac{\mathrm{MP_K}}{r} = \frac{\mathrm{MP_L}}{w} \tag{4-21}$$

式(4-21)表示:为了实现既定产量条件下的最小成本,厂商应该通过对两要素投入量的不断调整,使得花费在每一种要素上的最后一单位的成本支出所带来的边际产量都相等。

> **既定成本下产量最大与既定产量下成本最小的均衡分析**
>
> (1) 既定成本下产量最大的均衡分析是一条既定的等成本线与 3 条典型的等产量线之间。
>
> (2) 既定产量下成本最小的均衡分析是一条既定的等产量线与 3 条典型的等成本线之间。
>
> (3) 均衡时,均有 $\dfrac{MP_K}{r} = \dfrac{MP_L}{w}$。

四、等斜线与扩展线

在其他条件不变时,若生产的产量或成本发生了变化,企业则会重新选择最优的生产要素的组合,那么最优要素组合均衡点就会发生变化。扩张路径即扩展线涉及的就是这方面的问题。

(一) 等斜线

等斜线是一组等产量曲线中两要素的边际技术替代率相等的点的轨迹,如图 4-12 所示。在图 4-12 中,Q_1、Q_2 和 Q_3 为 3 条等产量曲线,T_1、T_2 和 T_3 依次为 Q_1、Q_2 和 Q_3 的切线,且 3 条切线相互平行。这就表明,这 3 条等产量曲线各自在切点 A、B 和 C 三点上的两要素的边际技术替代率 $MRTS_{LK}$ 是相等的。连接这些点以及原点的曲线 OS 被称为等斜线。

(二) 扩展线

在生产要素的价格、生产技术和其他条件不变时,如果企业改变成本,等成本线就会发生平移,如果企业改变产量,等产量曲线就会发生平移。这些不同的等产量曲线将与不同的等成本线相切,形成一系列不同的生产均衡点,这些生产均衡点的轨迹就是扩展线,如图 4-13 所示。

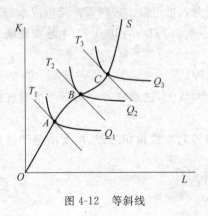

图 4-12 等斜线

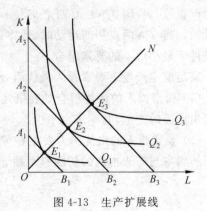

图 4-13 生产扩展线

其中 ON 是一条扩展线,由于生产要素的价格保持不变,两要素的价格比例是固定的,生产均衡的条件是两要素的边际技术替代率等于两要素的价格比例,所以,在扩展线上的所有的生产均衡点上边际技术替代率都是相等的。也就是说,扩展线一定是一条等斜线。

扩展线表示:在生产要素的价格、生产技术和其他条件不变的情况下,当生产的成本或产量发生变化时,厂商必然会沿着扩展线来选择最优的生产要素组合,从而实现变化了的成本条件下的最大产量,或变化了的产量条件下的最小成本。扩展线是厂商在长期的扩张或收缩生产时所应遵循的路线。

五、规模报酬

起初产量的增加要大于生产规模的扩大;当生产规模扩大并超过一定的限度时,产量的增加将小于生产规模的扩大;甚至使产量绝对地减少。这就使规模经济逐渐走向规模不经济。

规模报酬是指在技术水平和要素价格既定的条件下,企业内部各种生产要素按相同比例变化时所引起的产量的变动情况。规模报酬分析属于长期生产理论问题。

假定一个生产面包的厂商,日产面包 100 万个,需要投入资本 10 单位、劳动 5 单位,资本与劳动的比例是 2∶1,这时如果厂商扩大生产,投入 20 单位资本和 10 单位的劳动,即各增加一倍,这时,每天生产面包的数量可能有 3 种情况:一是生产面包数恰好 200 万个;二是生产面包数超过 200 万个;三是不足 200 万个。这就是 3 种不同的规模报酬。

通常,当要素投入同时按相同比率变动时,产量的变动会有 3 种情况:规模报酬递增、规模报酬递减和规模报酬不变。上述生产面包的厂商增加一倍的资本和劳动投入,日产量为 200 万个则是规模报酬不变,日产量大于 200 万个则是规模报酬递增,日产量小于 200 万个则是规模报酬递减。

(一)规模报酬递增

规模报酬递增是指当各种要素投入量同时按同一比例变动时,产量增加的比例大于各种生产要素增加的比例,如图 4-14 所示。假定厂商的生产函数为

$$Q = f(L,K) \qquad (4-22)$$

则规模报酬递增可以用生产函数的形式表示为

$$f(\lambda L, \lambda K) > \lambda f(L,K) \qquad (4-23)$$

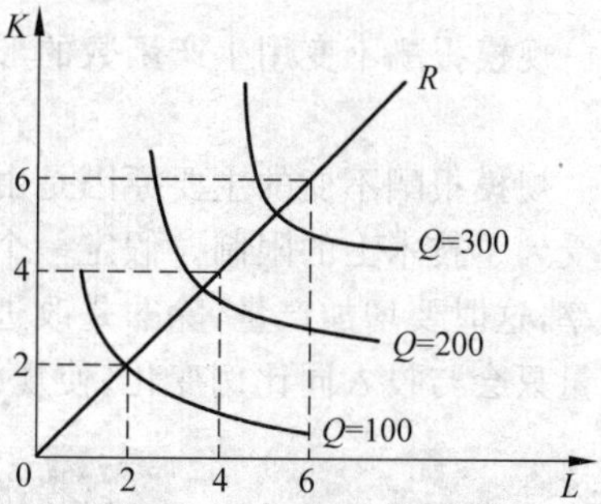

规模报酬递增的原因有 3 个。

(1) 生产专业化程度提高。生产要素同时增加时,可提高生产要素的专业化程度,劳动分工更细了,这会提高生产效率。

(2) 生产要素具有不可分的性质。有些要素必须达到一定的生产水平,才能更有效率。这表明原有生产规模中含有扩大生产的潜力。假如一个邮递员每天原来给某地段送 100 封信,现在有 2000 封信要送时,也许只要增加

图 4-14 规模报酬递增

2 个或 3 个人就够了,并不需要配备 20 名邮递员。

(3) 管理更合理。生产规模扩大时,容易实行现代化管理,造成一种新的生产力,更合理、先进的管理可以进一步充分发挥各要素的组合功能,带来更大的效率和收益。当一个生产经营单位规模过小时,就不能取得应有的效率,这种情况可称为规模不经济,通过扩大规模,可提高效率,以取得规模经济。

(二)规模报酬递减

规模报酬递减是指当各种要素投入量同时按同一比例变动时,产量增加的比例小于各种生产要素增加的比例,如图 4-15 所示。

规模报酬递减可以用生产函数的形式表示为

$$f(\lambda L, \lambda K) < \lambda f(L, K) \tag{4-24}$$

规模报酬递减的主要原因是规模过大造成管理效率的下降。表现在管理上,内部机制难以协调,管理与指挥系统十分庞杂,一些重要问题只能一级一级反映给决策者,而重要的决定要由决策者一级一级传达给生产者,这样会贻误时机,造成规模报酬的递减。

(三)规模报酬不变

规模报酬不变是指当各种要素投入量同时按同一比例变动时,产量增加的比例等于各种生产要素增加的比例,如图 4-16 所示。

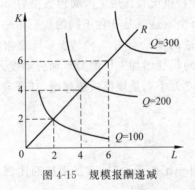
图 4-15 规模报酬递减

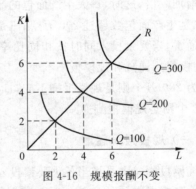
图 4-16 规模报酬不变

规模报酬不变用生产函数的形式表示为

$$f(\lambda L, \lambda K) = \lambda f(L, K) \tag{4-25}$$

规模报酬不变的主要原因是由于规模报酬递增的原因吸收完毕,某种生产组合的调整受到了技术上的限制。假定一个生产面包的工人,操纵 2 台机器生产面包以达到最大效率,这时要增加产量,除非是改进机器,或采用新机器,如果只是同比例增加工人和机器产量只会与投入同比例变化,使规模报酬成为常数状态。

规模报酬与生产要素报酬的区别

规模报酬论及的是一座工厂的规模本身发生变化时,产量如何变化;而要素报酬是指要素投入的边际产量收益。前者是厂商根据经营规模设计不同的工厂,属长期分析;后者是在既定的生产规模中,增加可变要素导致相应产量的变化,属短期分析。

企业规模扩大时既可能出现规模报酬递增,也可能出现规模报酬递减。在长期中通过扩大企业规模而实现技术效率就是要使企业实现适度规模,适度规模可以理解为规模报酬递增到最大时的企业规模。

知识链接 4-1

企业在什么时候能实现适度规模

在不同的行业中,适度规模企业的大小并不一样,甚至差别很大。到底"大的是美好的",还是"小的是美好的",取决于不同行业的特点。在钢铁、石化、汽车这类行业中,设备大而复杂、分工精细、技术创新需要大量投入,而产品又是标准化的,市场需求波动也小,因此,这些行业奉行"大就是好"的原则,企业规模越大越能实现技术效率。例如,钢铁厂的年产量都要达到 1000 万吨以上,欧洲还建设有年产 5000 万吨的钢铁厂。但在服装、餐饮这类轻工业或服务行业中,所用的设备并不复杂,产品的特点是多样化,要随变化的市场需求而变动,"船小"有好掉头的优势,奉行的原则是"小就是好"。这些企业过大反而会引起内部不经济,从而降低技术效率。可见规模多大能实现技术效率并没有一定之规,适度规模在不同的行业是不同的。该做大的企业不做大,没有技术效率,如我国的钢铁、汽车等行业就存在这类问题。而该做小的企业如果盲目扩张也有损于技术效率,例如,一些民营企业盲目扩张就是犯了这种错误。

资料来源:梁小民. 经济学是什么[M]. 北京:北京大学出版社,2017:第五章.

第三节 成本函数

第二节已初步介绍了等成本方程,并从产量的角度出发,阐述了如何在既定成本的约束下使产量最大,或是在既定产量的约束下使成本最小。本节将从成本的角度出发,进一步考察生产成本与产量之间的关系。

一、成本的概念

俗话说,"世上没有免费的午餐",又说"天上不会掉馅饼"。这都是说,要获得一分收获,取得一分成果,就得付出代价。正如古人说,"不入虎穴,焉得虎子""一分耕耘,一分收获"。这里的"入虎穴"和"耕耘"都是付出的代价。这种代价在经济学里称为成本。前面已介绍了厂商愿意按照一定的供给价格提供一定数量的商品。厂商确定其产品的供给价格的最主要、最基本的决定因素就是产品的生产成本。

成本又称生产费用,是指生产一定产量所支付的要素费用。成本取决于产量 Q 和各种生产要素的价格 P。在经济学的分析中,成本分为机会成本、显性成本和隐性成本。

(一)机会成本

生产某种商品的机会成本是指生产者所放弃的使用相同的生产要素在其他生产用途中所能得到的最高收入。

机会成本的存在需要两个前提条件。第一,生产要素是稀缺的;第二,生产要素是具有多种用途的。如果一种生产要素既能用来生产航母又能用来生产黄油,那么,一旦该要素被用来生产航母,它就无法用于生产黄油,也就损失了因生产黄油而可能取得的潜在收益,这笔钱潜在的收益就构成了生产航母的机会成本。

从机会成本的角度考虑问题,要求把每种生产要素都用在能取得最佳经济效益的用途上,即做到人尽其才、物尽其用、地尽其利。否则,所损失的潜在收益将会超过所取得的现实收益,生产要素的配置不合理,将造成生产资源的浪费。

课堂讨论:
请同学们举出一些机会成本的例子。

(二)显性成本和隐性成本

经济学从稀缺资源配置的角度来研究生产一定数量某种产品所必须付出的代价。用机会成本来研究厂商成本。企业的生产成本可以分为显性成本和隐性成本。显性成本和隐性成本之和才是厂商经营的真实成本,在经济学里也称为经济成本,是经济分析和经济决策中常用的概念。

$$生产成本 = 经济成本 = 隐性成本 + 显性成本$$
$$= 会计成本 + 机会成本 \tag{4-26}$$

显性成本简称显成本,是指厂商在要素市场上购买或租用所需要的生产要素的实际支出,包括雇员工资、购买原材料、燃料及添置或租用设备的费用、利息、保险费、广告费以及税金等。由于这些成本都在企业的会计账册上反映出来,因此又称会计成本。

隐性成本简称隐成本,是指对自己拥有的,且被用于生产的要素应支付的费用。但实际上并没有支付,不在企业账目上反映。例如,用自有房屋作厂房,在会计账目上并无租金支出。

这种成本称为隐性成本是因为看起来企业使用自有生产要素是不用花钱的,即不发生货币费用支出,例如使用自有设备不用计提折旧费,使用自有原材料、燃料不用花钱购买,使用自有资金不用付利息,企业主为自己的企业服务时不用付工资等。然而,不付费用使用自有要素不等于没有成本。因为这些要素如不自用,完全可以给别人使用而得到报酬,这种报酬就是企业使用自有要素的机会成本。

(三)利润

企业的经济利润是指企业的总收益 TR 和总成本 TC 之间的差额,简称企业的利润。这里总成本即经济成本,是指显性成本和隐性成本之和。企业所追求的最大利润,指的就是最大的经济利润。经济利润也被称为超额利润。

$$经济利润 = 总收入 - 总成本 \tag{4-27}$$
$$总成本 = 显性成本 + 隐性成本 = 会计成本 + 机会成本 \tag{4-28}$$

经济学中的利润与会计利润不一样。会计利润是指总收益 TR 与会计成本的差额。

$$经济利润 = 会计利润 - 机会成本 \tag{4-29}$$

在西方经济学中,还需区别经济利润和正常利润。正常利润是指厂商对自己所提供的企业家才能支付的报酬。需要强调的是,正常利润是厂商生产成本的一部分,它以隐性成本的形式计入经济成本。因此经济利润中不包括正常利润。所以,当厂商的经济利润为零时,厂商仍可以得到全部正常利润。

(四) 成本函数

成本函数是表示成本与产出之间关系的函数。记作:

$$C = \Phi(Q) \tag{4-30}$$

式中:C 为成本;Q 为产量;Φ 为函数关系。

厂商行为理论包括生产论和成本论,分别从实物量和价值量角度研究生产问题。成本理论是建立在生产理论的基础上的。成本函数与生产函数有着密切联系。生产函数分为短期生产函数和长期生产函数,相应地,成本函数也分为短期成本函数和长期成本函数。

由于短期内企业根据其所要达到的产量,只能调整部分生产要素的数量而不能调整全部生产要素的数量,所以,短期成本有不变成本和可变成本之分。但在长期内企业根据其所要达到的产量,可以调整全部生产要素的数量。所以,长期内所有的要素成本都是可变的,因此,长期成本没有不变成本和可变成本之分。

个案研究 4-2

读大学的成本与收益

读大学的成本是什么?一般大家会把一个大学生上 4 年大学的学费、书费、生活费加起来,但这个总和并不是一个大学生上大学所付出的全部代价。读 4 年大学的学费、书费和生活费只是上大学的会计成本,而计算上大学的成本需要考虑机会成本。

从这种意义上讲,生活费并不是上大学的真正成本。一个人即使不上大学,也要有睡觉的地方,也要吃东西。只有在大学的住宿和伙食比其他地方贵时,贵的这一部分才是上大学的成本。

上大学最大的成本是时间。当你把 4 年的时间用于听课、读书和写文章时,你就不能把这段时间用于工作。对于大多数学生而言,为上大学而放弃工作的收入是接受大学教育最大的一项机会成本。所以在计算上大学的代价时,应该把显性和隐性成本都考虑在内。

那么,为什么还要上大学?是因为上大学带来的潜在收益,即一生可能拥有更好的工作机会,以及较高的收入、高学历带来的名誉和地位等效应。一般来说,每个人上大学的成本可能相差不大,但收益却可能相差很大。

但对一些特殊的人,情况就不是这样了。比如,一个有足球天赋的青年,如果在高中毕业后去踢足球,每年可收入 200 万元人民币。这样,他上大学的机会成本就是 800 万元人民币。这远远高于一个大学生一生的收入。因此,有这种天才的青年,即使学校提供全额奖学金也不会去上大学。

同样,有些具备当模特气质与条件的人,放弃上大学也是因为当模特时收入高,上大学机会成本太大。再比如,对于比尔·盖茨这种特殊的人才,弃学创办了微软,显然是正确的决定。当你了解机会成本后就知道为什么有些年轻人不上大学了。可见机会成本这个概念在日常生活的决策中是十分重要的。

在这里顺便纠正一个错误的说法,有人说教育是消费行为,其实教育不是消费而是投资。消费与投资的区别是消费不会给你增值一分钱,而投资是为了增值,教育也是有可能增值的。但投资也是有风险的,如果一个家长不考虑孩子的实际情况,从小学到中学在教育上都是高投入,如果考不上大学或考上大学毕不了业,其投入与产出之比是可想而知的。

二、短期成本分析

短期成本理论是以短期生产理论为基础的。短期成本有以下 7 种:短期总成本(STC)、总固定成本(TFC)、总可变成本(TVC)、短期平均成本(SAC)、平均固定成本(AFC)、平均可变成本(AVC)、短期边际成本(SMC)。

(一) 短期总产量与短期总成本

由厂商短期生产函数出发,可以得到相应的短期成本函数;而且,由厂商的短期总产量曲线出发,也可以得到相应的短期总成本曲线。前面已经介绍短期生产函数为

$$Q = f(L, \overline{K})$$

该式表示,在资本投入量固定的情况下,可变要素劳动投入量 L 与产量 Q 之间存在着相互依存的对应关系。该关系可以理解为,厂商可以通过对劳动投入量的调整来实现不同的产量;也可以理解为,厂商根据不同的产量要求来确定相应的劳动投入量。

根据后一种理解,假定劳动的价格 w 和资本的价格 r 给定,则可以用下式表示每一产量水平上的短期总成本:

$$STC(Q) = wL(Q) + r\overline{K} \tag{4-31}$$

短期中,资本为固定投入,L 为变动投入,L 投入量与产量 Q 有关。式中:$wL(Q)$ 为可变成本部分(与 Q 有关);$r\overline{K}$ 为不变成本部分,即固定成本部分(与 Q 无关)。两部分之和构成厂商的短期总成本:

$$STC(Q) = TVC + TFC(Q) \tag{4-32}$$

如果以 $\Phi(Q)$ 表示可变成本部分,以 b 表示固定成本部分,则上式可以写作:

$$STC(Q) = \Phi(Q) + b \tag{4-33}$$

不变成本与可变成本

在短期中,投入要素分为不变要素和可变要素。购买不变要素的费用支出就是不变成本,用 TFC 表示,它不随产量变动而变动,因而是个常数,即使企业停产,也要照样支付,包括借入资金的利息、租用厂房或设备的租金、固定资产折旧费、停工期间无法解雇的雇员(如总经理、总工程师、总会计师等)的薪金及保险费等。不变成本曲线是一条水平线,表明固定成本是一个既定的数量,不随产量的增减而改变。

购买可变要素的费用支出就是可变成本,用 TVC 表示,它随产量变动而变动,是产量的函数,包括可随时解雇的工人的工资、原材料和燃料的费用、水电费和维修费等。可变成本曲线形状主要取决于投入要素的边际生产率,是一条由原点出发向右上方倾斜的曲线。

由总产量 TP 曲线可以推导出总成本 TC 曲线:总产量曲线上,找到每一产量水平相对应的可变要素劳动的投入量,再用 L 去乘以价格 w,便可得到每一产量的可变成本。将产量与可变成本的对应关系描绘在产量与成本的平面图中,即可得到可变成本曲线;加上固定成本,就得到 STC 曲线。

因此,总成本曲线的形状与可变成本曲线形状完全相同,只不过是由可变成本曲线向上平移一段相当于 TFC 大小的距离,即在任意产量上的总成本曲线与可变成本曲线垂直距离等于不变成本 TFC,如图 4-17 所示。

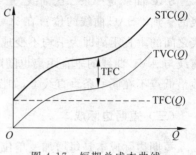

图 4-17 短期总成本曲线

注意:STC 不从原点出发,而从固定成本 TFC 出发;即没有产量时,短期总成本最小也等于固定成本。

(二) 平均固定成本、平均可变成本与短期平均成本

上述 TFC、TVC、STC 分别除以产量 Q 就得到平均固定成本、平均可变成本和短期平均成本。另可从总成本或可变成本中推导出短期边际成本。

平均固定成本是短期内平均生产每一单位产品所消耗的固定成本,等于总固定成本除以产量所得之商。计算公式为

$$\text{AFC} = \frac{\text{TFC}}{Q} = \frac{b}{Q} \tag{4-34}$$

AFC 随产量 Q 的增加一直趋于减少,表示在总不变成本固定的前提下,随着产量的增加,分摊到单位产品上的固定成本越来越少。但 AFC 曲线不会与横坐标相交,因为总固定成本不会为零,如图 4-18 所示。

平均可变成本是短期内生产平均每一单位产品所消耗的总变动成本,它等于总可变成本除以产量所得之商。计算公式如下:

$$\text{AVC} = \frac{\text{TVC}}{Q} = \frac{\Phi(Q)}{Q} \tag{4-35}$$

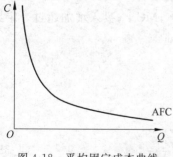

图 4-18 平均固定成本曲线

AVC 初期随着产量增加而不断下降,产量增加到一定量时,AVC 达到最低点;而后随着产量继续增加,开始上升(见图 4-19)。即 AVC 曲线形状为 U 形,表明平均可变成本随产量增加先递减后递增,其成 U 形的原因是可变投入要素的边际报酬率先递增后递减。

短期平均成本是生产每一单位产品平均所需要的总成本,它等于短期总成本除以产量所得之商,也等于平均不变成本与平均可变成本之和。计算公式为

$$SAC = \frac{STC}{Q} = \frac{\Phi(Q)+b}{Q} = AVC + AFC \tag{4-36}$$

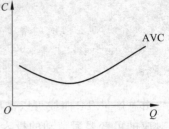

图 4-19　平均可变成本曲线

SAC 曲线是一条二次曲线,是 AFC 曲线和 AVC 曲线的叠加。SAC 曲线的位置在 AVC 曲线之上,两条曲线之间的垂直距离即为平均不变成本(AFC)。由于 AFC 随产量增大而递减,因此 SAC 曲线与 AVC 曲线的垂直距离也随产量增大而渐趋缩小。SAC 曲线的最低点与 AVC 曲线最低点不在同一条垂直线上,如图 4-20 所示。

(三) 短期边际成本

短期边际成本是每增加一单位产量所引起的总成本的增加,短期边际成本是短期总成本对产量的导数。计算公式为

$$SMC(Q) = \frac{dSTC}{dQ} = \Phi'(Q) \tag{4-37}$$

由于 TFC 是常数,因此 SMC 的变动与 TFC 无关(因为 dSTC=dTVC+dTFC,而 dTFC=0)。SMC 实际上等于增加单位产量所增加的可变成本。

SMC 曲线也是一条先下降而后上升的 U 形曲线(见图 4-21),开始时,边际成本随产量增加而减少,其递减部分对应可变投入要素的边际产量的递增阶段。当产量增加到一定程度,就随产量的增加而增加,STC 曲线的拐点正好对应 SMC 曲线的极小值点。

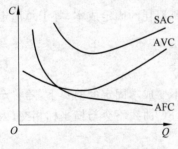

图 4-20　短期平均成本曲线

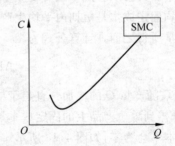

图 4-21　短期边际成本曲线

SMC 曲线成 U 形的原因是边际收益递减规律。MP↑,MC↓;投入增加超过一定界限,MP↓,所需 MC↑。

(四) 成本函数与产量函数之间的关系

1. 平均产量与平均可变成本

平均产量与平均可变成本的关系如下:

$$AVC = \frac{TVC}{Q} = w\frac{L(Q)}{Q} = w\frac{1}{AP_L} \tag{4-38}$$

AP_L 与 AVC 成反比。AP_L 递减，AVC 递增；AP_L 递增，AVC 递减；当 AP_L 达到最大时，AVC 最小。

AP_L 曲线顶点对应 AVC 曲线最低点。

SMC 曲线与 AVC 曲线相交于 AVC 最低点。

MP_L 曲线与 AP_L 曲线在 AP_L 顶点相交，所以 SMC 曲线在 AVC 曲线最低点相交。

2. 边际产量与边际成本

边际产量与边际成本的关系如下：

$$\text{SMC}(Q) = \frac{\text{dSTC}}{\text{d}Q}, \quad MP_L = \frac{\text{d}TP_L}{\text{d}L}, \quad \text{SMC}(Q) = w\frac{1}{MP_L} \qquad (4-39)$$

SMC 与 MP_L 成反比。MP_L 先上升后下降，所以 SMC 先下降，然后上升；且 SMC 的最低点对应 MP_L 的顶点。

TP_L 递增，STC 和 TVC 递减。

TP_L 递减，STC 和 TVC 递增。

TP_L 上的拐点对应 STC 和 TVC 上的拐点。

（五）短期产量曲线与各短期成本曲线之间的关系

短期产量曲线与各短期成本曲线的关系如图 4-22 所示。

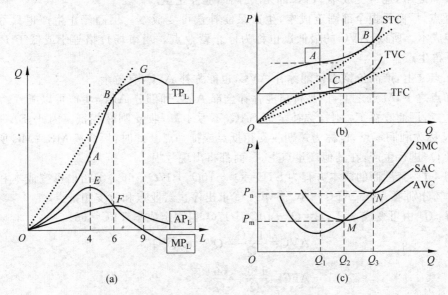

图 4-22　短期产量曲线与各短期成本曲线的关系

SMC 最低点对应 A 点。

SAC 最低点对应 B 点。

另外，TVC 上的 C 点对应 AVC 的最低点。

SMC 与 SAC 和 AVC 相交于 SAC 和 AVC 的最低点。

（1）SMC 与 AVC 相交于 AVC 最低点。

$$SMC < AVC, AVC \downarrow$$
$$SMC > AVC, AVC \uparrow$$
$$SMC = AVC, AVC \text{ 最低}$$

M点后,增加一单位产量所带来的边际成本,大于产量增加前的平均可变成本;在产量增加后,平均可变成本一定增加。

(2) SMC 与 SAC 相交于 SAC 的最低点。
$$SMC < SAC, SAC \downarrow$$
$$SMC > SAC, SAC \uparrow$$
$$SMC = SAC, SAC \text{ 最低}$$

相交之前,边际成本<平均成本。

相交之后,边际成本>平均成本。

相交,边际成本=平均成本,这时平均成本处于最低点。

(3) 收支相抵点与停止营业点。

基于短期分析,M点——停止营业点;N点——收支相抵点。

在 $MR=MC=P$ 原则下:

M点之上,厂商虽亏损,但仍可生产。因为价格大于平均可变成本 AVC,说明厂商在补偿全部的可变成本外,尚可收回部分固定成本,使亏损总额减少。

M点之下,连可变成本 AVC 都无法弥补,应停止生产。

M点,厂商亏损全部固定成本,生产只能补偿可变成本。厂商停止生产也只亏损全部固定成本。所以,AVC 的最低点也称为停止营业点。当市场价格等于或低于 P_M 时,厂商不再生产。

N点之上,产品价格不仅能弥补 AVC,也能弥补 AFC,有盈余。

N点之下,M点之上,产品价格能弥补全部 AVC 和部分 AFC,生产可以减亏。

N点,厂商收益 P_N 刚好弥补全部 SAC,不亏不赢,收支刚好相抵。因此,SAC 的最低点 N 称为利润零点,也称为短期收支相抵点或扯平点。此时,厂商按 $MR=MC$ 所确定的产量 Q_3 进行生产,在其他产量点上,厂商都将出现亏损。

例 4-1 某厂商的成本方程为 $STC = Q^3 - 10Q^2 + 17Q + 66$。①指出可变成本和固定成本;②分别求 AVC、AFC、SAC、SMC;③求出停止营业点和收支相抵点。

解:① 由可变成本 $TVC = Q^3 - 10Q^2 + 17Q$,得固定成本 $TFC = 66$。

②
$$AVC = \frac{TVC}{Q} = Q^2 - 10Q + 17$$

$$AFC = \frac{TFC}{Q} = \frac{66}{Q}$$

$$SAC = Q^2 - 10Q + 17 + \frac{66}{Q}$$

$$SMC = \frac{dSTC}{dQ} = 3Q^2 - 20Q + 17$$

③ 由停止营业点=AVC 最低点,令 $AVC' = (Q^2 - 10Q + 17)' = 2Q - 10 = 0$,则 $Q=5$。

由收支相抵点=SAC 最低点,令
$$SAC' = \left(Q^2 - 10Q + 17 + \frac{66}{Q}\right)' = 2Q - 10 - \frac{66}{Q^2} = 0$$

则
$$2Q^3 - 10Q^2 - 66 = 0$$
$$Q^3 - 5Q^2 - 33 = 0$$

得
$$Q \approx 5.94$$

例 4-2 已知产量为 9 单位时,总成本为 95 元;产量增加到 10 单位时,平均成本为 10 元;由此计算边际成本。

解：依题意,产量增加到 10 单位时,平均成本为 10 元,总成本为 $10 \times 10 = 100$(元)。增加 1 单位产量后,成本增加 $100 - 95 = 5$(元)。所以,边际成本是 5 元。

课堂练习：

请填写某厂商的短期成本表,见表 4-3。

表 4-3 某厂商的短期成本表

产量(Q)	总 成 本			平 均 成 本			边际成本（MC）
	总固定成本（TFC）	总可变成本（TVC）	总成本（TC）	平均固定成本（AFC）	平均可变成本（AVC）	平均成本（AC）	
0	20	0					
1	20		50				
2	20	56					
3	20		95				
4	20	80					
5	20		125				
6	20	132					
7	20		202				
8	20	320					
9	20		740				

个案研究 4-3

大商场平时为什么不延长营业时间

节假日期间天津劝业场和许多大型商场都延长营业时间,为什么平时不延长？现在用边际分析理论来解释这个问题。

从理论上说延长时间 1 小时,就要支付 1 小时所耗费的成本,这种成本即包括直接的物耗,如水、电等,也包括由于延时而需要的售货员的加班费,这种增加的成本就是本章所学习的边际成本。假如延长 1 小时增加的成本是 1 万元(注意这里讲的成本是西方经济学里的成本概念,包括成本和正常利润),那么在延时的 1 小时里,如果由于卖出商品而增加的收益大于 1 万元,作为精明的企业家会延长这 1 小时,因为这时他还有一部分该赚的钱没赚到手。相反,如果在延长 1 小时里增加的收益不足 1 万元,则不会延时,因为延长 1 小时的成本大于收益。

节假日期间，人们有更多的时间去旅游和购物，使商场的收益增加，而平时由于紧张的工作及繁忙的家务，人们没有更多时间和精力去购物，即使延时服务也不会有更多的人光顾，增加的收益不足以抵偿延时所增加的成本。这就是节假日期间延长营业时间而在平时不延长营业时间的经济学道理。

无论是边际收益大于边际成本还是小于边际成本，厂商都要进行营业时间调整，说明这两种情况下都没有实现利润的最大化。只有在边际收益等于边际成本时，厂商才不调整营业时间，这表明已把该赚的利润都赚到了，即实现了利润的最大化。

三、长期成本简要分析

在长期，厂商能根据产量调整全部要素。在每一个产量水平上总可以选择最优规模进行生产。因而不存在固定的生产要素和不变的生产成本，为此，长期成本仅分为长期总成本（LTC）、长期平均成本（LAC）和长期边际成本（LMC）三项。

（一）长期总成本

长期总成本是厂商在长期内生产一定数量的产品所支付的费用总额，它是厂商在长期中在每一个产量水平上通过选择最优的生产规模所能达到的最低总成本。长期总成本的函数形式如下：

$$LTC = LTC(Q) \tag{4-40}$$

长期总成本 LTC 是短期总成本曲线的包络线，所谓包络线是指厂商的长期总成本曲线把无数条短期总成本曲线（每条短期总成本曲线对应一个可供选择的生产规模）包围起来，每条短期总成本曲线与长期总成本曲线不相交但相切，如图 4-23 所示。若厂商可任意选择生产规模，那么，对于某个事先确定的产量水平，厂商要计算在各种可供选择的工厂规模上的生产总成本，并选择总成本最小的那个规模。

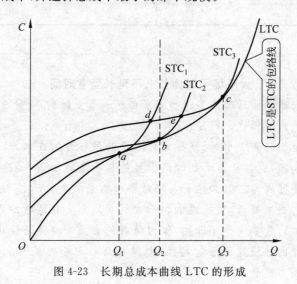

图 4-23 长期总成本曲线 LTC 的形成

1. LTC 曲线的基本特征

由于无固定成本，LTC 从原点开始。

LTC 的形状：陡峭—平坦—陡峭。

开始阶段，要素无法充分利用，成本增加幅度大于产量增加幅度，LTC 曲线较陡。中间阶段，要素充分利用，属于规模经济，LTC 曲线平坦。后面阶段，规模产量递减，成本增加幅度又大于产量增加幅度，LTC 曲线较陡。

2. LTC 可以由 STC 线推导出

假设长期中只有 3 种可供选择的生产规模，分别由 3 条 STC 表示。3 条 STC 截距不同。生产规模由小到大依次为 STC_1、STC_2、STC_3。

假定生产 Q_2 的产量。厂商面临 3 种选择。

(1) STC_1 是较小规模：最低总成本在 d 点。

(2) STC_2 是中等规模：最低总成本在 b 点。

(3) STC_3 是较大规模，最低总成本在 e 点。

规模调整得到 LTC：长期中可以调整选择最优规模，以最低总成本生产。

在 d、b、e 三点中 b 点的成本最低，所以长期中厂商在 STC_2 规模生产 Q_2 产量。

b 点是 LTC 曲线与 STC 曲线的切点，代表着生产 Q_2 产量的最优规模和最低成本。

同理，可以找出长期中每一产量水平上的最优规模和最低长期总成本，也就是可以找出无数个类似的 b 点，连接即可得到 LTC。

LTC 曲线与 STC 曲线的比较

LTC 曲线与 STC 曲线的形状一样，但它们有两点区别。第一，LTC 曲线从原点出发而 STC 曲线不从原点出发。这是因为，在长期，不存在固定成本，所以产量为零时，长期总成本也为零。第二，STC 曲线和 LTC 曲线的形状的决定因素是不同的。STC 曲线的形状是由可变投入要素的边际收益率先递增后递减决定的，而在长期，由于所有的投入要素都是可变的，因此，这里对应的不是要素边际收益率问题，而是要素的规模报酬问题，LTC 曲线的形状是由规模报酬先递增后递减决定的。

（二）长期平均成本

长期平均成本表示长期内厂商按产量平均计算的最低成本。计算公式如下：

$$\text{LAC}(Q) = \frac{\text{LTC}(Q)}{Q} \tag{4-41}$$

与长期总成本曲线和短期总成本曲线关系一样，长期平均成本曲线也是短期平均成本曲线的包络线，如图 4-24 所示。

LAC 与 SAC 的关系：3 条短期成本曲线分别表示不同生产规模上平均成本的变化，越是往右，代表生产规模越大，在每一产量水平，都有一个 LAC 与 SAC 的切点，切点对应的平均成本就是生产相应产量水平的最低平均成本。由此得到 LAC 曲线是无数条 SAC 曲线的包络线。

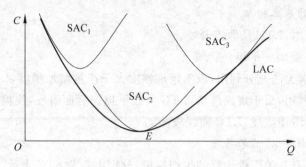

图 4-24　长期平均成本 LAC 的形成

每条 SAC 与 LAC 不相交但相切，并且只有一个切点。在切点之外，SAC 高于 LAC；在其他条件相同的情况下，短期成本要高于长期成本。由于长期平均成本曲线和短期平均成本曲线的曲率不同，因此，在绝大多数情况下，不可能在两者最低点相切。

LAC 包络线的形状：长期平均成本 LAC 是先减少后增加的，因此 LAC 曲线是一条 U 形曲线，其最低点是 LAC 与 LMC 相等的点。原因是规模经济。规模收益通常都是先上升，后下降，所以 LAC 曲线通常是 U 形。但包络线并不是短期平均成本曲线最低点的连接。

(1) LAC 递减，处于生产规模递增阶段，与 SAC 最低点左端相切。

(2) LAC 递增，处于生产规模递减阶段，与 SAC 最低点右端相切。

(3) 只有在 LAC 最低点，LAC 才与 SAC 最低点相切。

短期平均成本曲线的最低点称为最优产出率，它意味着厂商通过确定可变投入要素的最佳数量来使单位产品成本降到最低，这是在生产规模既定条件下厂商所能选择的最佳点。长期平均成本曲线的最低点称为最佳工厂规模，它意味着厂商通过选择最适宜的生产规模来使单位产品成本降到最低。

在 E 点，长期和短期的两种状态重合在一起，使厂商既做到 SAC 最低，又做到 LAC 最低，这是一种理想的状态。

（三）长期边际成本

长期边际成本是指每增加一单位产量长期总成本的增量。长期边际成本是长期总成本对产量的导数，即

$$\text{LMC} = \lim_{\Delta Q \to 0} \frac{\Delta \text{LTC}}{\Delta Q} = \frac{d\text{LTC}}{dQ} \tag{4-42}$$

长期边际成本 LMC 是先减少后增加的，其最低点出现在 LTC 曲线拐点的对应处，LMC 曲线是一条类似 SMC 曲线的 U 形曲线。

LMC 曲线和 LAC 曲线的关系和 SMC 曲线与 SAC 曲线的关系一样，两者相交于 LAC 曲线的最低点。在该点左侧，是规模报酬递增的区域，在此区域中，每增加一单位产量所导致的长期总成本的增量小于每单位产品的长期成本，因此，LMC 曲线位于 LAC 曲线的下方；而在该点右侧，是规模报酬递减的区域，在此区域中，每增加一单位产量所导致的长期总成本的增量大于每单位产品的长期成本，因此 LMC 曲线位于 LAC 曲线的上方。

四、规模经济、外在经济与范围经济

（一）规模经济

规模经济和规模不经济是相对一条给定的长期平均成本 LAC 曲线而言的。规模经济也称作内在经济，是指厂商由自身内部规模扩大所引起的经济效益的提高情况，即随着生产规模的扩大，产品平均成本下降。其他情况不变，产量增加倍数大于成本增加倍数。

出现规模经济的原因：使用更先进技术；实行专业化生产；提高管理效率；对副产品进行综合利用；要素的购买与产品的销售方面也会更加有利。

> **规模经济与规模报酬**
>
> 规模经济的形成与规模报酬递增的原因基本上是相同的，也可以说规模报酬递增来自规模经济。假定多种要素投入量增加的比例是相同的，就是规模报酬问题。但两者不完全是一回事。规模报酬重点考察产品的数量与投入的数量变化之间的关系，重在实物形态；而规模经济重点考察产量变动过程中成本如何变动，重在价值形态。

规模不经济也称为内在不经济，即随着厂商规模扩张到一定程度，由于本身规模过大而引起的经济效益的下降。其他情况不变，产量增加倍数小于成本增加倍数。

出现规模不经济的原因：企业内部合理分工被破坏，生产难以协调；管理阶层的增加；产品销售规模庞大、环节加长；获得企业决策的各种信息困难。

个案研究 4-4

电影中的经济学

电影院通过增加放映室来达到规模经济。如果一个只有一间放映室的电影院需要 3 个员工来运营。其中 1 名售票员，1 名卖爆米花（在大部分的电影院，这些销售摊位的收入占了总收入的一半以上），1 名操作影片放映机。但是如果增加了一间放映室，这 3 名员工同样可以完成两间放映室的工作（生产率增加）。另外还有以下一些导致规模经济的因素。

(1) 每一间放映室的建造成本下降了，因为只需要一个大厅和一个休息室。
(2) 电影院能够从电影销售商处拿到更好的折扣。
(3) 电影院能够投放更大、更吸引人注意的广告。
(4) 电影院能够将成本平摊到更多的电影中。

如果增加一间新的放映室是好事，那么增加更多的放映室总是更好的吗？为什么大部分电影院都只有 10~20 间放映室呢？为什么这些电影院不增加到 30 间放映室？尤其是那些在人口密集区的电影院。答案很简单：存在规模不经济问题。

(1) 随着电影院放映室的增加，电影院周围的交通会越来越拥挤。而公路资源是电影院无法操控的。
(2) 电影的供给可能无法支持如此多的放映室同时上映。

(3)时间也是电影院无法控制的资源之一,每天只有一些特定的时间段,观众们乐于观看电影,当很多观众集中在某一时间段来电影院时,想要安排好不重叠的电影放映时间变得尤为困难。电影院没法创造更多的黄金时间(为了吸引更多的观众,电影院往往对早上和下午早些时候场次的电影提供折扣)。

因为电影院无法控制诸如公路、电影提供和一天中黄金时间量的投入,而这些因素导致了规模不经济。

资料来源:威廉 A 迈克易切恩. 微观经济学[M]. 余淼杰,译. 北京:机械工业出版社,2011:96-97.

(二)外在经济与外在不经济

外在经济和外在不经济是用来解释长期平均成本 LAC 曲线的位置变化的原因的。企业外在经济是由于厂商的生产活动所依赖的外界环境得到改善而产生的。

外在经济是指由于整个行业生产规模的扩大和产量的增加,给个别厂商带来产量与收益的增加。外在经济的原因:交通、通信等基础设施更为经济和更好地供给;行业信息和人才更容易流通和获得。

外在不经济是指由于整个行业生产规模过大和产量过多,给个别厂商带来的产量与收益的减少。外在不经济的原因:竞争加剧,要素价格提高;环境污染;对基础设施的压力增加。

规模经济与外在经济

规模经济和规模不经济是由厂商变动自己的企业生产规模所引起的,所以也被称为内在经济和内在不经济。规模经济和规模不经济是长期平均成本曲线 LAC 呈 U 形的主要原因。

外在经济与外在不经济是由企业以外的因素引起的,它影响厂商的长期平均成本曲线的位置。外在经济使 LAC 下移,外在不经济使 LAC 上移,如图 4-25 所示。

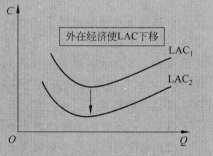

图 4-25 长期平均成本曲线的移动

(三)范围经济

企业在生产中往往不只是生产一种产品,有时这些产品在性质上密切相关,有时则毫不相关,然而,企业通常在生产两种以上产品时拥有生产和成本的优势。这些优势主要来源于生产要素的联合运用。

当企业以任意组合方式生产两种产品的成本能够低于两家企业各自生产同一数量的同一种产品的成本时,就产生了范围经济。范围经济是指若干种相关联的产品联合生产比分别生产各自的产品更有效率。范围不经济是指若干种相关联的产品联合生产效率低于分别生产各自的产品的效率。

> **知识链接 4-2**
>
> **分工与专业化**
>
> 亚当·斯密在其名著《国民财富的性质和原因的研究》中根据他对一个扣针厂的参观描述了一个例子。斯密所看到的工人之间的专业化和引起的规模经济给他留下了深刻的印象。他写道:"一个人抽铁丝,另一个人拉直,第三个人截断,第四个人削尖,第五个人磨光顶端以便安装圆头;做圆头要求有两三道不同的操作;装圆头是一项专门的业务,把针涂白是另一项;甚至将扣针装进纸盒中也是一门职业。"
>
> 斯密说,由于这种专业化,扣针厂每个工人每天生产几千枚针。他得出的结论是,如果工人选择分开工作,而不是作为一个专业工作者团队,"那他们肯定不能每人每天制造出 20 枚扣针,或许连一枚也造不出来"。换句话说,由于专业化,大扣针厂可以比小扣针厂实现更高的人均产量和更低的平均成本。
>
> 斯密在扣针厂观察到的专业化在现在经济中普遍存在。例如,如果你想盖一个房子,你可以自己努力去做每一件事。但大多数人找建筑商,建筑商又雇用木匠、瓦匠、电工、油漆工和许多其他类型工人。这些工人专门从事某种工作,而且,比作为通用型工人时做得更好。实际上,运用专业化实现规模经济是现代社会经济繁荣的一个原因。

本 章 小 结

厂商行为理论包括生产论和成本论,分别从实物量和价值量角度研究生产问题。成本理论是建立在生产理论的基础上的。成本函数与生产函数有着密切联系。

厂商的生产可以分为短期生产和长期生产。短期是指在生产中厂商至少有一种生产要素来不及调整的时期;长期是指在生产中厂商对于所有的生产要素都可以进行调整的时期。

短期生产的基本规律是边际报酬递减规律。该规律强调:在任何一种产品的短期生产中,在其他条件不变的前提下,任何一种可变要素的边际产量必然会从递增阶段发展为递减阶段。任何一种可变要素的短期边际产量曲线呈现出倒 U 形的特征。短期生产可分为 3 个阶段,厂商生产的合理区间是第二阶段。

长期生产理论的主要分析工具是等产量曲线和等成本曲线。等产量曲线表示在技术水平不变的条件下生产同一产量的两种生产要素投入量的所有不同组合。等产量曲线的斜率可以用边际技术替代率来表示,边际技术替代率递减。

等成本曲线是在生产成本和要素价格给定的条件下生产者可以购买到的两种生产要素的各种不同组合的轨迹。等成本线的斜率可以用两要素的价格之比来表示。

规模报酬属于长期生产的概念。在企业扩大规模的长期生产过程中,一般会先后经历规模报酬递增、规模报酬不变和规模报酬递减 3 个阶段。

机会成本是指厂商运用一定的生产要素进行生产时所放弃的运用相同生产要素在其他场合的生产中所能得到的最高收入。

短期成本有 7 种：短期总成本(STC)、总固定成本(TFC)、总可变成本(TVC)、短期平均成本(SAC)、平均固定成本(AFC)、平均可变成本(AVC)以及短期边际成本(SMC)。在理解 7 条短期成本曲线的各自特征及其相互之间的关系时，关键是抓住短期生产的基本规律，即边际报酬递减规律。

长期成本有 3 种：长期总成本(LTC)、长期平均成本(LAC)和长期边际成本(LMC)。在理解 3 条长期成本曲线的各自特征及其相互之间的关系时，关键是抓住：在长期中，厂商在每一个产量上都是通过对最佳生产规模的选择来将生产成本降到最低水平。

企业长期生产的规模经济和规模不经济决定了长期平均成本(LAC)曲线呈 U 形特征；企业长期生产的外在经济和外在不经济决定了长期平均成本(LAC)曲线位置的高低。

本章内容结构

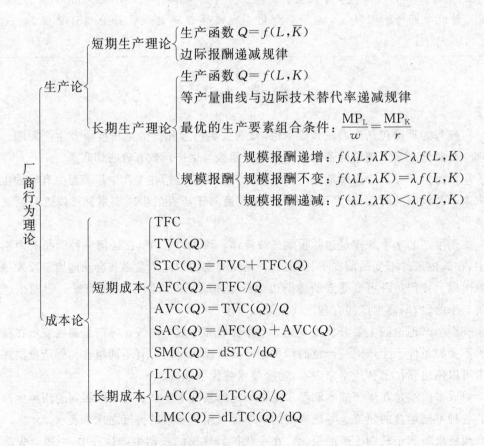

综 合 练 习

一、名词解释

生产函数　　　总产量　　　平均产量　　　边际产量　　　边际收益递减规律
等产量线　　　等成本线　　规模报酬　　　机会成本　　　边际技术替代率
经济成本　　　经济利润　　规模经济　　　外在经济　　　范围经济
收支相抵点　　停止营业点

二、选择题

1. 当边际产量大于平均产量时,(　　)。
   A. 平均产量增加　　　　　　　B. 平均产量减少
   C. 平均产量不变　　　　　　　D. 平均产量达到最低点

2. 当劳动 L 的边际产量为负时,则处于(　　)。
   A. L 的第一阶段　　　　　　B. L 的第二阶段
   C. L 的第三阶段　　　　　　D. 上述都不是

3. 已知产量为 8 个单位时,总成本为 80 元,当产量增加到 9 个单位时,平均成本为 11 元,此时的边际成本为(　　)元。
   A. 1　　　　　B. 19　　　　　C. 88　　　　　D. 20

4. 已知产量为 500 单位时,平均成本是 2 元,产量增加到 550 单位时,平均成本等于 3 元(平均成本最低点所对应的产量为 400 单位),在这个产量变化范围内,边际成本(　　)。
   A. 随着产量的增加而上升,并在数值上大于平均成本
   B. 随着产量的增加而上升,并在数值上小于平均成本
   C. 随着产量的增加而下降,并在数值上小于平均成本
   D. 随着产量的增加而下降,并在数值上大于平均成本

5. 长期平均成本曲线成为 U 形的原因与(　　)。
   A. 规模报酬有关　　　　　　　B. 外部经济与不经济有关
   C. 要素的边际生产率有关　　　D. 固定成本与可变成本所占比重有关

三、计算题

1. 已知短期生产函数 $Q=2KL-0.5L^2-0.5K^2$,且 $K=10$。
   (1) 写出在短期生产中该厂商关于劳动的 TP、AP、MP 函数。
   (2) 分别计算当 TP、AP、MP 各自达到最大值时的劳动投入量。
   (3) 什么时候 MP=AP?

2. 已知某企业的生产函数为 $Q=L^{2/3}K^{1/3}$,劳动的价格 $w=2$,资本的价格 $r=1$。求:
   (1) 当成本 $C=3000$ 时,企业实现最大产量时的 L、K 和 Q 的均衡值;
   (2) 当产量 $Q=800$ 时,企业实现最小成本时的 L、K 和 C 的均衡值。

3. 表 4-4 是一张短期生产函数产量表。

表 4-4　生产函数产量表

资　本	劳　动	总 产 量	平均产量	边际产量
12	1		2	
12	2			10
12	3	24		
12	4		12	
12	5	60		
12	6			6
12	7	70		
12	8			0
12	9	63		

(1) 填表。

(2) 该生产函数是否呈现出边际报酬递减？如果是，从第几单位劳动投入量开始的？

四、简答题

1. 生产的 3 个阶段是如何划分的？为什么厂商只会在第二阶段上生产？
2. 画图说明各短期成本曲线之间的关系。

推荐阅读

[1] 尹伯成. 西方经济学简明教程[M]. 8 版. 上海：格致出版社，2013：第四章，第五章.

[2] 高鸿业. 西方经济学（微观部分）[M]. 6 版. 北京：中国人民大学出版社，2014：第四章，第五章.

[3] 威廉 A 迈克易切恩. 微观经济学[M]. 余森杰，译. 北京：机械工业出版社，2011：第七章.

[4] 克鲁格曼. 克鲁格曼经济学原理[M]. 北京：中国人民大学出版社，2011：第七章.

[5] 范家骧，刘文忻. 微观经济学[M]. 2 版. 大连：东北财经大学出版社，2007：第五章，第六章.

[6] 弗兰克. 牛奶可乐经济学 2[M]. 闾佳，译. 北京：中国人民大学出版社，2009.

[7] 茅于轼. 生活中的经济学[M]. 3 版. 广州：暨南大学出版社，2007.

[8] 梁小民. 经济学是什么[M]. 北京：北京大学出版社，2017.

[9] 平狄克，鲁宾费尔德. 微观经济学[M]. 李彬，等，译. 北京：中国人民大学出版社，2013.

第五章

完全竞争市场

【内容提要】

第三章和第四章分别从单一消费者行为和生产者行为的角度来分析,本章和第六章通过市场将两者结合起来进行分析。市场按照其不同的特点,可以分为完全竞争、完全垄断、垄断竞争和寡头垄断4种。本章先从完全竞争市场结构来分析市场的价格与产量的决定问题。厂商在各种市场结构中如何决定产品价格和产量的理论被称为市场理论或市场论。

【学习目标与重点】

- 了解市场经济下,不同市场结构的划分以及划分的依据。
- 掌握完全竞争厂商的需求曲线与收益曲线。
- 掌握完全竞争厂商的供给曲线与短期均衡的不同情况。
- 能结合实际对完全竞争市场的经济效益做出评价。

【关键术语】

市场需求曲线　　收益曲线　　短期供给曲线　　短期均衡　　长期供给曲线

【引入案例】

为什么鲸鱼濒临灭绝,鸡却没有繁衍之忧

环保主义者几乎每年都会上街游行,谴责国际捕鱼业对许多大型海洋哺乳生物的生存造成了威胁。然而,从来没有人上街抗议,号召大家拯救小鸡。这是为什么呢?

简单地说,鸡从来没当过濒危物种。但这就引出了另一个问题:为什么有的物种濒临灭绝,有的却没有?

鲸鱼的数量锐减,是因为没人拥有鲸鱼。它们在公海里巡游,而好几个国家拒绝遵守保护鲸鱼的国际条约。

日本和挪威捕鲸人理解自己目前的做法会威胁到鲸鱼的生存,进而损害自身的生计。可每个捕鲸人也都知道,自己捕不着的鲸鱼,最终会被别人捕获。因此,捕鲸人无法从自我限制中获益。

反过来看,世界上大多数的鸡都是有主人的。如果你今天杀掉了自己的一只鸡,明天你就会少了一只鸡。如果养鸡是你谋生的手段,那么,你必然有着强烈的动机,要使送去市场卖的鸡和新养的鸡在数量上保持平衡。

鸡和鲸鱼都有经济价值。人们对鸡能享有可靠的所有权,但对鲸鱼却不能。这一事实解释了前者繁衍不息、后者濒于灭绝的原因。

第一节 市场的类型与市场需求曲线

一、市场的类型

什么是市场？市场一般指一种货物或劳务买卖的场所，买卖双方在市场上决定商品交换的价格。

每一种商品都有一个市场，商品在同一市场上通常只有一个价格。一个市场不一定是甚至通常不是一个单一的地点，而是一个区域。它可能有固定场所，也可能通过电话、网络买卖成交。例如，黄金、宝石及政府担保的金边证券具有世界范围的市场，而一些价值低、重量大的商品如砂、石、砖等，其市场往往缩小到地区或地方范围。

从本质上讲，市场是物品买卖双方相互作用并得以决定其交易价格和交易数量的一种组织形式或制度安排。

市场可以按不同方法进行分类，西方经济学家通常按照竞争和垄断的程度将市场和市场中的厂商分为四类：完全竞争、垄断竞争、寡头垄断和完全垄断。完全竞争市场是竞争程度最高的，垄断竞争次之；完全垄断市场是垄断程度最高的，寡头垄断次之。

影响竞争程度的主要因素有以下 5 个。

(1) 卖者和买者的集中程度或数目。数目越多，集中程度越低，竞争程度就越高。

(2) 不同卖者之间各自提供的产品的差别程度。各厂商提供的产品越是相似，可以预料，竞争就越激烈。

(3) 单个厂商对市场价格控制的程度。单个厂商若无法控制价格，表明市场竞争越激烈。

(4) 厂商进入或退出一个行业的难易程度。如果存在进入市场的障碍，意味着原有厂商拥有了一些新加入者不具备的有利条件。

(5) 市场信息畅通程度。当今社会，市场信息对竞争程度的影响越来越重要。

其中，第一个因素和第二个因素是最基本的决定因素，第三个因素是前两个因素的必然结果，第四个因素是第一个因素的延伸。

关于 4 种市场类型的划分及其特征见表 5-1。

表 5-1 市场类型的划分与特征

市场特征 \ 市场类型	完全竞争	垄断竞争	寡头垄断	完全垄断
买者和卖者的数量	很多	较多	少数生产者	一个生产者
产品差别程度	无差别，同质替代品多	有些差别，轻微	有差别或同质	唯一产品，无替代品
对价格控制的程度	对价格无控制能力，企业只能接受市场价格	企业有一定的定价自由，但不大	有相当的控制能力，但对竞争者的反应十分敏感	对价格控制的程度很大，但经常受到政府管制

续表

市场类型 市场特征	完全竞争	垄断竞争	寡头垄断	完全垄断
进出的难易程度	完全自由	比较自由	较多进入障碍	很困难,无新企业进入
市场信息畅通程度	买卖双方都掌握完备信息	条件优越的卖者掌握信息	信息不完全	企业控制
广告	很少有价值	普遍使用	普遍使用	不经常使用
现实中接近的行业	农产品	零售业	钢铁行业、汽车制造业	电力、自来水等公用事业

对表 5-1 的理解应该注意以下几点。①理论上的竞争模式与现实中人们理解的似乎有些矛盾,如理论模式的竞争无需广告,而实际经商者把广告当作一种竞争武器,做广告是竞争激烈的表现;②完全垄断市场下有一些行业,如公用事业(自来水、电力等)独家经营要比两家以上经营有更低的平均成本;③寡头垄断市场上情况比较复杂,寡头因其产品是否同质可分为两类:无差别寡头或纯粹寡头和有差别寡头,前者如钢铁、水泥、制糖等行业,后者如汽车、家电等行业。

行业、产业与市场

行业或产业是指制造或提供同一或类似产品或劳务的厂商的集合,如纺织业、机器制造业、食品加工业等,而纺织业又可分为棉织业、针织业、丝织业等。厂商与行业是成员与集体的关系,在经济分析中必须区分厂商与行业。行业与市场这两个概念也要弄清楚,行业是生产或供给方面的概念,而市场则包括供求双方。

二、市场需求曲线

市场的均衡价格和均衡数量取决于市场的需求曲线和供给曲线。消费者追求效用最大化的行为决定了市场的需求曲线,厂商追求利润最大化的行为决定了市场的供给曲线。

第三章讨论了单个消费者对某种商品的需求曲线,本章将在此基础上进一步推导市场需求曲线。

一种商品的市场需求是指在一定时期内在各种不同的价格下市场中所有消费者对该种商品的需求数量。因而,一种商品的市场需求不仅依赖于每一个消费者的需求函数,还依赖于该市场中所有消费者的数目。

回忆:单个消费者对某种商品的需求函数。

假定在某一商品市场上有 n 个消费者,他们都具有不同的个人需求函数 $Q_d = f_i(P)$ ($i=1,2,\cdots,n$),则该商品市场的需求函数如下:

$$Q_d = \sum_{i=1}^{n} f_i(P) = F(P) \tag{5-1}$$

可见,一种商品的市场需求量是每一个价格水平上该商品所有个人需求量的加总。

只要有了某商品市场的每个消费者的需求表或需求曲线,就可以通过相加汇总的方法,得到该商品市场的需求表或需求曲线。因此,市场需求曲线与单个消费者的需求曲线一样也是向右下方倾斜的。

从单个消费者的需求表到市场需求表见表 5-2。

表 5-2　从单个消费者的需求表到市场需求表

商品价格(1)	消费者 A 的需求量(2)	消费者 B 的需求量(3)	市场需求量(2)+(3)
0	20	30	50
1	16	24	40
2	12	18	30
3	8	12	20
4	4	6	10
5	0	0	0

由于市场需求曲线是单个消费者的需求曲线的水平加总,所以,如同单个消费者的需求曲线一样,市场需求曲线一般也是向右下方倾斜的。市场需求曲线表示某商品市场在一定时期内在各种不同的价格水平上所有消费者愿意而且能够购买该商品的数量。

市场需求曲线上的每个点都表示在相应的价格水平上可以给消费者带来最大的效用水平或满足程度的市场需求量。

第二节　完全竞争厂商

一、完全竞争市场的条件

个案研究 5-1

农村春联市场:完全竞争的缩影

贴春联是中国民间的一大传统,春节临近,春联市场红红火火,而在农村,此种风味更浓。在某春联市场中,需求者有 5000 多农户,供给者为 70 多家零售商,市场中存在许多买者和卖者;供应商的进货渠道大致相同,且产品的差异性很小,产品具有高度同质性(春联所用纸张、制作工艺相同,区别仅在于春联所书写内容的不同);供给者进入退出没有限制;农民购买春联时的习惯是逐个询价,最终决定购买,信息充分;供应商的零售价格水平相近,提价基本上销售量为零,降价会引起利润损失。原来,我国有着丰富文化内涵的春联,其销售市场结构竟是一个高度近似的完全竞争市场。

春联市场是一个特殊的市场,时间性很强,仅在年前存在 10 天左右,供应商只有一次批发购进货物的机会。供应商对于该年购入货物的数量主要基于上年销售量和对新进入者的预期分析。如果供应商总体预期正确,则该春联市场总体商品供应量与需求量大致相同,则价格相对稳定。一旦出现供应商总体预期偏差,价格机制就会发挥巨大的作用,将会出现暴利或者亏损。

完全竞争市场又称为纯粹竞争市场,是指不包含任何垄断因素且不受任何阻碍和干扰的市场结构。它有以下 4 个特征,缺少其中任何一个,就不是完全竞争市场。

(1)市场上有大量的买者和卖者,从而单个厂商的价格既定。由于市场上有无数相互独立的买者和卖者,他们购买和出售的产量只占市场总额中极小的一部分,因而任何一个厂商或家庭只能按照既定的市场均衡价格销售和购买他们愿意买卖的任何数量,而不致对价格产生明显的影响。市场价格只能由全体买者的需求总量和全体卖者的供给总量共同决定,每一个厂商或消费者只是市场价格的接受者,而不是价格的制定者,竞争地位平等。

(2)市场上每一个厂商提供的商品都是完全同质的,不存在产品差别。所有厂商提供标准化产品,它们不仅在原料、加工、包装、服务等方面一样,完全可以相互替代,而且对买者来说,根本不在乎是哪家厂商的产品。如果一个厂商稍微提高其产品价格,所有的顾客将会转而购买其他厂商的产品。

(3)所有的资源具有完全的流动性。完全竞争的市场要求所有的资源都能在行业之间自由流动,该行业的工厂规模和厂商数目在长期内可以任意变动,不存在任何法律的、社会的或资金的障碍,以阻止厂商进入或退出该行业。这样,任何一种资源都可以及时投向能获得最大利润的生产,缺乏效率的企业将被市场淘汰。

(4)市场信息是完全的、畅通的。所有买者和卖者都具有充分的知识,并完全掌握与自己经济决策有关的一切信息。因而不会有任何人以高于市场的价格进行购买,以低于市场的价格进行销售。排除了一个市场按照不同的价格进行交易的情况。

以上 4 个假设极为苛刻,尤其是第四条。现实中并不存在完全符合这些假设的市场,比较接近的是农产品市场,比如我国的大米市场,有上亿农户在生产,有数亿家庭在消费,某一个或某几个生产者或消费者不可能影响价格,无论是东北大米,还是西北大米,其不同之处要比奔驰汽车和桑塔纳汽车的差别小得多,因而价格也不会相差得像后者那样大。

市场价格会随着很多因素的改变而变化,比如气候的变化或大部分农户对市场预期的变化会影响农业产量,从而影响粮食价格。对于农户和消费者来说,当粮食价格发生变化时,只能接受变化了的价格。也就是说,如果你是完全竞争市场中的个体,市场会影响你的行为,而作为个体的你是不可能影响市场的。

为了分析的方便,有必要对行业进行界定。微观经济学里的行业是指互相竞争的,生产无差别产品的所有厂商构成的集合,与人们理解的一般意义上的行业稍有区别。

就个案研究 5-1 中所提到农村春联市场来看,春联产品的同质性、厂商进入与退出市场没有障碍、买卖双方的数量很多以及市场信息很充分,说明春联市场接近于一个完全竞争的市场。这种竞争的充分性主要来源于产品的同质性即产品之间的完全替代,而厂商有无数个因此可以保证单个厂商不能控制产品的价格。在模型中要求参与者数量是无数个,他们的经济行为对价格没有影响。在现实中,尽管厂商和消费者的数量很大,但总是有限的,也就不能满足个体行为对价格没有影响的条件。从信息的充分性与对称性来看,忽略了获取信息是有成本的,人们对信息的搜寻与获取也是建立在成本与收益的比较之上的。在现实中人们往往根据经验来做出产品相关性质的判断,所以在一些外观形状、颜色等较容易判断的低级产品上容易产生接近于完全竞争性质的市场,而在一些个体化的、对产品和服务需要更多信息的高级产品以及需要相关制度来保证交易的顺利进行的产品和劳务就不太容易形成接近于完全竞争性质的市场。

个案研究 5-2

为什么很多餐厅都为饮料提供免费续杯

已故的乔治·伯恩斯曾讲过一位企业主的趣事。此人说,他每卖一样东西都亏不少钱,全靠销量大才能赚回来。当然,真靠这种做法,什么企业都难以维持。所以,饮料免费续杯的常见做法就成了一个谜。餐馆怎么可能提供这种服务又不亏本呢?

大多数企业都要卖不少货物。要想维持经营,企业用不着对每一件货品都索取高于其成本的费用。相反,它只需要使总收入等于或超过所卖货品的总成本即可。所以,要是主菜、甜点和其他物品已经包含了足够的利润率,餐馆当然可以提供免费续杯服务,同时又不亏本。

但为什么餐馆会想要提供免费续杯服务呢?从餐馆的角度来看,这种做法的存在与完全竞争的逻辑相矛盾。该逻辑认为,顾客会支付自己购买的任何额外商品或服务的全部成本,但竞争其实并不充分。

和很多其他行业一样,在餐馆业,随着就餐顾客人数的增长,为顾客提供服务的平均成本会下降。也就是说,餐馆提供膳食的平均成本,比一顿膳食的边际成本要低。由于餐馆为每顿膳食收取的费用,必须高于该顿膳食的边际成本,那么,只要能吸引到额外的顾客,餐馆的利润就可增加。

假设最初的情况是所有的餐馆都不提供免费续杯服务,但突然有一家餐馆开始这么做,情况会怎么样呢?在该餐馆享受到了免费续杯服务的就餐者,会觉得做了一笔划算的交易。随着口碑流传开来,该餐馆很快会发现,自己的顾客比从前多了。虽然续杯服务会增加一定的成本,但这部分成本相当低。

要使这一做法获得成功,餐馆在多卖出的膳食上所获取的利润,必须超过免费续杯的成本。而由于餐馆在多卖出的膳食上的利润极可能超过它为免费续杯所承担的成本,餐馆的整体利润就会出现增长。

看到该餐馆在免费续杯服务上获得成功,竞争餐馆肯定会争相效仿。随着这么做的餐馆越来越多,第一家餐馆就餐者的增幅会逐渐变小。如果所有的餐馆都开始提供这一服务,每一家餐馆的业务量就跟它们都不提供免费续杯服务时差不多了。又因为餐馆业的利润率一般都很薄,对不少餐馆来说,免费续杯似乎预示着亏损。

倘若上述过程中,每顿膳食的价格一直保持不变,的确会造成损失。可由于有了免费续杯服务,就餐者在就餐过程中,获得了比从前更多的净利,因为他们现在一文不花,就获得了从前要几美元才能买到的续杯服务。就餐者在就餐过程中得利更多的事实,促使餐馆提高了膳食的价格。等一切尘埃落定,膳食的价格应当会大致提高到足以涵盖免费续杯成本的程度。

另一个需要考虑的因素是,一杯成本很低的散装的冰茶、软性饮料加苏打水一类,餐馆一般要收2美元。要想喝够本,一个人得添上无数次杯才行。如果有10%的客人因为免费续杯的缘故点了饮料,几乎可以肯定,餐馆是稳赚的。这一推理暗示,提供罐装软性饮料和冰茶的餐馆,提供免费续杯的可能性很低,事实上也正是如此。例外又一次从反面印证了规律。

二、完全竞争厂商的需求曲线与收益曲线

(一) 完全竞争厂商的需求曲线

处于完全竞争中的单个厂商是市场价格的接受者,它在给定的市场价格下能出售任何数量的产品,或者说,它出售任何数量的产品不会影响市场价格,因此,完全竞争厂商的需求曲线就是一条由既定市场价格出发的与横轴平行的水平线,如图 5-1(a)所示。

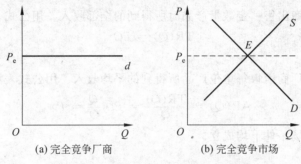

图 5-1 完全竞争厂商的需求曲线

如图 5-1(b)所示,市场的需求曲线和供给曲线决定了市场的均衡价格 P_e,在这一价格下,单个厂商可以卖出它能够生产的任何产品数量,因此厂商所面对的市场对它的需求曲线是图 5-1(a)中与 E 点相对应的直线 d。直线 d 是水平的,意味着厂商只能被动接受市场价格,而且既然在该价格下,他可以卖出任何他所能够出售的数量,他也就没有必要以低于 P_e 的价格出售产品。

在完全竞争市场中,单个消费者和单个厂商无力影响市场价格,他们中的每一个人都是被动地接受既定的市场价格,但这些并不意味着完全竞争市场的价格是固定不变的。当某些原因(比如干旱使全球粮食减产)导致供给曲线左移,就会形成新的均衡价格。这时就会得到一条由新的均衡价格水平出发的水平线,如图 5-2 所示。

在图 5-2 中,开始时的供给曲线为 S_1,市场的均衡价格为 P_1,相应的厂商的需求曲线是由价格水平 P_1 出发的一条水平线 d_1。当供给曲线的位置由 S_1 移至 S_2 时,市场均衡价格上升为 P_2,于是相应的厂商的需求曲线是由新的价格水平 P_2 出发的另一条水平线 d_2。不难看出,厂商的需求曲线可以出自各个不同的给定的市场均衡价格水平,但它们总是呈水平线的形状。

(二) 完全竞争厂商的厂商收益

厂商收益就是厂商销售其产品所取得的全部收入,而不是所赚取的钱。厂商的收益

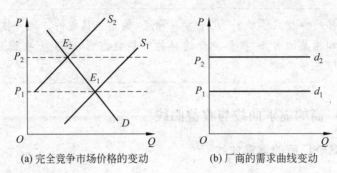

(a) 完全竞争市场价格的变动　　(b) 厂商的需求曲线变动

图 5-2　完全竞争市场价格的变动和厂商的需求曲线变动

分为总收益、平均收益和边际收益,英文缩写分别为 TR、AR 和 MR。

1. 总收益

总收益是指厂商出售一定数量产品时所得到的全部收入。用公式表示如下:

$$\mathrm{TR}(Q) = PQ \tag{5-2}$$

2. 平均收益

平均收益是指厂商销售每单位产品所得到的平均收入。用公式表示如下:

$$\mathrm{AR}(Q) = \frac{\mathrm{TR}(Q)}{Q} = P \cdot \frac{Q}{Q} = P \tag{5-3}$$

该式在任何市场条件下均成立。

3. 边际收益

边际收益是指厂商每增加一单位产品销售所引起的总收益的变动量。用公式表示如下:

$$\mathrm{MR}(Q) = \mathrm{MR} = \frac{\mathrm{dTR}}{\mathrm{d}Q} = (PQ)' = P \tag{5-4}$$

(三) 完全竞争厂商的收益曲线

厂商的收益取决于市场上对其产品的需求状况,或者说,厂商的收益取决于厂商的需求曲线的特征。在不同的市场类型中,厂商的需求曲线具有不同的特征。

1. 完全竞争厂商的收益特点

假定厂商的销售量等于厂商所面临的需求量,在每一销售量上,厂商的销售价格是固定不变的,于是,必然会有 AR=MR=P。随着销售量的增加,由于产品价格保持不变,所以,总收益 TR 是以不变的速率上升的。

2. 完全竞争厂商的收益曲线的特征

完全竞争厂商的平均收益 AR 曲线、边际收益 MR 曲线和需求曲线 d 三条线重叠,都是由既定价格水平出发的水平线,即 AR=MR=P,如图 5-3 所示。

注意:AR=P 在任何市场条件下均成立,但是 AR=MR=P 只有在完全竞争的市场中才能成立。因为只有在完全竞争市场上,厂商才是价格的接受者,其产品的价格才是常数,因此厂商每销售一单位产品所获得的边际收益才等于价格。

在每一个销售量水平,MR 值是 TR 曲线的斜率,在完全竞争市场 MR 值等于固定不变的价格水平 P,因此,完全竞争厂商的总收益 TR 曲线是一条由原点出发的斜率不变的

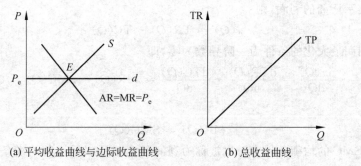

(a) 平均收益曲线与边际收益曲线　　　　(b) 总收益曲线

图 5-3　完全竞争厂商的收益曲线

直线,且向右上方倾斜。

三、完全竞争厂商的短期均衡与供给曲线

（一）厂商实现利润最大化的均衡条件

图 5-4 是某完全竞争厂商的一条短期生产的边际成本 SMC 曲线和一条由既定价格水平 P_e 出发的水平的需求曲线 d,这两条线相交于 E 点。E 点即是完全竞争厂商实现最大利润的生产均衡点,相应的产量 Q^* 是厂商实现最大利润时的均衡产量。

当产量小于 Q^*,如 Q_1 时,厂商的边际收益大于边际成本,即有 MR>SMC。这表明厂商增加一单位产量所带来总收益的增加量大于所付出的总成本的增加量,也就是说,厂商增加产量是有利可图的,可以增加利润。因此,只要 MR>SMC,厂商就会增加产量。

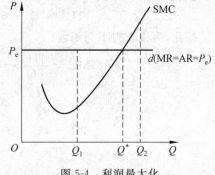

图 5-4　利润最大化

随着产量的增加,厂商的边际收益 MR 保持不变而厂商的边际成本 SMC 逐步增加,当MR=SMC 时,厂商得到了扩大产量所带来的全部好处,获得了他所能得到的最大利润。此时的产量为 Q^*。

当 MR<SMC,如 Q_2 时,厂商的边际收益小于边际成本,这表明厂商增加一单位产量所带来的总收益的增加量小于其所付出的总成本的增加量,也就是说,厂商增加产量是不利的,会亏损。因此,只要 MR<SMC,厂商就会减少产量。

随着产量的减少,厂商的边际收益仍保持不变,而厂商的边际成本 SMC 逐步下降,最后会逐步变成 MR=SMC,厂商获得最大利润。

不管是增加产量,还是减少产量,厂商都是在寻找能够带来最大利润的均衡产量,而这个均衡产量就是使得 MR=SMC 的产量。只有在 MR=SMC 时,厂商既不扩大,也不缩小产量,而是维持产量,表明该赚的利润都赚到了,即实现生产者利润最大化。所以,边际收益 MR 等于边际成本 SMC 是厂商实现利润最大化的均衡条件。

用数学方法证明如下。

用 π 表示厂商的利润,则

$$\pi(Q) = TR(Q) - TC(Q) \tag{5-5}$$

满足利润最大化的条件为一阶导数为零,即

$$\frac{d\pi(Q)}{dQ} = \frac{dTR(Q)}{dQ} - \frac{dTC(Q)}{dQ} = MR(Q) - SMC(Q) = 0 \tag{5-6}$$

得

$$MR(Q) = SMC(Q) \tag{5-7}$$

MR=SMC 的均衡条件有时也被称为利润最大或亏损最小的均衡条件,能保证厂商处于由既定的成本状况(由给定的成本曲线表示)和既定的收益状况(由给定的收益曲线表示)所决定的最好的境况中。

(二)完全竞争厂商的短期均衡

厂商均衡是指当厂商的生产水平保持不变,既不扩大也不缩小时,厂商处于均衡状态。

在完全竞争厂商的短期生产中,市场的价格是给定的,而且生产中的不变要素的投入量是无法变动的,即生产规模也是给定的。在短期,厂商是在给定的生产规模下,通过对产量的调整来实现 MR=SMC 的利润最大化的均衡条件。

假设某厂商的成本函数和价格如下:

$$TC = 2Q^3 - 5Q^2 + 10Q + 25, \quad P = 66$$

据此,可以求得下列函数:

$$MC = \frac{dTC}{dQ} = 6Q^2 - 10Q + 10$$

$$AC = \frac{TC}{Q} = 2Q^2 - 5Q + 10 + \frac{25}{Q}$$

$$TR = PQ = 66Q$$

$$\pi = TR - TC = -2Q^3 + 5Q^2 + 56Q - 25$$

$$TVC = 2Q^3 - 5Q^2 + 10Q$$

分别求出产量从 0 增加到 6 时的 TC、SMC、AC、TR、π、TVC 等的具体数值,再由 MC=P 的均衡条件,可求得利润最大化时的产量值及最大利润值,见表 5-3。

表 5-3 完全竞争厂商的短期成本、收益与利润

产量 Q	价格 P	固定成本 TFC	变动成本 TVC	总成本 TC	边际成本 SMC	平均成本 AC	总收益 TR	利润 π
0	66	25	0	25			0	-25
1	66	25	7	32	6	32	66	34
2	66	25	16	41	14	20.5	132	91
3	66	25	39	64	34	21	198	134
4	66	25	88	113	66	28.25	264	151
5	66	25	175	200	110	40	330	130
6	66	25	312	337	166	56	396	59

从表 5-3 可以看出，当 $Q=4$ 时，$SMC=MR=P=66$，利润 $\pi=151$ 最大；当 $Q<4$ 时，$SMC<MR$，扩大生产可以增加利润；$Q>4$ 时，$SMC>MR$，随着产量继续增加利润已经开始下降。进一步验证了前述厂商实现利润最大化的均衡条件。

厂商是盈利还是亏损，取决于市场价格与厂商均衡产量时平均成本的对比。短期内，完全竞争市场由供求作用形成的价格，可能高于、等于或低于厂商的平均成本，厂商可能处于盈利、盈亏平衡或亏损等不同状态。

当 $P>AC$ 时，$\pi>0$；

当 $P<AC$ 时，$\pi<0$；

当 $P=AC$ 时，$\pi=0$。

一般来说，完全竞争市场中由供求决定的市场均衡价格是变动的，而厂商在短期内随价格变动而调整平均成本是困难的，因此 AC 与 P 常常不相等，也就是说厂商在短期内既可能有盈余，也可能出现亏损。

(1) 行业供给小于需求，价格水平比较高。

利润最大化原则：$MR=SMC$，E 点为厂商决策点，决定产量 OM 和价格 ON。$TR=OMEN>TC=OMKG$，存在超额利润 $GKEN=OMEN-OMKG$。$P=AR>SAC$，厂商处于盈利状态，如图 5-5 所示。

(2) 行业供给大于需求，价格水平比较低。

利润最大化原则：$MR=SMC$，E 点为厂商决策点，决定产量 OM 和价格 ON。$TR=OMEN<TC=OMKG$，存在亏损 $GKEN=OMKG-OMEN$。$P=AR<SAC$，厂商处于亏损状态，如图 5-6 所示。

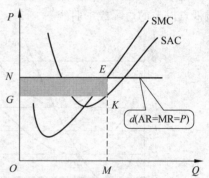

图 5-5　盈利状态的厂商短期均衡

(3) 厂商需求曲线切于 SAC 最低点。

$P=AR=SAC$，厂商的经济利润恰好为零，处于盈亏平衡状态，如图 5-7 所示。

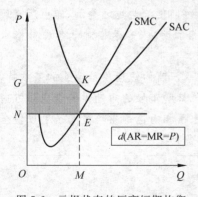

图 5-6　亏损状态的厂商短期均衡

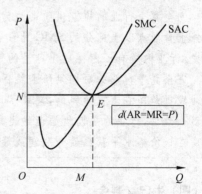

图 5-7　盈亏平衡状态的厂商短期均衡

(三)完全竞争厂商的短期供给曲线

根据完全竞争厂商的短期均衡条件,可以推导出其短期供给曲线。前面曾提到供给曲线的含义,对于任意一个价格水平,厂商愿意并且能够生产和销售的产品数量,就是这一价格水平下的供给量;而供给量与价格水平之间的对应关系就是供给曲线。

根据上述分析,给定任意一个市场均衡价格,只要高于厂商的平均可变成本最低点,厂商就会根据其利润最大化原则,确定一个使自己的边际成本等于市场均衡价格的产量水平,从而可以断定,厂商的决策点总在边际成本曲线上变动。因此,完全竞争厂商的短期供给曲线为该厂商停止营业点以上($P \geqslant \text{AVC}$)的边际成本曲线。

完全竞争厂商短期供给曲线的推导如图5-8所示。当市场均衡价格为P_1时,厂商根据$\text{MR} = \text{SMC}$的利润最大化原则确定的产量水平为Q_1;当市场均衡价格为P_2时,确定的产量水平为Q_2。以此类推,显然,厂商的短期供给曲线就是其平均可变成本曲线AVC最低点以上的边际成本曲线。

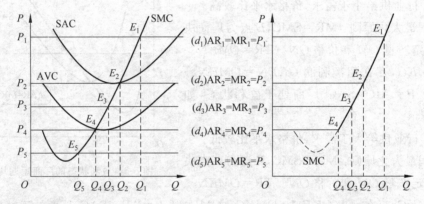

图5-8 由完全竞争厂商的短期边际成本曲线到短期供给曲线

扩展知识 5-1

完全竞争行业的短期供给曲线

完全竞争行业的短期供给曲线为所有厂商的短期供给曲线之叠加,即由所有厂商的停止营业点以上部分的SMC曲线在水平方向相加而成,表示相对于各种价格水平来说,行业内所有厂商将提供产量的总和。

完全竞争行业的短期供给曲线保持了完全竞争厂商的短期供给曲线的基本特征,即曲线也是向右上方倾斜的,它表示市场的产品价格和市场的短期供给量成同方向的变动。而且,行业的短期供给曲线上与每一价格水平相对应的供给量都是可以使全体厂商在该价格水平获得最大利润或最小亏损的最优产量。

(四)生产者剩余

生产者剩余是指厂商在提供一定数量的某种产品时实际接受的总支付和愿意接受的

最小总支付之间的差额。它通常用市场价格线以下、厂商的供给曲线以上的面积来表示。

由于所有边际成本的总和必然等于可变成本的加总,因而,生产者剩余也可由厂商的收入与其可变总成本的差额定义。

> **生产者剩余与消费者剩余**
>
> 两者定义类似,只不过生产者剩余是从厂商供给的角度出发,而消费者剩余则是从消费者消费的角度出发。消费者剩余就是消费者对于某种商品所愿意支付的最大总价格与实际支付的总价格之间的差额。

四、完全竞争厂商的长期均衡

这里的长期,既指厂商可根据市场需求变化而调整生产规模的时期,还指厂商有时间进入或退出行业的时期。就是说,一个行业在长期中可通过两种方式进行调整:一是行业中厂商数量变动;二是原有厂商经营规模变动。

(一) 行业中厂商数量变动

假定某行业有经济利润,就会吸引新厂商进入,于是该行业供给增加,在需求没有变化的情况下,产品价格会下跌,一直跌到经济利润消失时厂商停止进入。反之,若某行业产品价格使厂商经营有亏损,则厂商会退出行业,该行业供给就减少,在需求不变的情况下,产品价格会上升,直到不亏损时厂商停止退出。因此,厂商进入、退出的结果必然是厂商只能获得正常利润而经济利润为零,即产品价格等于平均成本。

(二) 原有厂商经营规模变动

假如厂商扩大规模可降低成本并获得经济利润,厂商就会扩大规模。当所有厂商都这样做时,行业供给就会扩大,在市场需求不变时,产品价格会下降,直到经济利润消失时,厂商变动规模的行动才会停止。这时候,产品价格也等于长期平均成本。厂商收缩规模的情况,同样如此。

可见,在一个完全竞争市场上,长期均衡就是既无经济利润又无亏损的状态。这时,再没有厂商进入或退出该行业,再没有厂商扩大或收缩经营规模。

个案研究 5-3

为什么廉价航班的餐点收费,而豪华酒店上网要收费

过去,所有的航空公司都会提供免费的机内餐点,而现在这么做的只有高价航班了。搭乘廉价航班的旅客,往往要么自带食品登机,要么出钱购买机内盒饭。与此相对,像四季大酒店这种豪华酒店,客房上网一般要收取每天 10 美元甚至更高的费用,而像汉普顿客栈这种廉价酒店,一般却是免费提供此类服务。为什么存在这一差异呢?

在一个完全竞争的市场,"没有免费的午餐"原则认为,选择额外服务的顾客应该支付额外费用。此处的逻辑是这样的:倘若一家公司提供"免费"的额外服务,并试图在基本产品售价中包含此笔费用,那么,竞争卖家就能通过将基本产品降价、对额外服务单独收费的方式,招揽不想使用额外服务的顾客。

当然,现实生活中并不存在完全竞争的市场。但较之豪华航班的座位市场,廉价航班的座位市场更接近完全竞争的市场,前者数量更少,提供的是更为专业化的服务。出于类似的原因,较之豪华宾馆的房间市场,廉价客栈的房间市场更接近完全竞争的市场。

这些观察似乎暗示,廉价客栈和廉价航班更可能会对额外服务单独收费。所以,"没有免费的午餐"原则可以解释为什么廉价航班餐点收费,而豪华航班的基本票价包含餐点费。它也能解释为什么大多数航班过去提供免费餐点。因为整个航空旅行市场从前都属于奢侈市场,直到最近几年才发生了变化。但乍一看,酒店网络服务的定价模式,似乎并不符合"没有免费的午餐"原则。

这里有一个说得过去的解释:这种不同的根源在于两种服务成本结构上的不同。提供餐点服务的成本,大致上随提供的餐点的数量而增长。但提供网络接入服务的成本,大体上却是固定的。一旦酒店安装了无线网络,允许其他客人上网的边际成本基本上为零。

"没有免费的午餐"原则告诉我们,一种商品或服务的市场,竞争越是激烈,其价格就越是接近边际成本。既然廉价客栈的客房市场比豪华酒店的客房市场竞争更为激烈,则可以推断出,廉价客栈的房价包含网络接入费的可能性更大。

廉价客栈或许更愿意额外收取网络接入费,但由于提供接入服务的边际成本为零,肯定会出现一些客栈以提供免费网络接入为宣传由头。对价格敏感的旅客说不定会被这一服务所吸引,从而迫使其他廉价客栈也遵循这一做法。廉价航空公司并没有存在类似的压力要提供免费餐点服务,因为每一顿餐点的边际成本始终是递增的。

豪华酒店收取网络接入费,因为它们的顾客要么是很富裕的,要么是旅行费用可报销的,因此对价格并不敏感。然而,如果有足够的客人开始抱怨这种做法,那么,既然提供网络接入服务的边际成本为零,一部分豪华酒店大概会在房价内包含此项服务。如果出现这种情况,其他豪华酒店很快会迫于压力而竞相效仿。

改编自:弗兰克. 牛奶可乐经济学[M]. 闾佳,译. 北京:中国人民大学出版社,2008.

扩展知识 5-2

完全竞争行业的长期供给曲线

由于长期行业的供给是随着厂商规模和数量的变化而不断变化的,这样就形成了长期的行业供给曲线。在长期,由于行业成本的变化情况不同,因此,可以将行业的长期供给曲线分为3种,即成本递增行业的长期供给曲线、成本递减行业的长期供给曲线和成本不变行业的长期供给曲线。

1. 成本递增行业的长期供给曲线

如果投入于某一行业的生产要素的需求量在整个社会对这种要素的需求量中占很大比重,或者这种投入的要素是专用性的,即只有这种要素才可生产这种产品,没有别的要素可替代,在这些情况下,行业产量扩大,将引起所需生产要素价格的上涨,从而单位产品平均成本将提高。

另外,当行业产量扩大时,即使所需投入生产要素的价格没有什么变化,但发生了外部不经济情况,如运输产品的交通路线更拥挤而引起运输成本上升,也会使产品成本和价格上升。或者即使发生了外部经济,但其影响不及要素价格上升的影响大,也会引起产品平均成本和价格上升。凡此种种,都会形成一条向右上倾斜的行业长期供给曲线。这种产品平均成本随产量增加而上升的行业称为成本递增行业。

2. 成本递减行业的长期供给曲线

在现实生活中,由于存在外部经济和规模经济以及技术进步,有些行业会在增加产量时使产品平均成本下降,这种行业称为成本递减行业。例如,某一行业扩大了生产规模,附近地区会建立起辅助性行业,专门供给生产工具和原材料,还可组织联合运输,使用高效率的机械和人力等,这些都会节省该行业内各企业的生产成本,提高效率。

这种情况就是外部经济。由于存在这些情况,这类行业的长期供给曲线表现为一条自左上向右下倾斜的曲线。如果外部经济效果很大,那么,即使在行业产量增加时投入要素的价格有一定程度上升,也可能出现产品的长期平均成本下降的情况,从而供给曲线仍向右下倾斜。

3. 成本不变行业的长期供给曲线

如果行业产量扩大对生产要素需求增加并不会引起要素价格上涨,或者要素需求增加引起了要素价格上涨,正好被产量扩大时取得的规模经济和外部经济影响所抵消,则产品的平均成本不会随产量扩大而上升,这样的行业就称为成本不变行业,其行业长期供给曲线呈现为一条水平线,其供给的价格弹性为无穷大。

第三节 完全竞争市场述评

一、完全竞争市场的积极作用

(1) 完全竞争市场可以促使微观经济运行保持高效率。完全竞争市场全面排除了任何垄断性质和任何限制,完全依据市场的调节进行运行,因而可以促使微观经济运行保持高效率。因为在完全竞争市场条件下,生产效率低和无效率的生产者会在众多生产者的相互竞争中被迫退出市场,生产效率高的生产者则得以继续存在,同时,又有生产效率更高的生产者随时进入市场参与市场竞争,生产效率更高的生产者则在新一轮的市场竞争中取胜,因而,完全竞争市场可促使生产者充分发挥自己的积极性和主动性,进行高效率的生产。

(2) 完全竞争市场可以促进生产效率的提高。完全竞争市场可以促使生产者以最低成本进行生产,从而提高生产效率。因为在完全竞争市场类型条件下,每个生产者都只能是市场价格的接受者,因而他们要想使自己的利润最大化,就必须以最低的成本进行生产。也即必须按照其产品平均成本处于最低点时的产量进行生产。生产者以最低的生产成本生产出最高产量的产品,这是一种最佳规模的生产,这样的生产没有浪费任何资源和生产能力,因而,这样的生产过程也就是一种促进生产效率和效益不断提高的过程。

(3) 完全竞争市场可以增进社会利益。完全竞争市场中的竞争,在引导生产者追求自己利益的过程中,也有效地促进了社会的利益。这是亚当·斯密的重大发现及著名论断。他认为,市场竞争引导每个生产者都不断地努力追求自己的利益,他们所考虑的并不是社会利益,但是,由于受着"一只看不见的手"的指导,去尽力达到一个并非他本意想要达到的目的。他追求自己的利益,往往使他能比在真正出于本意的情况下更能有效地促进社会的利益。例如,如果每个生产者都努力使其生产的产品价值达到最高程度,其结果必然使社会的年收额有很大的增长,从而也就促进了社会公共利益的增加。

(4) 完全竞争市场可以提高资源的配置效率。在完全竞争市场条件下,资源能不断地自由流向最能满足消费者需要的商品生产部门,在资源的不断流动过程中实现了资源在不同用途间、不同效益间和在生产过程中的不同组合间的有效选择,使资源发挥出更大的效用,从而也就会大大提高资源的配置效率与配置效益。

(5) 完全竞争市场有利于消费者及消费需求满足的最大化。在完全竞争市场条件下,价格趋向等于生产成本。因而,"在许多情况下,它可以形成对消费者来说最低的价格",而且完全竞争市场条件下的利润比其他非完全竞争市场条件下的利润要小,所以"在纯粹竞争的情况下,获利最大的是消费者"。同时,完全竞争市场还"可以使消费需求的满足趋向最大化"。

完全竞争市场简评

(1) 完全竞争市场的优点:完全竞争市场最理想;资源得到最优配置。
① 供给与需求相等,不会有生产不足或过剩,需求得到满足。
② 长期均衡时,平均成本最低,要素作用最有效。
③ 平均成本最低决定了产品价格最低,对消费者有利。
(2) 完全竞争市场的缺点。
① 厂商平均成本最低不一定是社会成本最低。
② 产品无差别,消费者多种需求无法得到满足。
③ 生产者规模可能都很小,无力去实现重大科技突破。
④ 实际中完全竞争很少,且竞争一般必然引起垄断。

二、研究完全竞争市场的意义

尽管完全竞争市场在现实经济生活中几乎是不存在的,但是,研究完全竞争市场类型仍有其积极的意义。分析研究完全竞争市场形式,有利于建立完全竞争市场类型的一般理论,当人们熟练掌握了完全竞争市场类型的理论及其特征以后,就可以用其指导自己的市场决策。

例如，生产者可以在出现类似情况时（如作为价格的接受者时等）做出正确的产量和价格决策。更重要的是分析研究完全竞争市场类型理论可以为我们分析研究其他市场类型提供借鉴。例如，在对有关垄断市场、垄断竞争市场和寡头垄断市场中竞争与效率问题进行比较研究的过程中，完全竞争市场类型理论可以作为一个衡量标准，起到借鉴作用。

本章小结

在经济学研究中，根据市场上厂商和消费者的数量、行业中厂商各自生产的产品的差异程度、单个厂商对市场价格的控制程度以及厂商进入或退出一个行业的难易程度等将市场结构分为四类，它们是完全竞争市场、垄断竞争市场、寡头垄断市场和完全垄断市场。

在一个完全竞争市场中，有大量的买者和卖者；市场上每一个厂商生产的商品是无差异的；所有的经济资源可以在各厂商之间和行业之间完全自由流动且信息完全。在完全竞争市场上的每一个消费者和每一个生产者都是既定的市场价格的接受者，而且，厂商在长期均衡时经济利润等于零。

在完全竞争市场上，厂商的平均收益曲线、边际收益曲线和厂商的需求曲线三线重叠，都是由既定价格水平出发的水平线，即 $AR=MR=P$。$AR=P$ 在任何市场条件下均成立，但是 $AR=MR=P$ 只有在完全竞争的市场中才能成立。

因为只有在完全竞争市场上，厂商才是价格的接受者，其产品的价格才是常数，因此厂商每销售一单位产品所获得的边际收益才等于价格。

完全竞争厂商实现利润最大化或亏损最小化的均衡条件是：边际收益等于边际成本，即 $MR=SMC$。此原则对于所有不同市场结构条件下的厂商的短期生产和长期生产都是适用的。

在短期，完全竞争厂商是在既定的生产规模下，通过对产量的调整来实现 $MR=SMC$ 的利润最大化原则的。在厂商 $MR=SMC$ 的短期均衡点上，其利润可以大于零，或者小于零，或者等于零。

当厂商亏损时，厂商需要根据平均收益 AR 与平均可变成本 AVC 的比较结果来决定是否继续生产。当 $AR>AVC$ 时，则厂商虽然亏损，但仍继续生产；当 $AR<AVC$ 时，则厂商必须停止生产；当 $AR=AVC$ 时，则厂商处于生产与不生产的临界点等。

完全竞争厂商的短期供给曲线是向右上方倾斜的，表示厂商供给量与商品价格成同方向的变化，厂商在每一价格水平上的供给量都是可以给他带来最大利润或最小亏损的最优产量。

将完全竞争厂商的短期供给曲线水平加总，便可以得到完全竞争行业的短期供给曲线。在完全竞争市场上，行业的短期供给曲线保持了厂商的短期供给曲线的基本特征与性质；完全竞争行业短期供给曲线也是向右倾斜的，它表示整个行业的供给量与商品价格成同方向的变化。

生产者剩余表示生产者提供一定数量的产品时，他所得到的实际总支付与他所愿意接受的最小总支付之间的差额。

本章内容结构

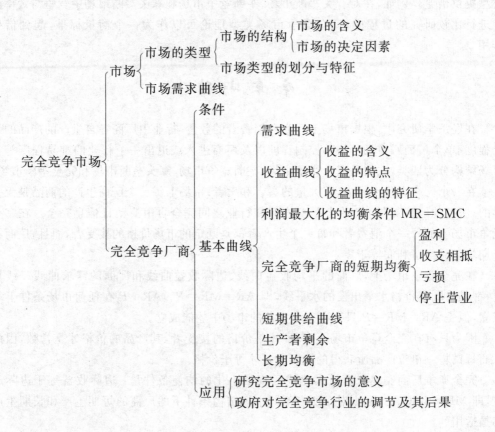

综合练习

一、名词解释

完全竞争市场　　完全竞争厂商　　市场　　市场需求　　生产者剩余

二、单项选择题

1. 在完全竞争市场,厂商短期内继续生产的最低条件(　　)。
   A. AC=AR B. AVC<AR 或 AVC=AR
   C. AVC>AR 或 AVC=AR D. SMC=MR

2. 在完全竞争的条件下,市场价格处于厂商的平均成本的最低点,则厂商将(　　)。
   A. 获得超额利润 B. 不能获得最大利润
   C. 亏损 D. 获得正常利润

3. 在完全竞争市场上,已知某厂商的产量是 500 单位,总收益是 500 元,总成本是 800 元,总不变成本是 200 元,边际成本是 1 元,按照利润最大化原则,他应该(　　)。
   A. 增加产量 B. 停止生产
   C. 减少产量 D. 以上任一个措施都采取

4. 已知产量为 8 个单位时,总成本为 80 元,当产量增加到 9 个单位时,平均成本为 11 元,此时的边际成本为(　　)元。

　　A. 1　　　　　B. 19　　　　　C. 88　　　　　D. 20

5. 随着产量的增加,平均固定成本(　　)。

　　A. 在开始时下降,然后趋于上升　　B. 在开始时上升,然后趋于下降
　　C. 一直趋于上升　　　　　　　　D. 一直趋于下降

三、简答题

1. 完全竞争市场必须具备哪些特征?
2. 为什么完全竞争厂商的短期供给曲线是 SMC 曲线上等于和高于 AVC 曲线最低点的部分?

四、分析讨论题

1. 为什么完全竞争的厂商不愿意为产品做广告而花费任何金钱?
2. 小王的剪草中心是利润最大化的完全竞争性企业。他每剪一块草坪 27 元。他每天的总成本是 280 元,其中 30 元是固定成本。他一天剪 10 块草坪。你对他的短期停止营业决策和长期退出决策有什么建议?

五、计算题

1. 如果完全竞争市场的需求函数为 $Q=50000-2000P$,供给函数为 $Q=40000+3000P$。求:

　(1) 市场均衡价格和均衡数量。
　(2) 厂商的需求函数。

2. 完全竞争行业中某厂商的成本函数为 $TC=Q^3-6Q^2+30Q+40$,成本用人民币计算,假设产品价格为 66 元。

　(1) 计算利润最大化时的产量及利润总额。
　(2) 由于竞争市场供求发生变化,新价格为 30 元,在新价格下,厂商是否会发生亏损? 最小亏损额为多少?
　(3) 厂商在什么情况下会退出该行业(停止生产)?

推荐阅读

[1] 高鸿业. 西方经济学(微观部分)[M]. 6 版. 北京:中国人民大学出版社,2014.
[2] 尹伯成. 西方经济学简明教程[M]. 8 版. 上海:格致出版社,2013:第六章.
[3] 弗兰克. 牛奶可乐经济学 2[M]. 闾佳,译. 北京:中国人民大学出版社,2009.
[4] 威廉 A 迈克易切恩. 微观经济学[M]. 余森杰,译. 北京:机械工业出版社,2011:第八章.
[5] 卜洪运. 微观经济学[M]. 北京:机械工业出版社,2009:第五章.
[6] 朱中彬,等. 微观经济学[M]. 北京:机械工业出版社,2007:第六章.
[7] 范家骧,刘文忻. 微观经济学[M]. 2 版. 大连:东北财经大学出版社,2011:第七章.

不完全竞争市场

【内容提要】

在完全竞争市场中,最主要的假设是厂商作为价格接受者,不能对市场价格有任何影响。在现实生活中,厂商会在不同程度对价格施加影响,这就是不完全竞争市场。不完全竞争市场分为3种类型:垄断市场、寡头市场和垄断竞争市场。通过本章的学习,读者可以掌握3种不完全竞争市场的基本知识并能简单分析实际生活中的一些例子。

【学习目标与重点】

- 了解三类不完全竞争市场组织形式的特点及成因。
- 掌握垄断厂商的定价策略,以及厂商如何受政府管制。
- 懂得各类不完全竞争厂商的均衡分析和效率分析。
- 了解各类寡头垄断模型之间的联系和差异。

【关键术语】

垄断市场　垄断竞争市场　寡头垄断市场　价格歧视　非价格竞争　寡头模型

【引入案例】

亚马逊电子书涉嫌滥用市场支配地位

亚马逊是目前欧盟市场上最大的电子书发行商。欧盟委员会(以下简称欧委会)于2015年6月开始对亚马逊电子书销售业务启动了反垄断调查。欧委会发现在亚马逊和相关出版社签订的协议中的最惠国待遇条款(Most Favored Nation Clause,简称"MFN 条款")会使其他电子书销售商难以与亚马逊展开竞争。根据亚马逊协议中的 MFN 条款,如果出版商和亚马逊的竞争对手签订更优惠的条款时,必须通知亚马逊并且给予亚马逊类似的优惠,以确保亚马逊可以获得和其他竞争者一样优惠的条款。

由于亚马逊是欧盟市场中最大的电子书销售商,因此欧委会担心该 MFN 条款会导致其他竞争者很难与亚马逊竞争,并且会限制购买电子书的消费者选择的空间。如果欧委会的疑虑成立,则亚马逊和出版商签订 MFN 条款的行为违反欧盟竞争法中滥用市场支配地位及限制性商业行为的规定。

2017年1月,亚马逊向欧委会委递交和解承诺。亚马逊承诺:①不再强迫出版商遵守 MFN 条款相关规定;②允许出版商终止有折扣池条款(Discount Pool Provision)的合同;③不再将 MFN 条款相关规定以及折扣池条款放入新的电子书协议中。亚马逊上述的承诺将适用于5年内欧盟区的电子书协议。社会公众以及亚马逊的竞争者可以在2017年2月24日之前对亚马逊的承诺提出建议。

亚马逊电子书案中,欧委会主要关注的竞争问题在于亚马逊通过MFN条款要求出版商:①提供给竞争者更优惠条件时必须通知亚马逊;②必须给予亚马逊相同或更优惠的条件。

欧委会初步调查的重心主要放在亚马逊是否通过上述MFN条款滥用其市场支配地位和从事限制性商业行为。欧委会担心MFN条款会增加其他电子书销售商通过创新产品和服务与亚马逊进行竞争的难度,进而限制消费者的选择权利。

MFN条款一般指的是交易一方承诺给予另一方不差于其他竞争者的最优惠条件或价格。MFN条款既有促进竞争、增进消费者福利的方面,也有阻碍竞争、减少消费者福利的方面。

MFN条款促进竞争的方面,包括以下4个方面:①MFN条款使供应商的折扣普遍适用,压低价格惠及消费者;②趋同的售价降低了消费者的搜索成本;③激励各竞争者展开有特色的、非价格的竞争;④减少投机者搭便车,通过降低售价来抢占市场。

MFN条款也有可能造成限制竞争的效果,主要包括以下3点:①MFN条款强化了大企业的议价能力与定价能力,导致小企业难以和大企业竞争;②MFN条款会压缩供应商的利润空间,从而减少供应商提供折扣的动力;③考虑到对有MFN条款的签订方都要给予最优惠的价格,造成供应商可能不敢或不愿向其他竞争者降低价格,则将导致价格凝固,甚至会有签订MFN条款双方共谋、协议提高价格等情形。

MFN条款是否造成限制竞争或促进竞争的效果需进一步对案件事实进行分析并适用合理分析原则(Rule of Reason)。分析MFN条款潜在竞争影响的主要因素包括:①MFN条款涉及的产品和市场;②MFN条款是买方要求还是卖方要求的;③MFN条款的类型和签订的动机;④MFN条款订立是否为该行业的惯常形式等。同时,适用合理原则分析时还应考虑要求签订MFN条款方是否占有较大的市场份额。一般认为,MFN条款通常情况下并不会造成限制竞争的影响,只有在买方或卖方有能力影响产品价格时才会造成限制竞争的效果。本案中亚马逊电子书经销业务在欧盟拥有最大的市场份额,符合上述限制竞争判断的标准。

资料来源:顾正平,吴桂慈,向文磊.亚马逊电子书涉嫌滥用市场支配地位案——兼评最惠国待遇条款的竞争分析[EB/OL]. https://sanwen8.cn/p/8db0HKz.html.

思考题:

什么是垄断?为什么欧委会会对亚马逊电子书销售业务启动反垄断调查?垄断有哪些危害?

第一节 垄断市场

垄断厂商的行为与第五章完全竞争市场中厂商的行为全然不同。竞争性厂商只是价格接受者,而垄断厂商则是价格制定者。

一、垄断市场的条件及成因

垄断市场也称完全垄断市场,是指整个行业中只有唯一的一个厂商提供市场全部供给的市场结构。具体地说,垄断市场具有以下条件与特征。

(1) 本行业中只有单个生产者面对众多的消费者。

(2) 本行业存在进入障碍,使得其他厂商难以进入,即缺乏潜在的进入者。

(3) 垄断厂商提供的产品不存在任何相近的替代品,因此,不会受到任何竞争的威胁,如电厂在照明能源上具有垄断地位,因为蜡烛或煤油灯虽然是电灯的替代品,但不是相近的替代品。

(4) 垄断厂商是价格的制定者,它可以自行决定其产量和销售价格,以期使自己利润最大化。

(5) 垄断厂商可以根据获取利润的需要在不同销售条件下实行不同的价格,即实行差别定价。

垄断市场的存在,主要是由于其他厂商认为这个市场是无利可图的或者无法进入这个市场。归纳起来,形成垄断的原因主要有以下4个方面。

(1) 对特种资源的控制。某一企业可能控制着某些稀缺资源,使其他企业无法参与,与之竞争,如对于全世界的动物园来说,中国是熊猫的垄断提供者,华盛顿的美国国家动物园每年需要支付100万美元从中国租一对熊猫。

(2) 专利权。一旦某个厂商拥有了生产某种产品或生产某种产品关键技术的专利权,并且不存在可替代的技术,由于专利禁止了其他人生产这种产品或使用这种技术,那么该厂商在一段时期内就会成为垄断者,该商品的市场也就相应地成为垄断市场,如微软垄断了微机操作系统市场。

(3) 市场特许权。垄断还可能因为厂商拥有某种商品或劳务的专卖权而产生,如烟草专卖,城市中独家经营的自来水公司、煤气公司、电力公司等。

(4) 规模经济形成的自然垄断。如果一个行业内,由一家厂商供给时的平均成本低于两家或两家以上厂商同时供给时的平均成本,就会形成由规模经济引起的垄断,一般称为"自然垄断",如自来水、煤气、电力供应和污水处理等行业都存在明显的规模经济性,很容易形成自然垄断。

如同完全竞争市场一样,垄断市场的假设条件也很严格。在现实生活中,完全垄断市场也几乎是不存在的。

二、垄断市场的需求曲线和收益曲线

(一) 垄断厂商的需求曲线

由于垄断市场上只有一家厂商,因而,市场的需求曲线就是垄断厂商所面临的需求曲线,它是一条向右下方倾斜的曲线。假定厂商的销售量等于市场的需求量,于是,垄断厂商的需求曲线表示:垄断厂商可以用减少销售量的办法来提高市场价格,也可以用增加销售量的办法来压低市场价格。即垄断厂商可以通过改变销售量来控制市场价格,而且,垄断厂商的销售量与市场价格成反方向的变动。

(二) 垄断厂商的收益曲线

垄断厂商所面临的需求状况直接影响厂商的收益。垄断厂商的需求曲线是向右下方倾斜的,其相应的平均收益曲线 AR、边际收益曲线 MR 和总收益曲线 TR 的一般特征如图 6-1 所示。

垄断厂商收益曲线的特征如下。

（1）厂商的平均收益曲线 AR 与市场需求曲线 D 重叠,同时 D 曲线也就是垄断厂商的需求曲线。

（2）边际收益曲线 MR 位于平均收益曲线的下方,且亦呈向右下方倾斜的趋势。

（3）总收益曲线 TR 呈先升后降的形态。

垄断厂商的需求曲线 D 可以是直线形的,也可以是曲线形的。无论厂商的需求曲线是否为线性,以上的 3 个特征都能满足。

当垄断厂商的需求曲线 D 为线性时,MR 曲线也为线性;D 曲线和 MR 曲线在纵轴上的截距相等;MR 曲线在横轴上的截距是 D 曲线在横轴上截距的一半,如图 6-1(a)所示。

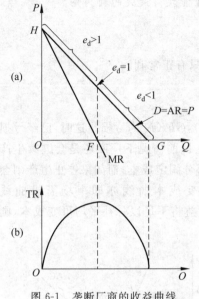

图 6-1 垄断厂商的收益曲线

（三）边际收益、价格和需求的价格弹性

当厂商所面临的需求曲线向右下方倾斜时,厂商的边际收益、价格和需求的价格弹性三者之间的关系为

$$MR = P\left(1 - \frac{1}{e_d}\right)$$

式中：e_d 为需求的价格弹性。

当 $e_d > 1$ 时,MR > 0。此时,TR 曲线斜率为正,表示厂商总收益 TR 随着销售量 Q 的增加而增加。

当 $e_d < 1$ 时,MR < 0。此时情况与 $e_d > 1$ 时相反。

当 $e_d = 1$ 时,MR $= 0$。此时,表示厂商的总收益达到极大值点。

三、垄断厂商的短期均衡

垄断厂商的生产目的与完全竞争厂商是一样的,都是追求利润最大化。因此,垄断厂商的决策依据也是 MR＝SMC 的原则。在短期内,垄断厂商无法改变固定要素投入量,垄断厂商是在既定的生产规模下通过对产量和价格的调整,来实现 MR＝SMC 的利润最大化的原则的。垄断厂商的短期均衡有 3 种情况,分别是盈利、收支相抵和亏损。下面将一一进行分析。

（一）垄断厂商盈利的情形

如图 6-2 所示,总收益为平均收益（价格）与产量的乘积,即 $OMKN$;总成本为平均成本与产量的乘积,即 $OMFG$;总收益＞总成本,$GFKN$ 为超额利润。

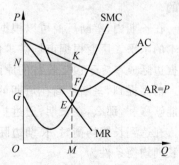

图 6-2 垄断厂商盈利时的短期均衡

课堂讨论：

为什么垄断厂商只有在 MR＝SMC 的均衡点上，才能获得最大的利润呢？

（二）垄断厂商收支相抵的情形

如图 6-3 所示，总收益＝总成本，即 $OMKN$，厂商只有正常利润。

（三）垄断厂商亏损的情形

如图 6-4 所示，总收益($OMKN$)＜总成本($OMFG$)，$GFKN$ 为亏损。这时，已经亏损的厂商是否还会继续生产呢？与完全竞争厂商一样，在目前情况下厂商还是会继续生产的，因为继续生产能够弥补厂商的全部可变成本和一部分固定成本，而如果停止生产则会损失全部固定成本。如果垄断厂商面临的平均可变成本曲线亦即市场需求曲线 $AR=P$ 低于其平均可变成本曲线 AVC，继续生产的收益将不足以弥补平均可变成本，则厂商会停止生产。

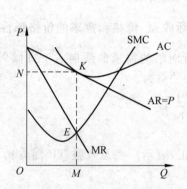
图 6-3　垄断厂商收支相抵时的短期均衡

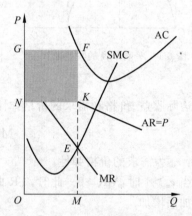
图 6-4　垄断厂商亏损时的短期均衡

四、垄断厂商的长期均衡

垄断厂商在长期内可以调整全部生产要素的投入量即生产规模，从而实现最大的利润。同时，垄断行业排除了其他厂商进入的可能性，垄断厂商在长期内是可以保持利润的。

在长期内，垄断厂商可以根据市场需求水平，调整生产规模，使短期成本降低到长期成本的水平。厂商根据市场需求曲线确定其平均收益曲线 AR 和边际收益曲线 MR，并根据边际成本等于边际收益的原则选择产量水平，并对应市场需求曲线确定所要的价格。

前面提到，垄断厂商在短期可能面临 3 种情况：赢利、收支相抵和亏损。如果短期厂商能够赢利，那么，在长期，通过扩大生产规模，垄断厂商能够获得更多利润。

在达到长期均衡时，长期边际成本等于边际收益，并与短期边际成本相等，垄断厂商的长期均衡条件为

$$MR = LMC = SMC$$

长期平均成本曲线 LAC 与短期边际成本曲线相切。由于不存在直接的竞争对手，垄断者的经济利润可以长期保持。

最后，由于垄断厂商所面临的需求曲线就是市场的需求曲线，垄断厂商的供给量就是全行业的供给量，所以，本节所分析的垄断厂商的短期和长期均衡价格与均衡产量的决定，就是垄断市场的短期和长期的均衡价格与均衡产量的决定。

扩展知识 6-1

垄断厂商的供给曲线

供给曲线表示在每一个价格水平生产者愿意而且能够提供的产品数量。它表示产量和价格之间的一一对应关系。在完全竞争市场下，每一个厂商都是价格的接受者，它们按照给定的市场价格，根据 $P=SMC$ 的均衡条件来确定唯一能够带来最大利润或最小亏损的产量。由于所确定的均衡产量是唯一的，而且，每一个确定的产量也只对应一个给定的价格；因此，产量和价格之间就存在一一对应关系，这样，也就得到了完全竞争厂商的短期供给曲线，并由此可以进一步推出行业的供给曲线。

然而，垄断市场却不一样。垄断厂商作为价格的制定者，可以控制和操纵价格。垄断厂商通过对产量和价格的同时调整来实现 $MR=SMC$ 的原则，而且，P 总是大于 MR 的。随着厂商所面临的向右下方倾斜的需求曲线位置的移动，厂商的价格和产量之间必然不再存在像完全竞争条件下的那种一一对应关系，而是有可能出现一个价格水平对应几个不同的产量水平，或一个产量水平对应几个不同的价格水平的情形。

因此，在垄断市场下，厂商的供给曲线是不存在的。由此可以得到更一般的结论：凡是在或多或少的程度上带有垄断因素的不完全竞争市场中，或者说，凡是在单个厂商对市场价格具有一定的控制力量，因而其需求曲线向右下方倾斜的市场中，是不存在具有规律性的厂商和行业的短期和长期供给曲线的。这一结论同样适用于下面两节将要分析的垄断竞争市场和寡头市场。

五、垄断者的定价原则与策略

完全垄断厂商是市场价格的制定者，垄断者为获得更大利润，会根据市场情况选取不同的定价策略确定市场价格，即差别定价。

差别定价也称价格歧视，是指垄断者在同一时间内对同一成本产品向不同购买者收取不同的价格，或是对不同成本的产品向不同的购买者收取相同的价格。

垄断厂商实行差别定价，必须具备以下的基本条件。

（1）市场的消费者具有不同的偏好，且这些不同的偏好可以被区分开。这样厂商才有可能对不同的消费者或消费群体收取不同的价格。

（2）不同的消费者群体或不同的销售市场是相互隔离的。这样就排除了中间商由低价处买进商品，转手又在高价处出售商品而从中获利的情况。

具体地，价格歧视可分为：一级价格歧视、二级价格歧视、三级价格歧视。这三种价格歧视产生的条件不同，影响也不同，其中三级价格歧视最为普遍。

(一) 一级价格歧视

一级价格歧视是指垄断厂商能够对不同支付意愿的每个消费者(或每单位商品)分别收取不同的价格,又被称为完全价格歧视。此时,垄断厂商就不必担心由于向低支付意愿消费者出售商品而减少较高支付意愿消费者支付的价格。

这样的话,垄断厂商就会不断提供产品,对每一单位产品索取可以得到的最大价格,直到消费者对最后一单位产品的支付意愿等于生产的边际成本为止。这也正好是社会最优的产量。

垄断厂商实行完全价格歧视时,每一产量都将按市场支付意愿来收取价格。一级价格歧视的厂商将所有消费者剩余榨光,转化为生产者的垄断利润。

完全价格歧视在现实中很少,因为这需要垄断的生产者对不同消费者的支付意愿了解得一清二楚。

(二) 二级价格歧视

二级价格歧视又称为成批定价、分段定价或数量折扣,是指垄断厂商对某一特定的消费者,按其购买商品数量的不同制定不同的价格,以此获利的一种方法。如根据产品销量定价,对成批购买者实行优惠。在二级价格歧视下,垄断厂商剥夺了部分消费者剩余。

如图6-5所示,AB为某电力公司面临的市场需求曲线。为了鼓励家庭多用电,当用电量为Q_1时,每千瓦价格为P_1;用电量为Q_2时,每千瓦价格为P_2;用电量为Q_3时,每千瓦价格为P_3。

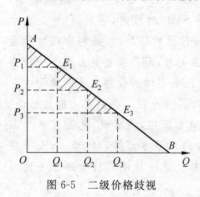

图6-5 二级价格歧视

实行这样的价格歧视之后,电力公司的总收益显然超过全部按照P_3收费的总收益。如果不存在价格歧视,全部按照P_3的价格收费,消费者剩余为图6-5中三角形P_3AE_3的面积,而如果实行二级价格歧视,则垄断厂商即电力公司的总收益的增加量刚好是消费者剩余的损失量,消费者剩余减少为图6-5中的阴影面积。

由此可见,实行二级价格歧视的垄断厂商利润会增加,部分消费者剩余转化为垄断利润。此外,垄断厂商有可能达到或接近$P=MC$的有效率的资源配置产量。

(三) 三级价格歧视

三级价格歧视是指垄断厂商把不同类型的购买者分割开来,形成各子市场;然后把总销量分配到各子市场出售,根据各子市场的需求价格弹性分别制定不同的销售价格。三级价格歧视在现实经济生活中最为普遍。

例如,对同一种产品,在富人区的价格高于在贫民区的价格;同样的学术刊物,图书馆购买的价格高于学生购买的价格;对于同一种商品,国内市场和国外市场的价格不一样;同一班飞机上的头等舱、公务舱和经济舱的机票价格就不一样;等等。下面将具体分析三级价格歧视的做法。

假设垄断厂商拥有两个独立的市场(且只拥有这两个市场),这两个市场上的消费者需求不同。那么,厂商如何决定两个市场上的销售量和价格呢?

首先,厂商应该根据 $MR_1 = MR_2 = SMC$ 的原则来确定产量和价格。其中,MR_1 和 MR_2 分别表示两个市场的边际收益,SMC 表示产品的边际成本。原因在于:①就不同的市场而言,厂商应该使各个市场的边际收益相等。只要市场之间的收益不相等,厂商就可以通过不同市场之间的销售量的调整,把产品从边际收益较低的市场转移到边际收益较高的市场出售,以实现利润最大化。②厂商应该使生产的边际成本 SMC 等于各市场相等的边际收益。只要两者不等,厂商就可以通过增加或减少产量来获得更大的收益,直至实现 $MR_1 = MR_2 = SMC$ 的条件。

三级价格歧视要求厂商在需求价格弹性小的市场上制定较高的产品价格,在需求价格弹性大的市场上制定较低的产品价格。如果两个市场具有相同的需求弹性,则垄断厂商就不可能实现价格歧视。

个案研究 6-1

麦当劳的价格歧视

麦当劳一直采取向消费者发放折扣券的促销策略。他们对来麦当劳就餐顾客发放麦当劳产品的宣传品,并在宣传品上印制折扣券。为什么麦当劳不直接将产品的价格降低呢?回答是折扣券使麦当劳公司实行了三级差别价格。

麦当劳公司知道并不是所有的顾客都愿意花时间将折扣券剪下来保存,并在下次就餐时带来。此外,剪折扣券意愿和顾客对物品支付意愿与他们对价格的敏感度相关。富裕而繁忙的高收入阶层到麦当劳用餐弹性低,对折扣券的价格优惠不敏感,不可能花时间剪下折扣券并保存,随时带在身上,以备下次就餐时用;而且对折扣券所省下的钱也不在乎。

但低收入的家庭到麦当劳用餐弹性高,他们更可能剪下折扣券,因为他们的支付意愿低,对折扣券的价格优惠比较敏感。麦当劳通过只对这些剪下折扣券的顾客收取较低价格,吸引了一部分低收入家庭到麦当劳用餐,成功地实行了价格歧视,并从中多赚了钱。如果直接将产品价格降低,那些从不带折扣券的高收入阶层的消费而多得的收入就会流失。

课堂讨论:
面包房通常会在下午5点以后让顾客享受八折优惠,为什么?

扩展知识 6-2

两 部 收 费

两部收费又称双重收费。垄断厂商要求消费者先付费以获得商品的购买权,然后再要求为每一单位该商品支付额外的费用。

两部收费不完全等同于价格歧视,目的是攫取消费者剩余。

垄断厂商面临如何确定进入费(用 T 表示)和使用费(用 P 表示)的问题。进入费 T 为固定价,与消费量无关;而使用费 P 是不固定的,它与消费量的变化有关。

如出租车的起步价和所走路程的价格,手机的月租费和话费等。

扩展知识 6-3

捆 绑 销 售

捆绑销售:指厂商要求客户购买其某种产品的同时,也必须购买其另一种产品。在顾客偏好存在差异而厂商又无法实施价格歧视的条件下,使用这一决策,可以增加厂商的利润。

捆绑销售一般适用于需求负相关。如果客户对两种产品的需求是正相关的,则捆绑销售不会给厂商带来额外的收益。

个案研究 6-2

搭售:套餐和点菜——餐馆的定价问题

许多餐馆既出售套餐又可以点菜。为什么?大多数去餐馆吃饭的顾客大约都知道他们自己愿意为一餐付多少(并据此选择餐馆)。可是,进餐馆的顾客有不同的偏好。例如,有些顾客对餐前开胃酒很看重,但很不在乎餐后甜点;有些顾客有恰恰相反的偏好——他们不重视开胃酒,但甜点却是必需的;还有些顾客对开胃酒和甜点都有适度的评价。

什么样的定价策略可让餐馆尽可能多地从这些有差异的消费者那里攫取消费者剩余呢?回答当然是混合搭售。

对一个餐馆来说,搭售意味着既供应套餐(开胃酒、主菜、甜点一整套),也可以点菜(顾客分开买开胃酒、主菜和甜点)。这使得它可以通过菜单的定价从那些对某些菜点比对其他菜点偏爱得多的顾客那里攫取消费者剩余。与此同时,套餐则留住了对开胃酒和甜点都有适度评价的顾客。

例如,若餐馆希望吸引一餐愿花 20 元左右的顾客,它可给开胃酒定价为 5 元左右,给典型的主菜定价为 15 元左右,而甜点是 4 元左右。它也可以提供一种套餐,包括开胃酒、主菜和甜点,定价 20 元。那么,喜欢甜点而不在意开胃菜的顾客将会花 18 元点主菜和甜点(而餐馆可以省下准备开胃酒的成本)。与此同时,另一位对开胃酒和甜点都有适度评价(如 3 元或 3.5 元)的顾客就会买套餐。

成功的餐馆了解其顾客的需求特征,并利用这种知识来设计定价策略,以尽可能多地攫取消费者剩余。

六、政府对垄断行业的调节

政府对垄断的调节措施如下。

（一）立法

反托拉斯法为美国政府打击垄断提供了法律依据。美国政府可以根据反托拉斯法来阻止导致市场垄断的企业合并或收购行为，也可以对垄断企业进行拆分。目前，美国司法部对微软的反托拉斯诉讼使微软公司放弃了对一家主要的软件竞争者的收购。

历史上，美国政府对 AT&T（美国电话电报公司）的拆分也是政府成功运用反托拉斯法的一个著名案例，在这个占有 96% 的长途电话市场份额和 80% 以上本地电话市场份额的电信巨头被拆分为 8 个公司之后，美国的电话设备、服务质量以及价格都有了革命性的变化。

中国的垄断行业多由国有企业占据。近年来，中国政府推动的电信拆分、电力改革、民航重组等改革措施无不以打破行业垄断为目标。2008 年中国的《反垄断法》开始实施。在引入案例中，商务部裁定禁止可口可乐收购汇源果汁案，就是我国《反垄断法》实施以来首例未通过审查的案例。

（二）管制

对自然垄断造成的低效率需要由政府的管制来加以改进。由于垄断的低效率由产量偏低导致，因此通过政府管制让垄断厂商按边际成本等于市场的边际支付意愿（由需求曲线表示）来决定产量是一个首先会被想到的做法。

然而，自然垄断行业低边际成本与高固定成本（平均成本）的特点会使得按此原则定产后的市场价格很低，不能弥补厂商的总成本，使厂商面临亏损的困境。

此时，一个可能的办法是要求厂商在边际成本定价的同时由政府对其进行补贴。然而，现实中政府通常并不清楚自然垄断行业的真实成本状况，这就为实行价格管制以及补贴带来了极大的困难。

另一种更为常见的管制方式是对自然垄断行业实行收益率管制，即把厂商的资本收益率控制在一个合理的水平上。然而，这样的措施同样面临信息不足的问题。由于行业只有一家厂商，因而对于怎样的收益率才算合理没有一个可比的参照。

另外，对收益率进行规定不仅使厂商缺少降低成本的积极性，甚至还会使厂商借助于增加工资成本的方法来为本企业内部的员工谋取利益。事实上，管制部门掌握信息的不足以及与之相联系的激励问题才是管制需要解决的核心问题。

然而，如果就此认为垄断就绝对不如完全竞争，那就错了。

首先，大企业垄断市场的局面有利于发挥规模经济的优势，因而使产品价格下降而不是提高。大批量生产的企业与小批量生产的企业相比，成本更低，质量更稳定，这是众所周知的。

其次，技术进步的需要也许是垄断存在的一个更重要的理由。正如美国经济学家约瑟夫·熊彼特所说，经济发展的本质在于创新，而垄断实际上是资本主义经济技术创新的源泉。这是因为,投资于开发和研究常常有很大风险,只有大企业才能承担这种风险,才有能力筹措投资所需的巨额资金。当然,它们必须有权利在一段时间内独享技术创新的成果,这就是专利权之所以成为导致垄断存在的一个重要因素。在熊彼特看来,垄断的缺陷——产量不足,完全可以通过用垄断利润进行的研究与开发所带来的好处得到弥补。

可见,对垄断和竞争的利弊得失及功过是非问题,不能做过分简单的结论,具体问题还得具体分析。

个案研究 6-3

2016 海外并购之"堵"

入主西部数据流产、并购美光科技遇阻,紫光股份海外并购接连遭遇美国外资投资委员会(CFIUS)阻止。紫光的失意不是孤例。德国政府在 2016 年 10 月撤回了已经颁发的批准令,以重新评估中国宏芯投资基金对该国半导体企业爱思强价值超过 7 亿美元的并购案。两个月后,时任美国总统奥巴马发布行政令叫停了这一交易,理由是"涉及(美国)国家安全"。2016 年中国企业在科技领域的海外并购频频受阻。

2016 年 2 月 24 日,紫光股份拟入主纳斯达克上市公司西部数据的计划正式宣布流产。据紫光股份公告,该收购事项由于需要履行美国外资投资委员会的审查程序,公司董事会决议终止收购。加上此前并购美光科技遇阻,紫光已经两度遭 CFIUS 阻止。"再次凸显了中国企业在美国寻求投资时面临的严格的政策审批挑战。"业内人士称。

紫光的失意不是孤例。有报告显示,根据 CFIUS 最新披露的 2014 年提交安全审查的案件情况,中国企业遭受审查数量连续三年名列榜首,有 24 起(英国有 21 起;加拿大有 15 起)。涉及的行业包括计算机、电子产品、运输设备、化学用品等。

而今年以来,中国企业在赴美并购半导体行业的获批难度表现突出。除了紫光收购 WD 案,近来因担心无法通过 CFIUS 审查而被拒绝的中资企业收购案例还包括:被誉为半导体产业"西点军校"的美国仙童半导体拒绝了央企华润集团子公司中国华润微电子和北京清芯华创联合提出的收购要约;飞利浦公司停止向金沙江创投主导的投资基金出售旗下 Lumileds(芯片和车灯公司)80.1%股份,等等。

CFIUS 的担心是什么?业内一致的观点是:CFIUS 一贯担忧中国企业通过并购,获得敏感技术,尤其是国有企业。

对比今年以来受阻 CFIUS 的案子,华润集团原拟收购的仙童半导体是 IGBT(绝缘栅双极型晶体管)器件的全球五强企业之一,而 IGBT 属技术难度最大的晶体管之一,目前我国 90%以上都需要进口;金沙江基金主导收购的飞利浦 Lumileds 公司,据美国本土媒体报道认为否决是因为一种名叫氮化镓(GaN)的半导体材料,美国反弹道导弹雷达和美国空军用来追踪空间碎片的雷达系统太空篱笆(Space Fence)均使用了氮化镓芯片。虽然 Lumileds 掌握的氮化镓基 LED 半导体材料技术仅用于照明领域,但 CFIUS 仍小题大做,将中资财团收购 Lumileds 后将获得的氮化镓技术与军工领域微芯片应用相关联。

由于我国正在加强芯片产业,并且2015年以来紫光在半导体行业频频收购,尽管紫光集团的掌门人赵伟国明确表示"我们实际是市场导向的公司",可是,"获得政府支持的清华控股"仍是美国投行们给紫光钉上的背景标签。国内并购专家俞铁成认为"紫光背景"也成了这里的"敏感词"。

而中国据香港《南华早报》2017年4月12日报道,中国科学院和中债资信评估有限责任公司发布的《对外投资与风险蓝皮书》指出,中国企业的海外并购引起了西方国家的警觉,各国可能设置更多的障碍干预并购行为,防止高端技术外流。

《蓝皮书》说,海外并购是获取高端技术的高效途径。近年来,中国企业大量收购美国、欧洲的高新技术公司,希望以此获取更多的尖端技术,从而实现中国经济从依赖低端制造业到高附加值产业的转型。去年,中国的对美投资首次超过美国的对华投资,其中大部分资金被用于企业并购。

《蓝皮书》指出,全球经济增长放缓可能激发了西方的贸易保护情绪。各国担心中国的海外并购可能会使自己丧失技术优势,因此呼吁收紧对中国对外投资的审查力度。另外,由于人民币对美元贬值,中国政府也收紧了对海外投资的限制,以防止更多资金流向海外,这也会造成中国企业海外并购步伐放缓。

鉴于中国海外并购不断遭遇东道国或第三国以"国家安全"理由造成的阻碍,社科院工业经济研究所研究员曹建海建议,中国应"通过获得市场经济地位,以解除非公平贸易的歧视。"

资料来源:

[1] 李小兵.海外并购之"堵"[EB/OL].[2016-02-25].上海证券报,http://finance.sina.com.cn/roll/2016-02-25/doc-ifxpvutf3321748.shtml

[2] 江晓川.中企海外并购频频受阻,困境何解[EB/OL].[2017-01-13].腾讯财经,http://finance.qq.com/a/20170113/032991.htm

[3] 张倩.西方国家警惕技术外流 中国企业海外并购受阻[EB/OL].[2017-04-14].环球网,http://tech.huanqiu.com/it/2017-04/10474837.html

第二节 垄断竞争市场

完全竞争市场和完全垄断市场是理论分析中两种极端的市场形态。比较现实的市场是既存在竞争因素又存在垄断因素,即介于完全竞争和完全垄断之间,竞争和垄断混合在一起的市场。根据竞争因素和垄断因素的程度,这种市场又可区分为垄断竞争市场和寡头垄断市场。前者竞争的因素多一些,比较接近于完全竞争的市场结构,而后者垄断的因素多一些,比较接近于完全垄断市场的市场结构。

一、垄断竞争市场的条件及形式

垄断竞争是一种商品有许多买卖者且卖者商品之间有一定差别,从而形成不完全竞争格局的市场结构。在现实经济生活中,垄断竞争市场是非常普遍的,它广泛出现在各种零售业、轻工业和服务业中,如彩电、洗涤剂、牙膏、饮料和快餐等。

(一)垄断竞争市场的条件

具体地说,垄断竞争市场的条件主要有以下 3 点。

(1)最基本条件:同种产品之间存在差别,是同类但不同质的市场。在这里,产品差别不仅包括同一种产品在质量、构造、外观、销售服务条件等的差别,还包括商标、广告方面的差别和以消费者的想象为基础的任何虚构的差别。例如,在两家拉面馆出售的同一种拉面在实质上没有差别,但是,消费者却认为一家的拉面比另一家的好吃。这时,即存在着虚构的产品差别。

一方面,由于市场上的每种产品之间存在着差别,因此,每个厂商对自己的产品价格都具有一定的垄断力量,从而使生产带有垄断的因素。一般来说,产品的差别越大,厂商的垄断程度就越高。另一方面,由于有差别的产品之间又是很相似的替代品,因此,市场中又具有竞争的因素。如此,便构成了垄断因素和竞争因素并存的垄断竞争市场的基本特征,如不同品牌的饮料、化妆品和香烟。

(2)市场中有众多的厂商生产和销售该产品。由于厂商数目众多,以至于每个厂商都认为自己的行为对市场的影响极小,而不会引起其他厂商的注意和反应,因而自己也不会受到竞争对手的任何报复性措施的影响,如理发、快餐行业等。

(3)厂商的规模比较小,进出该市场不存在太大的困难,基本属于自由进出。由于市场不存在竞争壁垒,因此,新厂商带着同种商品进入市场,以及已有厂商在无利可图时退出市场是比较容易的。

(二)垄断竞争市场的形式

垄断竞争市场的特点决定了垄断竞争厂商之间的竞争形式是多样的。一般来说,他们会采用以下 3 种形式来扩大商品销售量或增加利润。

(1)价格竞争。垄断竞争厂商对商品的价格有一定的控制力,他们可以通过降低价格来吸引更多的消费者。

(2)品质竞争。由于价格竞争有可能会降低垄断厂商的利润,因此大部分厂商一般不会轻易变动价格,而转向采取非价格竞争。垄断竞争厂商通过创建和维护自身商标、树立品牌、提高产品质量和服务等手段,巩固自己的产品在消费者心目中的特殊地位,从而达到扩大产品销售量、增加利润的目的。

(3)广告竞争。广告宣传是另外一种非价格竞争方式,是形成产品差别化的一个重要原因,垄断竞争市场最需要进行广告宣传。在完全竞争市场中,广告宣传是没有必要的,但在垄断竞争市场,对扩大销售量却起着重大的作用,它能够使得消费者的需要适应产品的差别。

二、垄断竞争厂商的需求曲线

根据垄断竞争市场的特征,一方面,由于每个厂商提供的产品在消费者看来具有差别,因而对某一厂商生产的产品,存在着一批"忠实的"消费者,他们特别偏爱这一厂商的产品。对这些消费者而言,这家厂商就具有垄断的性质。也就是说,厂商供给的产量具有一定的影响价格的能力,因而垄断竞争厂商面临着一条向右下方倾斜的需求曲线。

另一方面,垄断竞争市场又区别于垄断市场。垄断竞争市场上单个厂商生产的产品不仅具有替代品,而且行业中随时都有厂商进入和退出。正因为如此,当厂商试图提高产品价格时,其损失的需求量必然比垄断厂商更大;相反,当垄断竞争厂商降低价格时,其争取到的需求量又必然比完全竞争厂商大。

综合以上两方面的因素,垄断厂商面临着一条向右下方倾斜的需求曲线,其相对于完全竞争厂商而言要更陡一些,即更缺乏弹性;相对于垄断厂商来讲需求曲线要更缓,即更富有弹性。

作为有差别的同类产品,对某厂商产品的需求不仅取决于该厂商的价格,还取决于其他厂商是否采取对应措施。

单个厂商降价:如果其他厂商不降价,则该厂商的需求量上升多;如其他厂商也采取降价措施,则该厂商的需求量不会增加很多。

d 曲线:单个厂商改变价格,其他厂商保持不变时,该厂商的需求曲线。斜率较小,又被称为主观需求曲线。

D 曲线:单个厂商改变价格,其他厂商为了保持自己的市场,跟着降价,该厂商需求量的上升不会如想象得那么多。这就存在着另外一条需求曲线,又被称为客观需求曲线。

垄断竞争厂商面临的两条需求曲线的关系。

(1) 当垄断竞争市场中的所有厂商都以相同的方式改变产品价格时,整个市场价格的变化会使得单个垄断竞争厂商的 d 需求曲线的位置沿着 D 需求曲线发生平移。

(2) 由于 d 需求曲线表示单个垄断竞争厂商单独改变价格时所预期的产品销售量,D 需求曲线表示每个垄断竞争厂商在每个市场价格水平实际所面临的市场需求量,所以,d 需求曲线和 D 需求曲线相交意味着垄断竞争市场的供求相等状态。

(3) 很显然,d 需求曲线的弹性大于 D 需求曲线,即前者较之后者更平坦一些。

三、垄断竞争厂商的均衡

(一) 短期均衡

垄断竞争厂商在进行产量或价格决策时不必考虑行业内其他厂商的反应,也就是说,在短期内,厂商认为自己所面临的是一条不变的向右下方倾斜的市场需求曲线。于是,和通常一样,厂商总是根据边际收益等于边际成本的原则确定利润最大化的产量。

垄断竞争厂商短期均衡的条件是 MR=SMC。

在短期均衡的产量上,必定存在一个 d 曲线和 D 曲线的交点,它意味着市场上的供求是相等的。此时,垄断竞争厂商可能获得最大利润,利润可能为零,也可能蒙受最小亏损。

在企业亏损时,只要均衡价格大于 AVC,企业在短期内总是继续生产的;只要均衡价格小于 AVC,企业在短期内就会停产。

由于垄断竞争厂商也对自己的产品价格具有一定的影响力,因此,与垄断厂商一样,垄断竞争厂商在短期内也没有明确的供给曲线。

(二) 长期均衡

在长期内,垄断竞争厂商的内外部都会进行调整。首先,从内部来看,厂商可以调整生产规模,使得厂商提供的每一个产量所花费的成本都是现行生产技术水平下的最小成本。因而,长期内厂商依据长期成本进行决策。在长期中,如果厂商面临的需求不发生变动,厂商将根据边际收益等于长期边际成本的原则决定产量,并且只有在盈利或收支相抵时才会提供产出。

其次,从外部来看,其他行业中的厂商可以自由进入该行业,而行业中已有的厂商业可以自由地退出。正是这种进入或退出使得单个垄断竞争厂商面临的状况发生变动。这是垄断竞争市场上长期与短期最重要的区别,也是其与垄断市场最重要的区别。

在长期内,如果垄断竞争厂商能够盈利,其他行业中的厂商受到利润的吸引会进入该行业,新厂商的加入提供了相替代的产品与行业中原有的厂商竞争,使原有厂商的市场份额下降,产品价格也相应下降,直到正的经济利润消失为止。反之,如果行业中的垄断竞争厂商亏损,一部分厂商便会逐渐退出,从而未退出的厂商市场份额增加,产品价格也相应上升,直到不再亏损为止。这种情形与完全竞争市场类似。

如图 6-6 所示,垄断竞争厂商长期均衡时,不但要求 MR=LMC,而且要求 P=LAC,而对于垄断厂商来说,完全有可能在价格高于平均成本的情况下实现长期均衡,因为它独占整个市场。

注意图 6-6 中的 E 点,它是平均收益曲线和长期成本曲线的切点,由于平均收益曲线向右下方倾斜,该点必然位于长期平均成本曲线最低点的左侧,也就是说,厂商的生产成本并未达到最低水平,从而说明垄断竞争厂商是存在闲置生产能力的。

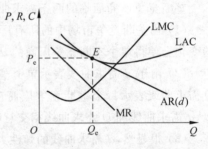

图 6-6 垄断竞争厂商的长期均衡

多余的生产能力是为得到多样化的产品而必须付出的成本。在现实经济生活中,垄断竞争市场所存在的多余生产能力,往往表现为市场里小规模的厂商数量过多。

比如,城市里分布密集的杂货店就大大超过了实际需求。因此,在垄断竞争市场中,减少厂商数量,扩大单个垄断竞争厂商的规模,可以提高经济效益和增进社会福利。

综上所述,垄断竞争厂商的长期均衡条件是

$$MR=LMC=SMC, \quad AR=LAC=SAC$$

即厂商的产量由边际收益等于长期边际成本决定,而对应于平均收益上的价格恰好等于其长期平均成本。

> **扩展知识 6-4**
>
> **垄断竞争市场的经济效益**
>
> 从竞争或者垄断的程度来看,垄断竞争市场介于完全竞争市场和完全垄断市场之间。而从经济效益的高低来看,垄断竞争市场也是位于两者之间,其均衡产量高于完全垄断市场,但低于完全竞争市场;其均衡价格高于完全竞争市场,但低于完全垄断市场。
>
> (1) 从资源配置的效率上讲,垄断竞争市场在达到长期均衡时,价格高于边际成本,而价格高于边际成本的完全竞争市场是最具效率的。
>
> (2) 从生产能力利用的角度来讲,垄断竞争市场达到长期均衡时没有把生产平均成本推进到最低点,说明垄断竞争厂商存在着一部分的闲置生产能力。
>
> 尽管垄断竞争市场的效率低于完全竞争市场,但是垄断竞争市场厂商产品的差别可以满足消费者多样的需求,同时也有一些经济学家认为从长期看,垄断竞争市场比完全竞争市场具有动态的效率。因为在垄断竞争市场上无论是价格竞争还是非价格竞争,竞争的激励性都有利于长期的技术进步,降低产品价格,增进社会福利。

四、非价格竞争

在垄断竞争市场上,厂商之间既存在价格竞争,也存在非价格竞争。就价格竞争而言,它虽然能使一部分厂商得到好处,但从长期看,价格竞争会导致产品价格持续下降,最终使厂商的利润消失。因此,非价格竞争便成为垄断竞争厂商普遍采取的另一种竞争方式。

在垄断竞争市场上,由于每一个厂商生产的产品都是有差别的,所以,垄断竞争厂商往往通过改进产品品质、精心设计商标和包装、改善售后服务以及广告宣传等手段,来扩大自己产品的市场销售份额,这就是非价格竞争。这就是我们经常会在各种媒体上看到大量的牙膏、洗发水、休闲食品等产品广告的原因。

产品变异就是非价格竞争的重要手段之一。产品变异指变换产品的颜色、款式、质地、做工和附带的服务等来改变原有的产品,以形成产品差别,影响市场均衡。产品变异会影响产品成本和产量,但关键要看经过变异能否形成较大的需求,从而给垄断竞争厂商带来更大的超额利润。如果经过变异之后,在新的均衡条件下超额利润高于原来均衡时的超额利润,这种变异就是优化的变异。

推销活动的竞争是非价格竞争的又一种重要手段。推销活动会引起销售成本的变化。销售成本是用来增加产品需求的成本,包括广告开支、各种形式的推销活动,如送货上门、陈列样品、举办展销、散发订单之类的开支。其中以广告最为重要。

与完全竞争和完全垄断市场不同,广告对垄断竞争厂商具有十分重要的作用。它是垄断竞争厂商扩大产品销路的重要手段之一。广告一方面会增加产品的销量,但另一方面会增加销售成本,因此,是否做广告以及花费多少费用做广告是垄断竞争厂商必须充分考虑的事情。

在完全竞争市场,由于每一个厂商生产的产品都是同质的,所以,厂商之间不可能存在非价格竞争。而在垄断竞争市场,短期中,每个厂商都可以在部分消费者中形成自己的垄断地位,处于完全垄断状态。

垄断竞争厂商进行非价格竞争,仍然是为了获得最大利润。进行非价格竞争是需要花费成本的。例如,改进产品性能会增加生产成本,增设售后服务网点需要增加投入,广告宣传的费用也是相当巨大的。

厂商进行非价格竞争所花费的总成本必须小于由此所增加的总收益,否则,厂商是不会进行非价格竞争的。很显然,边际收益等于边际成本的利润最大化原则,对于非价格竞争仍然是适用的。

知识链接 6-1

产品差异化

产品差异化是垄断竞争市场上常见的一种现象,不同企业生产的产品或多或少存在相互替代的关系,但是它们之间存在差异,并非完全可替代的。垄断竞争厂商的产品差异化包括产品本身的差异和人为的差异,后者包括了方位的差异、服务的差异、包装的差异以及营销手法的差异等,企业往往希望通过产品差异化来刺激产品的需求。

(1) 产品的原材料——"农夫山泉有点甜"强调的就是选取天然优质水源。

(2) 产品的手感——TCL 通过李嘉欣告诉大家"手感真好",因为手感好也是消费者自己判断开关质量的简单而又重要的标准。

(3) 产品的颜色——高露洁有一种三重功效的牙膏,膏体由 3 种颜色构成,给消费者以直观感受:白色的在洁白我的牙齿,绿色的在清新我的口气,蓝色的在清除口腔细菌。

(4) 产品的味道——牙膏一般都是甜味的,可是 LG 牙膏反而是咸味的,大家觉得这牙膏一定好。

(5) 产品的造型设计——摩托罗拉的 V70 手机,独特的旋转式翻盖成为其最大的卖点。

(6) 产品功能组合——组合法是最常用的创意方法。许多发明都是据此而来。海尔的氧吧空调在创意上就是普通空调与氧吧的组合。

(7) 产品构造——南孚电池通过"好电池底部有个环"给消费者一个简单的辨别方法,让消费者看到那个环就联想到了高性能的电池。

(8) 新类别概念——建立一个新的产品类别概念。最经典的当属"七喜"的非可乐概念。

(9) 隐喻的概念——瑞星杀毒软件用狮子来代表品牌,以显示其强大"杀力";胡姬花通过隐喻概念"钻石般的纯度"来强化其产品价值。

(10) 事件概念——相信全国人都知道海尔的"砸冰箱"事件,该事件为海尔的"真诚到永远"立下了汗马功劳,可见事件概念也是威力巨大。事件营销要注意把握时机,如能与社会上的热点话题联系起来,则会起到事半功倍的效果。

(11) 广告传播创意概念——"农夫果园摇一摇""金龙鱼1∶1∶1"都属此类型。

(12) 专业概念——专业感是信任的主要来源之一,也是建立"定位第一"优势的主要方法。很多品牌在塑造专业感时经常直称专家:方太——厨房专家。

(13) 建立"老"概念——时间长会给人以信任感,因此,诉求时间的概念也是一种有效方法。而且,时间的概念感觉越老越好,如玉堂酱园——始于康熙五十二年。

(14) 产地概念——总有许多产品具有产地特点,如北京烤鸭、新疆葡萄,还有川酒云烟等。

(15) 具体数字概念——越是具体的信任感越强。因此,挖掘产品或品牌的具体数字也是常用的方法。如"乐百氏27层净化"等都是该方法的应用。

(16) 服务概念——同样的服务,但如果有一个好的概念则能加强品牌的美好印象。比如海尔提出的"五星级服务"也为其"真诚到永远"做出了不少贡献。

第三节 寡头市场

一、寡头市场的特征及分类

(一) 寡头市场的特征

寡头市场又称寡头垄断市场,是指只有少数几家厂商控制某种商品的绝大部分乃至整个市场的一种市场结构。我们所熟悉的寡头厂商包括:中石油与中石化、中国移动与中国联通等。与其他市场组织形式相比,寡头市场通常具有以下特征。

(1) 厂商数目极少,因此,每一家厂商都占有较大的市场份额。

(2) 厂商生产的产品既可同质,也可有差别,由此分为无差别寡头垄断市场和有差别寡头垄断市场。厂商之间存在的激烈竞争可以是价格竞争,也可以是产量竞争。

(3) 厂商之间相互依存,各个厂商的决策会相互影响,每一个厂商的价格和产量变动都会影响其对手的销售量和利润水平。因而每家厂商做出决策之前都必须考虑这一决策会对其对手产生什么样的影响。这就产生了厂商行为的不确定性,从而使得厂商的决策面临着很大的困难,也使得寡头垄断厂商的均衡产量和价格很难有确定的解。

(4) 存在进入的障碍,其他厂商无法顺利进入。行业存在规模经济;相互勾结,构筑进入壁垒;采用收购、兼并一些小企业等形式来减少厂商的数目;政府的产业政策所致(厂商数目较稳定)。

(二) 寡头市场的成因

形成寡头市场的主要原因有:首先是规模经济,在有些行业中,除非一个厂商的产量在整个市场中占较大的比重,否则它不可能取得较低的成本,其结果,在这样的行业中,厂商的数目将变得非常少;其次,行业中几家企业对自然资源的控制或者拥有受法律保护的专利权;最后,政府的扶持和支持,比如中国的电信业。由此可见,寡头市场的成因与完全垄断市场的成因很相似,只是程度上有所差别而已。

（三）寡头垄断市场的分类

寡头行业可按不同方式分类。

（1）根据寡头垄断行业的厂商数目，可分为双头垄断（一个行业由两个厂商组成）、三头垄断（一个行业由 3 个厂商组成）和多头垄断。

（2）根据产品特征，可分为纯粹寡头行业和差别寡头行业。在纯粹寡头行业中，厂商生产的产品是没有差异的，如钢铁、石油和水泥等；在差别寡头行业中，厂商生产的产品是有差别的，如汽车、计算机等。

（3）从行为方式上，寡头可分为独立行动寡头和勾结性寡头。前者指同一行业内各个厂商彼此独立，互不合谋；后者指同一行业内的厂商相互勾结，联合行动。

个案研究 6-4

中海油、中石油和中石化三分天下

2004 年，中海油公司一位高层分析说，大亚湾炼油厂的建成将打破当时的垄断局面，与中石油、中石化市场形成竞争格局。

就当时的广东而言，主要是与茂名石化、广州石化的竞争，当时茂名石化具有 1800 万吨的年加工能力，而广州石化不到 700 万吨，大亚湾炼油厂加工出来的原油 60%～70% 供制造乙烯用，另一部分从成本最低原则出发，有 30%～40% 的产品就地消费于广东、香港地区。

大亚湾炼油厂建在珠三角的口上，对于中石油、中石化是一个更大的威胁，因为中石油原油从北方运来，成本相对较高。

二、非勾结性寡头垄断模型

前面提到寡头厂商之间的竞争可以是产量竞争，也可以是价格竞争。下面介绍几个典型的寡头模型来分析寡头厂商的行为。

在寡头市场中，单个厂商的产量变化将明显影响整个市场上的产量，从而影响市场价格。由于市场价格是由全部厂商的产量决定的，在不知道其他厂商产量的情况下，单个厂商就无法确定他所面临的价格与其产量的关系。

当一个厂商增加产量时，市场价格如何变化取决于其他厂商的行为。要想确定市场价格如何变化，必须假定其他厂商的行为。可是，关于其他厂商的行为，可选择的假设有多个。不同的假设给出不同的结论。所以，西方经济学家关于寡头的分析模型众多。

这些模型可以分为两大类：一类是非勾结性的模型，其中最主要的是古诺模型、斯威齐模型、斯泰克伯格模型和伯特兰德模型；另一类是勾结性的模型，其中最主要的是卡特尔和价格领先模型。

（一）古诺模型

古诺模型又称古诺双寡头模型或双寡头模型、双头垄断理论或双头模型，是一个只有两个寡头厂商的简单模型。该模型假定一种产品市场只有两个卖者,并且相互间没有任何勾结行为,但相互间都知道对方将怎样行动,从而各自确定最优的产量来实现利润最大化。

古诺模型是早期的寡头模型,它是由法国经济学家古诺于 1838 年提出的,是纳什均衡应用的最早版本。古诺模型通常被作为寡头理论分析的出发点,其结论可以很容易地推广到 3 个或 3 个以上的寡头厂商的情况中去。

该模型有以下基本假定。

(1) 有两个相同的矿泉在一起,一个为 A 厂商占有,一个为 B 厂商占有。

(2) 两个矿泉是自流井,因此厂商生产矿泉水的成本为零。

(3) 两个厂商面对相同的线性市场需求曲线,并采取相同的市场价格。

(4) 两个厂商都是在已知对方产量的情况下,各自确定能给自己带来最大利润的产量,即每一个厂商都是消极地以自己的产量去适应对方已确定的产量。

(5) 两个厂商独立进行决策,不存在勾结行为。

(6) 两个厂商同时做出决策。

古诺均衡解:只要一个厂商变动产量,另一个厂商也必须跟着变动自己的产量。市场均衡意味着两家厂商都没有变动产量的意愿。两厂商均衡的产量都是市场容量的 1/3,两个寡头厂商的总产量实际只有市场总容量的 2/3。剩余的 1/3 的市场容量是寡头垄断的市场所无法满足的,因而可以看作寡头垄断给社会所造成的损失。

推论:

$$寡头厂商提供的产量 = \frac{市场容量}{厂商数目 + 1}$$

该模型的不足:古诺模型通过对双寡头行为的基本假定,得到了均衡价格和数量。但这一模型也存在着一些缺陷。最重要的问题是,在古诺模型中,厂商的最优行为是以竞争对手的产量不变为前提的,这显然不完全符合现实中寡头的行为。正是基于这一原因,古诺模型并不是寡头行为的一般分析。

(二) 斯威齐模型

斯威齐模型是美国经济学家保罗·斯威齐于 1939 年提出的用以说明一些寡头市场价格刚性现象的寡头模型。价格刚性表明当需求或成本发生适度变动或两者都发生适度变动时,价格却保持不变。

斯威齐断言,寡头厂商推测其他厂商对自己价格的态度是:跟跌不跟涨,即预期自己降价时,其他厂商也会采取同样的降价行为,以免他们丧失自己的市场;而自己涨价时,其他厂商却不跟着涨价,以夺取客户。因此,寡头垄断厂商的需求曲线是弯折的需求曲线。

斯威齐模型对寡头市场的价格刚性作了一定的解释,但由于其他厂商价格"不跟涨"的假设在现实中难以成立,也由于其对如何确定价格没有做出解释,因此受到了一些经济学家的批评。斯威齐模型只能是关于寡头定价行为的未完成的模型。

(三) 斯泰克伯格模型

斯泰克伯格模型是德国经济学家海里希·冯·斯泰克伯格在 20 世纪 30 年代创立

的。该模型是一种先动优势模型,即首先行动者在竞争中取得优势。

前面都是假定两个寡头厂商是同时做出产量决策的。现在我们来看一下,如果其中一个厂商能先决定产量会发生什么情况,即先决策的厂商是否有利?

结论是有利。理由是首先宣布就造成了一种既成事实——不管你的竞争者怎么做,你的产量都是大的。为了使利润最大化,你的竞争者只能将你的产量视为既定,并为自己确定一个低产量水平(如果你的竞争者生产一个大的产量水平,这就会将价格压低,你们双方都会亏损)。

古诺模型和斯泰克伯格模型是寡头垄断行为的不同代表。哪种模型更适宜一些,取决于不同的产业。对于一个由大致相似的厂商构成,没有哪个厂商具有较强的经营优势或领导地位的行业,古诺模型大概要适用一些。另一方面,有些行业是由一个在推出新产品或定价方面领头的大厂商主导的,大型计算机市场就是一个例子——其中IBM就是领导者,此时斯泰克伯格模型可能更符合实际。

(四) 伯特兰德模型

伯特兰德模型是由法国经济学家约瑟夫·伯特兰德(Joseph Bertrand)于1883年建立的。如古诺模型一样,各厂商生产同一种产品。但现在它们进行的是价格竞争,而非产量竞争。这会对结果产生很大影响。

现在假设这两个厂商是通过同时选择价格而不是产量。因为产品是同质的,所以消费者只会从价格最低的卖方那里购买。因此,如果两个厂商定不同的价格,价格较低的厂商将供给整个市场而价格较高的厂商将什么都卖不出去。如果两个厂商定价相同,则消费者对于从哪个厂商购买是无差异的,所以可以假定此时两个厂商各供给市场的一半。

与古诺模型相比较,不难发现,从产量竞争到价格竞争的变化使得结果相去甚远。在古诺均衡中,两厂商均能得到利润,而伯特兰德均衡解却使两厂商只能赚到零利润。

伯特兰德模型并不是十分完备的。一方面,在现实生活中,生产同质产品的厂商之间更多是通过产量竞争,而非价格竞争。另一方面,即使各厂商之间进行价格竞争并用模型分析选择相同价格,但未必就能分到一半的市场份额。尽管如此,伯特兰德模型表明了一个寡头垄断的均衡结果是如何决定的,取决于厂商对策略变量的选择——是产量还是价格。

三、勾结性寡头垄断模型

前面介绍了非勾结性模型的几种主要模型,下面接着分析一些公开和不公开勾结的行为模型。

(一) 卡特尔——寡头厂商的公开勾结

卡特尔是指寡头厂商正式公开地相互勾结,采取协议形式共同确定价格、产量、市场划分等而形成的合作组织。由于卡特尔可以像一个完全垄断企业那样行事,有些国家制定了反托拉斯法,来反对这种公开的勾结行为。

个案研究 6-5

欧佩克的限产保价

1960 年,阿拉伯主要产油国组成了石油输出国组织(The Organization of Petroleum Exporting Countries,OPEC,欧佩克),是典型的卡特尔。

石油输出国组织压缩产量,抬高价格,对世界石油市场有很大影响。

卡特尔制定统一价格的原则是使整个卡特尔的利润最大化,因此,必须使边际成本等于边际收益,即 SMC=MR。为此,卡特尔要根据有关资料确定在每一可能的价格水平上对该行业产品的需求量,以确定卡特尔的需求曲线,从中计算出边际收益曲线。同时,将各厂商的边际成本曲线水平加总形成卡特尔的边际成本曲线。从而,根据两者的交点确定卡特尔的利润最大化的产量和价格。

如图 6-7 所示,D 是卡特尔的需求曲线,MR 和 SMC 分别是从各厂商的边际收益曲线和边际成本曲线求出的卡特尔的边际收益和边际成本曲线。MR 和 SMC 的交点确定了卡特尔的总产量 Q_e 和统一价格 P_e。

卡特尔的价格和产量的决定同完全垄断厂商的价格和产量的决定是完全一样的。实际上,也可以将卡特尔看成一个完全垄断厂商。

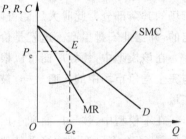

图 6-7 卡特尔的价格和产量的决定

卡特尔确定了总产量之后,会按照事先达成的协议向各个成员分配产量配额。由于各个成员的经济实力不完全相同,因此,获得产量配额的机会也不均等。正是因为卡特尔各成员之间的产量分配受到各厂商地位、争议能力、生产能力以及销售规模等的影响,并且,卡特尔的各成员还可以通过广告、信用、服务等非价格竞争手段拓宽销路、增加产量。

成员单独违背合同,偷偷扩产独享限产好处,导致卡特尔的不稳定性。因此,卡特尔本身是不稳固的。

在现实生活中,成功的卡特尔并不多见。原因之一是在大多数国家,卡特尔都是违法的。即使没有法律限制,要建立成功的卡特尔,还必须具备如下条件。

(1) 市场需求缺乏弹性。只有在市场需求缺乏弹性的情况下,限制产量才能有效地提高价格,从而增加利润。

(2) 只有少数厂商。厂商们就产量配额和价格的谈判是有成本的,厂商个数太多,谈判和组织成本就会太高,甚至无法达成协议。

(3) 整个行业中有愿意担当发起人的大厂商。大厂商从成功卡特尔中得到的利益最大,从而愿意担当发起人,而且一般来说,大厂商比较有号召力。

(4) 存在进入这个行业的障碍。当现有厂商联合起来限制产量和提高价格后,如果其他厂商可以轻易进入这个行业,那么,卡特尔就不可能成功。所以,一个行业要建立成功的卡特尔,必须有进入这个行业的障碍。这些障碍可以是天然的,也可以是人为的。

（5）必须能够有效地监督和惩罚违背协议者。当卡特尔有效地提高价格后,价格会远远高于单个厂商的边际成本。这时,单个厂商会有强烈的作弊动机,即突破产量配额。如果没有有效的监督和惩罚手段,所有厂商都会突破产量配额,最终导致卡特尔名存实亡。

对于成功的卡特尔,上述条件缺一不可。这就可以解释,为什么现实中成功的卡特尔很少。在上述条件中,尤其难以做到的是防止其他厂商进入,有效监督和惩罚作弊者。所以,在没有任何暴力的纯粹自由市场中,几乎不可能有成功的卡特尔。这也意味着,现实中,每个成功的卡特尔背后都有某种形式的暴力(包括强制和威胁暴力)。

（二）价格领先模型

在某些寡头领导市场,一家大厂商拥有总销售量的主要份额,而其他较小的厂商供给市场的其余部分。此时大厂商可能会领先制定价格,其他小厂商则把该价格当作市场给定的,并据此安排生产。这就是价格领先模型。

在该模型中,领导厂商可以根据利润最大化的原则来制定价格和产量,而跟随厂商则与完全竞争市场中的厂商一样,被动地接受领导厂商制定的价格,安排自己的利润最大化产量。

在本模型中,领导厂商和小厂商的规模相差较大是一个重要的前提。如果厂商规模类似,就不会有厂商被动接受其他厂商制定的价格,其结果就有可能类似于前面所介绍的伯特兰德模型的结果。

四、寡头之间的博弈：博弈论简介

在寡头市场上,厂商们之间的行为是相互影响的,每一个厂商都需要首先推测或了解其他厂商对自己所要采取的某一个行动的反应,然后,在考虑到其他厂商这些反应方式的前提下,再采取最有利于自己的行动。

在寡头市场上的每一个厂商都是这样思考和行动的,因此,厂商之间行为的互相影响和相互作用的关系就如同博弈(即如同下棋)一样。

（一）博弈论的概念

博弈论也称对策论,是相互影响的行为人在一定的规则下,根据对手的行动或可能的行动所做出的旨在使自己的利益最大化的反应。博弈中的行为主体称为参与人,作为博弈的结果,每个参与人都将得到各自的报酬或支付。每个参与人都有可供选择的策略,通过行动来使自己的支付或效用最大化。

策略就是行动的规则,它规定了参与人在什么时候采取什么行动。所有参与人最优策略的组合就是博弈的均衡。与参与人有关博弈的知识称为信息,当一个参与人对其他参与人的行动有准确了解时,就是完美信息博弈。当某一信息对所有参与人是共同信息时(没有一方比另一方知道得更多),称为共同知识。

(二)囚徒困境和占优策略均衡

囚徒困境是由艾伯特·塔克在 20 世纪 40 年代首先提出的,之后作为博弈论的经典案例被广泛引用。它刻画了这样一个博弈故事:有两个囚徒因涉嫌一桩盗窃案而被拘捕。地方法官找不到任何证据来证明他们的犯罪事实,但又急于获得他们的供认,于是法官将他们隔离在两个房间里进行审讯。

每个囚徒都有两个选择:坦白和不坦白。如果只有一个囚徒坦白,那么这个囚徒就可以免于起诉而被无罪释放,另一个囚徒则会承担所有责任而被从严发落,被判处 8 年有期徒刑;如果两个囚徒都不坦白犯罪事实,那么根据法规都将被判处 2 年有期徒刑;如果两个囚徒都坦白交代犯罪事实,那么两人都将从轻发落,各自被判处 4 年有期徒刑。

表 6-1 给出了这两个囚徒的支付矩阵。矩阵中,左边的数字代表囚徒 A 在不同组合下的支付水平,右边代表囚徒 B 的支付水平。

表 6-1 两个囚徒的支付矩阵

支付矩阵		囚徒 B	
		坦白	不坦白
囚徒 A	坦白	−4,−4	0,−8
	不坦白	−8,0	−2,−2

先看囚徒 A 的决策情况。假定囚徒 B 选择坦白,那么囚徒 A 选择坦白将被判处 4 年有期徒刑,而如果选择不坦白将被判处 8 年有期徒刑,于是,理性的囚徒 A 同样会选择坦白;假定囚徒 B 选择不坦白,那么囚徒 A 选择坦白将被无罪释放,而如果选择不坦白,那他将被判处 2 年有期徒刑,于是理性的囚徒 A 便会选择坦白。这样,无论囚徒 B 选择坦白还是不坦白,囚徒 A 都是选择坦白,即囚徒 A 有一个占优策略,就是坦白。

囚徒 B 的决策情况与囚徒 A 的完全相同。无论囚徒 A 选择坦白还是不坦白,囚徒 B 选择坦白总是比选择不坦白的状况要好,即囚徒 B 也有一个占优策略,就是坦白。于是,这个案例的最终结果是两个囚徒都选择了坦白,交代了犯罪事实,法官也就根据规则各判处他们 4 年有期徒刑。

所以,得到一个结论:博弈双方都有一个占优策略,它们都是坦白。这就是说,囚徒困境的博弈有一个占优策略均衡:(坦白,坦白)。当得到这样一个占优策略均衡后,再回过头分析表 6-1 的支付矩阵,因此会发现:如果两人都选择不坦白,则都可以获得最好的结局。

但是由于他们之间不能互通信息,所以每一方都担心另一方坦白而自己不坦白时自己所遭受的重判。在这种情况下,每个囚徒从自己的利益考虑,最后的选择都是坦白。显然,(坦白,坦白)是囚徒困境博弈模型的一个必然的均衡结果,而且是一个很强的占优策略均衡。

最后,需要特别指出的是,囚徒困境的均衡反映了一个深刻的问题:从个人理性角度出发所选择的占优策略的结局却不如合作策略的结果。或者说,从个人理性角度出发所选择的占优策略的结局,从整体上看,却是最差的结局。很显然,囚徒困境的占优策略均衡反映了一个矛盾,即个人理性和团体理性的冲突。

囚徒困境在经济学上和其他领域有广泛的应用。例如,当市场上有两家寡头厂商时,如果联合起来形成卡特尔,选择能使垄断利润最大化的产量,将会使每一个寡头厂商得到更多的利润,但是,卡特尔有潜在的不稳定性。

原因在于,在给定对手遵守协议的情况下,增加产量会增加利润,如果每个寡头都是这样想,这样做时,最终的结果是都增加产量,卡特尔自动解体,对于团体有利的协议却因为个体理性而不能得到遵守。卡特尔的成员越多,不遵守协议的激励就越强,卡特尔就越不稳定。OPEC是一个石油卡特尔,必须经常开会协调成员国的行动,主要原因就是囚徒困境问题。

再如军备竞赛问题。对于苏联和美国两个超级大国,在不存在比它们更强的第三个军事大国时,如果都减少军费预算,将资源用于经济发展和居民福利的改善显然有一个更好的结果。但是,在给定苏联缩减军备开支情况下,如果美国偷偷增加国防开支,对美国是更有利的选择。苏联也一样。最终结果是无休止的军备竞赛,劳民伤财。尽管苏联、美国不断就削减军备进行谈判,达成协议,但很难真正得到持久遵守,军备竞赛最终以苏联的解体而宣告结束。

(三) 纳什均衡

占优策略均衡是博弈均衡中的一种情况。有时候博弈的均衡策略并不一定由占优策略构成。当给定其他人的策略,博弈者选择自己的最优策略,由这些策略构成的均衡结果就是纳什均衡。这一概念是由美国数学家纳什于1951年提出来的一种均衡理论。

换言之,在纳什均衡里,任何一个参与人都不会改变自己的策略。纳什均衡是更广泛的均衡概念,它比占优策略均衡的要求更弱。如果一个均衡是占优均衡,那么一定是纳什均衡,而一个均衡是纳什均衡时并不一定是占优均衡。纳什均衡是占优均衡的必要条件,占优均衡是纳什均衡的充分条件。假定甲、乙两人在博弈中有表6-2的支付矩阵。

表6-2 纳什均衡

支付矩阵		乙	
		策略A	策略B
甲	策略A	2,1	0,0
	策略B	0,0	1,2

显然,该博弈没有占优均衡,因乙选策略A时,甲最好也选策略A;乙选策略B时,甲最好也选策略B,不存在不管乙采取策略A或策略B,甲总应该采取某一策略的情况。对乙来说,同样如此。只存在在给定对方某一策略时,甲或乙才能有正确的策略,这种策略组合构成纳什均衡。例中,(策略A,策略A)和(策略B,策略B)都是纳什均衡,但不是占优均衡。

(四) 重复博弈

前面所分析的博弈都是一次性的,即每个参与人只有一次策略选择,而且,在每一个参与人选择自己的策略时,并不知道其他对手的选择。也可以理解为,每个参与人都是同时做出自己的一次性的策略选择的。

在这种一次性的博弈中,一旦每个参与人的策略选定,整个博弈的均衡结局也就确定了,每个参与人不可能再对博弈的过程和结果施加什么影响。这类博弈被称为静态博弈。上述的博弈实际上就是一种静态博弈。

"只玩一次"是这一博弈的特点,正因为"只玩一次",所以,就囚徒困境来说,即便事前有攻守同盟、君子协定,甚至签订了协议,但是在只行动一次的情况下,任何一方背叛约定时,没有被报复的可能性,在对手背叛约定时,也没有进行报复的机会,因此,从自己的利益最大化出发,就存在不遵守协议的激励。陷入"困境"是必然的。

与静态博弈相对应的是动态博弈。动态博弈是一种反复进行的博弈。重复博弈是动态博弈的一种特殊情况。在重复博弈中,一个结构相同的博弈将被重复多次,可分为有限次重复博弈和无限次重复博弈。而有限次重复博弈又可以分为两种情况,知道哪一次是最后一次博弈的重复博弈和不知道哪一次是最后一次的重复博弈。

首先看无限次重复博弈,当博弈可以进行无限次时,任何背叛或违约行为都有被对手报复的机会。比如石油卡特尔,当某个参与人在某一局违约时,其他成员就可以在下一局采用该违约者在这一局选择的策略——不与他合作——实施惩罚,而且这样的惩罚机会不止一次。基于这种害怕对手惩罚的考虑,每一个成员都自觉遵守协议,纳什合作解是可以达到的。

在有限次重复博弈中,如果知道最后一局是哪一局,就不存在遵守协议的激励,有约束力的协议很难被自我执行。原因在于,如果我知道第 5 局是最后一局,当我在第 5 局违约时,就不存在被惩罚的可能性,那么,我在第 5 局就没有守约的激励。这样,第 5 局单个成员的占优策略就是采取不合作的违约或背叛行为。逆推到第 4 局,每个成员都知道,第 5 局时参与人的最优策略都是不合作,所以他们在第 4 局也不会合作。依次逆推,直到博弈开始的第 1 局,每个参与人都会采取违约的不合作策略。这种推理叫逆向推理法。

对有限次重复博弈,如果每个人都不知道哪一局是最后一局时,参与人选择合作策略的可能性很高。原因在于,每个参与人都不知道他试图选择违约策略的那一局是否是最后一局,因此,他一旦在某局选择个人理性的违约行动,就有被其他参与人惩罚的可能性。所以,在这种情况下,均衡的合作解是可能存在的。

现实中,尽管博弈往往是有限次的,但自愿合作行为却广泛存在,主要原因就是谁也不知道合作到底能进行多少次,也就是说,没有人能确信哪一局是最后一局。

在重复博弈中,行动的规则实际上很简单——针锋相对,以牙还牙。也就是说,选择对手在上一局所选择的策略是每个参与人的占优策略。当对手在上一局与你合作时,你在这一局就与他合作,如果他在上一局违约,那么你在这一局也应该采取违约的策略。

上述博弈都是同时进行的,即便不是同时进行的,参与人也观察不到其他参与人的行动。还有一类动态博弈与上述动态博弈不同,就是序列博弈。序列博弈中,参与人在观察到其他参与人的选择后再采取行动,这是现实中大量存在的一类博弈,比如下棋、打扑克,寡头市场里厂商的定价博弈等一般是序列博弈。

本章小结

完全竞争条件下,达到均衡就不存在任何形式的超额(经济)利润。垄断企业要获得垄断利润,必须实现产品的差异化。

垄断是指行业内只有一家厂商,且该厂商生产的产品缺少相近的替代品,该行业也缺乏潜在的进入者。法律或政策造成的进入壁垒、企业对关键资源的独占以及行业的规模经济特征都会导致垄断。

与竞争性厂商相比,垄断厂商面临向下倾斜的需求曲线。这使垄断厂商的边际收益小于产品价格。征收单一价格的垄断厂商根据边际收益等于边际成本的原则确定利润最大化的最优产量。然而,与竞争性行业相比,垄断行业的产量偏低,价格偏高。

垄断厂商偏低的产量使市场上消费者的支付意愿仍然高于生产的边际成本,这就导致了垄断的无谓损失。政府能够通过立法或管制来克服垄断的低效率,然而信息与激励才是问题的关键所在。

垄断竞争使厂商既有竞争的因素,又有垄断的因素。垄断竞争厂商有两条向右下方倾斜的需求曲线:d 需求曲线是单个厂商独自变动价格时的需求曲线;D 需求曲线是市场上所有厂商都以相同的方式改变价格时的单个厂商的需求曲线。两条需求曲线的相交点意味着商品市场的供求相等。

在寡头市场上,寡头厂商之间的行为是相互影响的。古诺模型说明了寡头市场上每一个寡头都消极地以自己的行动来适应其他竞争对手行动时的均衡,斯威齐模型利用弯折的需求曲线和间断的边际收益曲线解释了寡头市场上的价格刚性。

博弈论是分析寡头市场的重要理论和方法。博弈论的基本均衡概念是占优策略均衡和纳什均衡。在寡头市场上,寡头出于对自身利益的考虑,会达成共谋即采取合作的策略。但是,同样是出于对自身利益的考虑,寡头们所达成的合作协议往往是很不稳定的。

在重复博弈中加入"以牙还牙"的策略,可以使寡头厂商维持合作的协议,摆脱相互之间合作协议不稳定的困境,并使得个体理性与团体理性能够一致。

四类市场综合比较见表6-3。

表6-3 四类市场综合比较

市场类型	新厂商加入	超额利润		均衡条件	
		短期	长期	短期	长期
完全竞争	容易	有	无	MR=SMC	MR=SMC=AR=AC
垄断竞争	较易	有	无	MR=SMC	MR=SMC,AR=AC
寡头垄断	不易	有	有	—	—
完全垄断	不可能	有	有	MR=SMC	MR=LMC=SMC

本章内容结构

不完全竞争市场
- 垄断
  - 垄断市场需求曲线与垄断厂商平均收益曲线重叠：向右下方倾斜
  - 垄断厂商短期均衡条件：MR=SMC
    - AR>AVC,继续生产
    - AR<AVC,停止生产
    - AR=AVC,生产与不生产都一样
  - 垄断厂商长期均衡条件：MR=LMC
  - 定价策略
    - 一级价格歧视
    - 二级价格歧视
    - 三级价格歧视
  - 政府对垄断行业的调节
    - 立法
    - 管制
- 垄断竞争
  - 垄断竞争厂商需求曲线
    - d 曲线
    - D 曲线
  - 垄断竞争厂商短期均衡条件：MR=SMC
  - 垄断竞争厂商长期均衡条件：MR=LMC
  - 非价格竞争
- 寡头
  - 独立行动
    - 产量竞争
      - 假定竞争者产量不变,双寡头厂商同时作产量决定（古诺模型）
      - 假定主导厂商产量决策在先,随从厂商决策在后（斯泰克伯格模型）
    - 价格竞争
      - 假定竞争者价格固定条件下厂商决定价格(伯特兰德模型)
      - 假定竞争者跟跌不跟涨时厂商决定价格(斯威齐模型)
  - 相互勾结
    - 公开勾结(卡特尔)
    - 非公开勾结(价格领先)
  - 博弈论
    - 囚徒困境
    - 占优策略均衡与纳什均衡
    - 重复博弈与序列博弈

综合练习

一、名词解释

垄断市场　　垄断竞争市场　　寡头市场　　古诺模型　　斯威齐模型
囚徒困境　　占优策略　　　　纳什均衡　　差别价格　　非价格竞争

二、选择题

1. 完全垄断厂商的总收益与价格同时下降的前提条件是商品的需求价格弹性（　　）。

　　A. 大于 1　　　B. 小于 1　　　C. 等于 1　　　D. 等于 0

2. 在短期,完全垄断厂商(　　)。
   A. 收支相抵　　　　　　　　B. 盈利
   C. 亏损　　　　　　　　　　D. 以上任何一种情况都可能出现
3. 在斯威齐模型中,拐点左右两边的需求弹性是(　　)。
   A. 左边弹性大,右边弹性小　　B. 左边弹性小,右边弹性大
   C. 左右两边弹性一样大　　　　D. 以上都不对
4. 在完全垄断厂商的最好或最优产量处(　　)。
   A. $P=SMC$　　　　　　　　B. $P=SAC$ 的最低点的值
   C. P 最高　　　　　　　　D. $MR=SMC$
5. 超额利润(　　)。
   A. 能为垄断厂商在短期内获得
   B. 能为垄断厂商在长期内获得
   C. 能为完全竞争厂商在短期内获得
   D. 能为完全竞争厂商在长期内获得

三、简答题

1. 导致完全垄断的原因是什么?
2. 什么是差别价格(价格歧视)?垄断厂商实行差别价格的市场条件是什么?
3. 根据斯威齐模型,寡头厂商的需求曲线为什么是弯折的?

四、计算题

1. 垄断厂商的总收益函数为 $TR=100Q-Q^2$,总成本函数为 $TC=10+6Q$,求厂商利润最大化的产量和价格。
2. 假设垄断者的产品的需求曲线为 $P=16-Q$,P 以美元计。
   (1) 垄断者出售 8 单位产品的总收益是多少?
   (2) 如果垄断者实行一级价格歧视,垄断者的收益为多少?他掠夺的消费者剩余为多少?
   (3) 如果垄断者实行二级价格歧视,对前 4 个单位的商品定价为 12 美元,后 4 个单位的商品定价为 8 美元,垄断者的收益为多少?他掠夺的消费者剩余为多少?

五、分析讨论题

农民老李和农民老王在同一块地方放牧。如果这块地上有 20 头牛,每头牛一生中可以生产价值 4000 元的牛奶。如果这块地上有更多的牛,那么每头牛能吃的草就少了,而且它的牛奶产量也减少了。这块地上有 30 头牛时,每头牛产价值 2800 元的牛奶;有 40 头牛时,每头牛生产价值 1800 元的牛奶。一头牛本身价值 1000 元。

(1) 假设两人每人既可以买 10 头牛,也可以买 20 头牛,但当一方购买时并不知道对方买多少头牛。计算每种结局的获利(用报酬矩阵表示)。
(2) 这个博弈最可能的结局是什么?最好的结局是什么?为什么?

推荐阅读

[1] 高鸿业. 西方经济学[M]. 6版. 北京：中国人民大学出版社，2014.
[2] 尹伯成. 西方经济学简明教程[M]. 8版. 上海：格致出版社，2013：第六章，第七章.
[3] 威廉 A 迈克易切恩. 微观经济学[M]. 余森杰，译. 北京：机械工业出版社，2011：第九章，第十章.
[4] 卜洪运. 微观经济学[M]. 北京：机械工业出版社，2009：第六章，第七章.
[5] 范家骧，刘文忻. 微观经济学[M]. 2版. 大连：东北财经大学出版社，2007：第八章.
[6] 朱中彬，等. 微观经济学[M]. 北京：机械工业出版社，2007：第七章.
[7] 弗兰克. 牛奶可乐经济学2[M]. 闫佳，译. 北京：中国人民大学出版社，2009.

第七章

要素价格理论(选修)

【内容提要】

前几章无论是消费者行为分析,还是生产者行为分析,都是围绕产品市场展开的,那么生产产品使用的生产要素——劳动、资本、土地的市场又是如何运作的呢?本章将简要介绍要素市场的价格决定。在社会上,每个人都是消费者,也是生产要素的所有者,生产要素的价格就是他们的收入,因此,生产要素价格如何决定的问题也就是国民收入如何分配的问题,这就是微观经济学所要回答的为谁生产的问题。

【学习目标与重点】

- 理解和掌握引致需求的含义,掌握完全竞争厂商使用生产要素的原则。
- 掌握厂商和行业的要素需求曲线和供给曲线,掌握要素市场均衡的确定。
- 了解基尼系数的基本含义及与居民收入分配差异程度的关系。

【关键术语】

引致需求　要素需求曲线　要素供给曲线　工资率　地租　利息　利润

【引入案例】

"漂亮"的收益

美国经济学家丹尼尔·哈莫米斯与杰文·比德尔在1994年第4期《美国经济评论》上发表了一份调查报告。根据这份调查报告,"漂亮的人"的收入比长相一般的人高5%左右,长相一般的人又比丑陋一点的人收入高5%~10%。为什么"漂亮的人"收入高?

经济学家认为,人的收入差别取决于人的个体差异,即能力、勤奋程度和机遇的不同。"漂亮程度"正是这种差别的表现。

个人能力包括先天的禀赋和后天培养的能力,长相与人在体育、文艺、科学方面的才能一样是一种先天的禀赋。漂亮属于天生能力的一个方面,它可以使漂亮的人从事其他人难以从事的职业(如当演员或模特)。漂亮的人少,供给有限,自然市场价格高,收入高。

漂亮不仅仅是脸蛋和身材,还包括一个人的气质。在调查中,漂亮由调查者打分,实际是包括外形与内在气质的一种综合。这种气质是人内在修养与文化的表现。因此,在漂亮程度上得分高的人,实际往往是文化高、受教育程度高的人。两个长相接近的人,也会由于受教育不同表现出来的漂亮程度不同。所以,漂亮是反映人受教育水平的标志之一,而受教育是个人能力的来源。因此,受教育多,文化高,收入水平高就是正常的。

漂亮也可以反映人的勤奋和努力程度。一个工作勤奋、勇于上进的人,自然会打扮得体,举止文雅,有一种朝气。这些都会提高一个人的漂亮得分。漂亮在某种程度上反映了人的勤奋,与收入相关也就不奇怪了。

最后,漂亮的人机遇更多。有些工作,只有漂亮的人才能从事,漂亮往往是许多高收入工作的条件之一。就是在所有的人都能从事的工作中,漂亮的人也更有利。漂亮的人从事推销更易于被客户接受,当医生会使病人觉得可亲,所以,在劳动市场上,漂亮的人机遇更多,雇主总爱优先雇用漂亮的人。有些人把漂亮的人机遇更多、更易受雇称为一种歧视,这也不无道理。但有哪一条法律能禁止这种歧视?这是一种无法克服的社会习俗。

漂亮的人的收入高于一般人。两个各方面条件大致相同的人,由于漂亮程度不同而获得的收入不同。这种由漂亮引起的收入差别,即漂亮的人比长相一般的人多得到的收入称为"漂亮贴水"。

改编自:梁小民. 微观经济学纵横谈[M]. 北京:生活·读书·新知三联书店,2000.

要素市场理论又称为收入分配理论,主要研究市场的全部收入(产出)是如何在各种生产要素之间进行分配的,也就是说,通过本章的分析可以回答以下问题:为什么人们的收入不同——有的人月薪 2 万元,有的人年收入 2000 元?是什么决定了一个人的工作时间?销售产品的收入按什么比例分配给生产过程中使用的劳动和资本?

在分析开始之前,有两个问题需要首先说明。

(1) 要素市场也像产品市场一样,有生产者和消费者,不同的是要素市场上的生产者是要素供给者——提供资本的出资人和提供劳动的劳动者;而要素市场上的消费者是要素需求者——厂商,细心的读者会发现,要素市场上的角色刚好与产品市场上相反。

(2) 要素市场也像产品市场一样,有完全竞争和不完全竞争之分,即完全竞争的要素市场、买方垄断的要素市场——要素购买者具有垄断势力的市场结构、卖方垄断的要素市场——要素出售者具有垄断势力的市场结构。

先简要介绍完全竞争要素市场的价格决定。像完全竞争的产品市场一样,完全竞争的要素市场也有以下特征。

(1) 市场上有大量的生产要素需求者和供给者,由于没有单个需求者或供给者可以影响要素价格,因此,每个人都是要素价格的接受者。

(2) 要素是同质的,没有差异。

(3) 要素可以自由流动。

(4) 要素供求双方具有完全信息。

要素市场上的价格同样是由要素的需求和供给决定的。因此,仍将从需求和供给两方面来分析。

知识链接 7-1

生 产 要 素

19 世纪的西方经济学家们习惯于把生产要素分为三类,即土地、劳动和资本。这三类生产要素的价格,则被分别称作地租、工资和利润。因此,那时的生产要素价格理论就是地主、工资收入者和资本家这 3 个主要社会经济阶级之间的收入分配理论。到 19 世纪末,第四种生产要素——企业家才能被"发现"。于是,利润被看成是企业家才能的收益,而资本所有者的收益被看作"利息"。

第一节 要素需求理论

一、引致需求与共同需求

要素的需求与产品的需求具有不同的性质。这种差别主要体现在两个方面。

（一）对生产要素的需求是引致需求（Derived Demand）

在产品生产市场上，对产品的需求来自于消费者的购买行为。消费者之所以购买面包、衣服、电视机等产品是因为这些产品能够直接满足他们的相关需求，也称直接需求，是指消费者为了直接满足自己的吃、穿、住、行等需要而购买产品的需求。

对要素的需求却与此不同，在要素市场上，对劳动、资本等要素的购买并非来自消费者，而是厂商。厂商对这些生产要素的需求，不是要直接消费这些要素，而是为生产消费者所直接需要的汽车、冰箱等，并从中获得收益。这种由消费者对最终产品的需求而引发的厂商对生产要素的需求，称为引致需求，也称派生需求。

（1）在要素市场上，厂商成为要素的需求方，消费者成为要素的供给方。

（2）厂商购买要素不是为了自己的直接需要，而是为了生产和出售产品以获得收益。

（3）厂商之所以对生产要素产生需求，是因为消费者对产品有需求，厂商为了满足消费者对产品的需求，就要使用生产要素来生产出产品。

个案研究 7-1

软件公司对办公场地的引致需求

软件公司要为其编程人员、管理人员和其他雇员租用办公室，这就是对办公场地的需求。在每一个地区，都有一条斜率为负的办公面积的需求曲线，它将土地所有者所要求的租金与公司想要的办公面积的数量联系起来——价格越低，公司愿意租用的面积就越大。

软件公司租用办公场地并不是像消费者购买产品时获得效用那样直接从中得到满足，而是将办公场地投入到生产中，从而获得收入。追根溯源，不难发现这样的现象：消费者从软件中获得的满足决定了软件公司能卖出多少软件，决定了需要多少软件设计、编程与销售人员等，从而决定了必须租用多少办公场地。

该软件越是成功，办公场地需求曲线就越向右移动。因此，要准确地分析投入需求，必须认识到消费者对产品的需求最终决定了企业对办公场地的需求。

（二）对生产要素的需求是共同需求（Joint Demand）

要素需求不仅是一种引致需求，也是一种联合需求。在研究生产理论时，生产过程是靠各种要素的综合作用完成的。威廉·配第爵士曾经用过这样一个形象而深刻的比喻：劳动是产品之父，而土地则是产品之母。我们不好说生孩子时，父亲重要还是母亲重要。同样，我们一般也不好说多种要素中究竟哪一种要素"单独"创造了多少产出。这就是劳动、资本和土地在生产中的相互依赖性。

共同需求也称联合需求,是指对生产要素的需求是共同的、相互依赖的需求。对某种要素的需求,不仅取决于本身价格,也取决于其他要素价格。如果人工很便宜,使用昂贵的机器不如用人工合算,厂商就会更多地使用人力来代替机器,反之亦然。

> **知识链接 7-2**
>
> 中间生产要素
>
> 中间生产要素是指厂商生产出来又投入生产过程中去的产品。所有者是厂商,目的是实现利润最大化。对某一个企业来说是中间产品的东西,对另一个企业来讲可能就是产品。比如,钢铁对于汽车厂来讲是中间产品,但它对于钢铁厂来讲就是产品。本章所说的生产要素,指的都是原始生产要素。

> **知识链接 7-3**
>
> 边际生产力理论
>
> 要素价格决定:在其他条件不变和边际生产力递减的前提下,一种生产要素的价格取决于其边际生产力。
>
> 当使用要素的边际成本和要素的边际生产力(边际收益)相等时,厂商才能在要素使用上达到利润最大化。
>
> 要素的市场价格,由其需求和供给决定。具有不同于一般商品的需求和供给的特点,不同要素均衡价格决定具有不同特点。

> **知识链接 7-4**
>
> 生产要素有两种价格
>
> 源泉价格:买卖生产要素的服务"载体"(或称源泉)的价格,如土地所有权。
>
> 服务价格:买卖要素提供的服务的价格,如土地租金。
>
> 土地、资本具有两种价格;劳动、企业家才能只有服务价格。
>
> 本章所讲要素价格除非特别指明,指的都是要素的服务价格。
>
> 要素价格构成厂商成本,也构成要素所有者的收入,要素价格决定也是国民收入在要素所有者之间的分配问题。

二、完全竞争厂商对生产要素的使用原则

在对产品市场的分析时曾作过一个重要假定,即厂商以追求自身利润最大化为目标。利润最大化的条件是边际收益等于边际成本。这一结论不仅适用于前面对产品市场的分析,同样也适用本章对生产要素市场的分析。

为了使说明便于理解,现假定厂商只使用劳动和资本两种生产要素进行生产,并假定资本数量不变,从而厂商只需选择劳动的数量。一方面,厂商是要素市场上的消费者,它们花费生产成本购买劳动;另一方面,厂商又是产品市场上的生产者,它们使用劳动生产

产品,并出售产品获取收益。

当增加一单位劳动投入时,若该单位劳动投入所增加的产品为厂商带来的收益的增加量大于厂商为该单位劳动支付的成本,那么增加该单位劳动会增加厂商的利润,则厂商会使用它;反之,若该单位劳动投入所增加的产品为厂商带来的收益的增加量小于厂商为该单位劳动支付的成本,那么增加该单位劳动会减少厂商的利润,则厂商不会使用它。因此,厂商使用生产要素的原则仍是"边际成本"等于"边际收益"。

有所不同的是,我们要从另一个角度对边际收益和边际成本进行定义——"使用要素的"边际收益和"使用要素的"边际成本,即边际产品价值和要素价格。完全竞争市场要素投入价格和产品产出价格都为常数。

(一) 边际要素成本(要素价格)

边际要素成本 MFC(Marginal Factor Cost)是指厂商增加一单位要素的使用所增加的成本。

$$\text{MFC} = \frac{\Delta C}{\Delta F} \tag{7-1}$$

根据前面的假定,成本与生产要素劳动的函数关系式为

$$C = wL \tag{7-2}$$

式中:w 表示工资率即劳动要素的价格,L 为劳动的数量。

因为在完全竞争的条件下,任何一家厂商单独增加或减少其要素购买量都不会影响要素价格,即工资 w 固定不变。现在对函数进行求导可得到要素的"边际成本"。

$$\text{MFC} = \frac{\text{d}C(L)}{\text{d}L} = w \tag{7-3}$$

式(7-3)表示完全竞争厂商增加使用一单位劳动的边际成本恰好等于工资率 w,如图 7-1 所示。

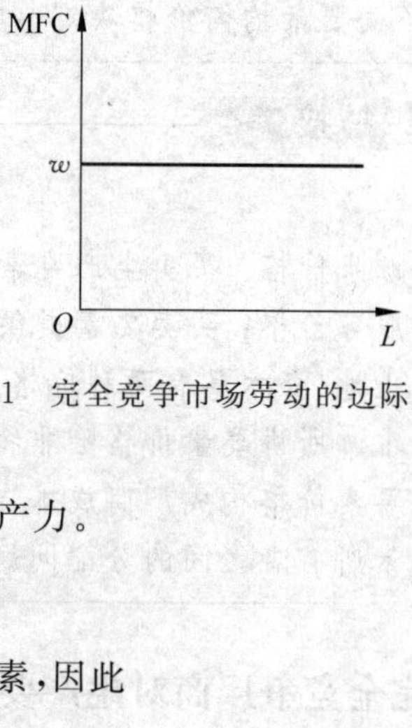

图 7-1 完全竞争市场劳动的边际成本

(二) 边际产品收益

边际产品收益 MRP(Marginal Revenue Product)是指厂商增加一单位的要素所能增加的收益,又称边际生产力。

$$\text{MRP} = \frac{\Delta \text{TR}}{\Delta F} \tag{7-4}$$

厂商的收益取决于产量,厂商的产量又取决于生产要素,因此

$$\text{MRP} = \frac{\Delta \text{TR}}{\Delta F} = \frac{\Delta \text{TR}}{\Delta Q} \cdot \frac{\Delta Q}{\Delta F} = \text{MR} \cdot \text{MP} \tag{7-5}$$

式中:MR 为边际收益;MP 为边际产量。

(三) 厂商使用要素的一般原则:MRP=MFC

假定厂商使用一种要素、生产一种产品,追求最大利润 π,则

$$\pi = \text{TR}(F) - \text{TC}(F) \tag{7-6}$$

令

$$\frac{d\pi}{dF} = \frac{dTR(F)}{dF} - \frac{dTC(F)}{dF} = MRP - MFC = 0 \qquad (7-7)$$

得

$$MRP = MFC \qquad (7-8)$$

式(7-8)即为厂商使用要素的一般原则。

(1) 如果 MRP>MFC,增加一个要素所增加的收益要大于增加的成本,利润将增加,为追求利润最大化,肯定会不断地增加要素,从而增加利润。

(2) 随着产量增加,边际产量下降而边际收益下降或不变,从而边际产品收益也是下降的,最终会达到 MRP=MFC。

(四)边际产品价值 VMP(Value of Marginal Product)

在产品市场中,收益只被看成是产量的函数,与生产要素无关,即 $R(Q)=QP$。一旦转入要素市场,则应进一步看到,产量本身又是生产要素的函数,根据前面的假定,产量与生产要素劳动的函数关系 $Q=Q(L)$。则有收益与生产要素劳动的函数关系式如下:

$$R(L) = Q(L) \cdot P \qquad (7-9)$$

在完全竞争条件下,价格 P 为既定常数,不会随着厂商产量的变化而变化。由于价格固定不变,所以厂商的总收益实际上是产量的函数,随着产量的变化而变化。

对收益与产量的函数求导可以得到边际收益(MR)。同样现在对要素市场的要素与产量之间的函数求导则可以得到要素的边际产品收益(MRP):

$$MRP = \frac{dQ(L)}{dL} \cdot P = MP \cdot P = VMP \qquad (7-10)$$

它表示在完全竞争的条件下,厂商增加使用一个单位劳动要素所增加的收益。应特别注意 MRP 与 MR 的区别。边际收益 MR 是对产量而言的,是产品的边际收益。边际产品收益 MRP 是对要素而言的,是要素的边际产品收益。

显然 VMP 只是 MRP 的一个特例,即在完全竞争市场,当 MR 为常数 P 时,产品价格与要素的边际产量的乘积。

(五)完全竞争厂商使用要素的原则

在完全竞争市场,由于边际成本要素等于工资率 w,所以完全竞争厂商使用生产要素的原则如下:

$$VMP = w \qquad (7-11)$$

完全竞争厂商使用要素的原则是:边际产品价值等于该要素的市场价格。

(1) 如果 MRP>w,这意味着厂商投入的最后一单位要素生产出的产品的收益大于为购买这一要素而付出的成本,净所得(即边际利润)大于零,继续增加要素投入还可以增加利润,直到 MRP=w 为止。

(2) 若 MRP<w,说明投入的最后一个单位要素的所得已经小于为购买这一单位的

要素而付出的成本了,减少要素的使用尽管可能导致总产量和总收益下降,但可以使净所得(即边际利润)增加,因而,厂商因此减少要素购买量是符合利润最大化目标的理性行为,直到 MRP=w 为止。

三、完全竞争厂商对生产要素的需求曲线

与研究产品市场的需求一样,我们想要分析的厂商对生产要素的需求曲线是研究厂商对生产要素的需求量如何随要素价格的变化而变化,厂商对要素的需求量与要素价格之间的关系称为要素需求函数。

完全竞争厂商对生产要素 L 的需求函数,反映的是在其他条件不变时,完全竞争厂商对要素 L 的需求量与要素价格 W 之间的关系。现在假设某厂商在完全竞争市场上销售产品,可变要素 L 的投入量与边际产品、产品价格和边际产品价值见表 7-1。

表 7-1 完全竞争厂商的要素 L 的需求表

要素数量(L)	边际产品(MP)	产品价格(P)	边际产品价值(VMP=MP·P)
1	18	10	180
2	16	10	160
3	14	10	140
4	12	10	120
5	10	10	100
6	8	10	80
7	6	10	60
8	4	10	40

将表 7-1 所反映的情况用图形表示出来,即是厂商的边际产品价值曲线,也就是厂商对要素(比如劳动)的需求曲线,如图 7-2 所示。

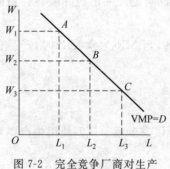

图 7-2 完全竞争厂商对生产要素的需求曲线

在前面的描述中可知在完全竞争的要素市场条件下,厂商想要达到利润的最大化就必须保持要素的边际成本与要素的边际收益相等,即 VMP=MFC=w。根据这个公式可以推导出完全竞争厂商的要素需求曲线。

根据 VMP=MP·P 可得 MP(L)·P=w。下面说明这个函数的特点。

当 w 变大时,就有了 w>MP(L)·P,厂家为了利润的最大化必须对生产做出调整,由于完全竞争状态下厂商不能改变市场价格 P,只能对要素的使用量 L 进行增加或减少来调整平衡,根据第四章,因为 w 变大所以要素的使用量 L 减少了,反之亦是如此。

这样便可以得到以下结论:随着要素价格的上升,厂商对要素的最佳使用量即需求量将下降。因此,完全竞争厂商的要素需求曲线向右下方倾斜。

根据 $MP(L) \cdot P = w$ 还可以说明在完全竞争条件下，厂商对单一要素的需求曲线 D 将与其边际产品价值曲线 VMP 完全重合，如图 7-2 所示。

从利润的最大化出发，厂商应该按照曲线 VMP 与 w 水平线的交点来决定要素的使用量 L，当 w 变动时，其要素数量 L 就会沿着 VMP 曲线随之变动。如果 w 上升到 W_1，则相应的利润最大化的 L 应变为 L_1，如果 w 下降到 W_2，则 L 将变为 L_2，因此，对要素市场的任意价格，厂商的 VMP 曲线确定的 L 使用量可以使厂商的利润达到最大化。所以，厂商的边际收益曲线 VMP 就是厂商的要素需求曲线。

扩展知识 7-1

从厂商需求曲线到市场的需求曲线

单个厂商要素需求曲线不能横向加总得到市场需求曲线。原因：厂商需求曲线的推导都附加了一定前提。假定要素价格变动时，其他厂商的要素使用量不变。

劳动价格下降，厂商都会增加劳动使用，产品市场供给曲线右移，产量上升，产品价格下降。导致边际产品价值曲线的移动，从而厂商的要素需求曲线也会发生变动。

劳动价格上升，所有厂商都会减少使用量，产品的市场供给曲线会向左移动，产品价格上升，要素的边际产品价值曲线也会发生移动，要素的需求曲线跟着移动。

第二节　要素供给理论

一、要素的供给问题

马歇尔的"四位一体"：劳动—工资；资本—利息；土地—地租；企业家的才能—利润。

（一）要素所有者

要素所有者具有非单一性，既可以是生产者，也可以是消费者；可以是"中间要素（投入）"所有者——生产向生产过程再次投入的中间要素的生产者，也可以是原始要素所有者——向市场提供诸如劳动等要素的所有者。本章涉及的是原始要素所有者。

要素所有者及其行为目标的不一致自然会影响到对要素供给的分析。生产者使用生产要素的目的是追求利润的最大化；而作为生产要素供给者的消费者，其目的是效用的最大化。根据生产者的利润最大化行为讨论其对中间要素的供给，根据消费者（或资源所有者，如劳动、土地和资本等的所有者）的效用最大化行为讨论其对原始要素的供给。

（二）要素供给数量的特点

消费者拥有的要素数量有限，消费者的决策只能在这有限的资源范围内进行。如消费者拥有的时间一天只有 24 小时，其可能的劳动供给不可能超过这个数；再如消费者拥有的收入每日 500 元，则他不可能储蓄（即供给资本）比这更多。

由于资源是既定的，消费者只能将其拥有的全部既定资源的一部分作为生产要素来提供给市场,从而获得租金、工资、利息等收入;剩余的部分可称为"保留自用"(或简称为"自用")的资源。

因此,所谓要素供给问题可以看成是消费者在一定的要素价格水平下,将其全部既定资源在"要素供给"和"保留自用"两种用途上进行选择分配以获得最大效用。

(三) 要素供给原则

消费者要素供给的原则=实现效用最大化的条件,即提供给市场的要素的边际效用和消费者"保留自用"的要素的边际效用相等。

如果该要素供给市场的边际效用大于保留自用的边际效用,那么消费者增加要素的供给减少保留自用的资源数量将能够使他的总效用增加;如果该要素供给市场的边际效用小于保留自用的要素边际效用,那么理性的消费者将会减少提供给市场的要素,增加保留自用的要素,从而提高自己的总效用。

二、劳动的供给曲线与工资率的决定

(一) 劳动的供给

劳动供给是指劳动者在不同劳动价格水平上愿意并能够提供的劳动数量。劳动价格通常用工资率加以衡量。工资率指单位劳动(如每小时劳动)的工资。劳动价格水平高低实际上是指工资率高低。

一国或一地区在一定时期的劳动供给状况是由多种因素决定的,主要有人口及年龄结构、劳动力参与率和工作意愿等。一国或一地区中如果人口基数大,年轻人比重又大,劳动供给超过需求的话,即使工资水平较低,也会有不少人失业。因此,控制劳动力供给首先要控制人口增长。

劳动力参与率是指想工作的劳动者在劳动年龄人口的比重。影响劳动力参与率的因素很多,政府有关政策是其中的重要因素,如完善的、丰厚的退休金制度会使许多健康老年人不想继续工作,重视学历的政策会使许多年轻人延长学习年份而暂不工作等。

劳动的供给涉及消费者对其拥有的既定时间资源的分配,或者说,是如何决定其全部资源在闲暇和劳动供给两种用途上的分配以达到效用的最大化。劳动者工作意愿很大程度上取决于他对工资和闲暇效用的比较。

劳动可得到工资收入,工资收入给劳动者带来效用,闲暇也给劳动者带来效用。劳动作为闲暇的牺牲会给劳动者带来负效用,即痛苦和不舒适的感觉,劳动的多,工资收入也多,但闲暇会减少,可见收入和闲暇之间存在着替代关系。

劳动的供给主要取决于劳动成本。包括两类,实际成本:维持本人及其家庭生活必需的费用;心理成本:补偿劳动者心理负效用的费用。劳动以牺牲闲暇享受为代价,会给劳动者心理上带来负效用。

消费者选择一部分时间作为闲暇来享受,选择其余时间作为劳动供给。前者即闲暇直接增加了效用;后者带来了收入,通过收入用于消费再增加消费者的效用。因此,就实质而言,消费者并非是在闲暇和劳动之间进行选择,而是在闲暇和劳动收入之间进行选择。

知识链接 7-5

劳动与闲暇

闲暇时间包括除必需的睡眠时间和劳动供给之外的全部活动时间。例如,用于吃、喝、玩、乐等,即用于各种消费活动的时间。在现实生活中,闲暇时间也可用于非市场活动的"劳动",例如干家务活。

在时间固定不变的情况下劳动与闲暇之间存在着一种此消彼长的关系,当劳动增加就意味着闲暇的减少;当劳动减少就意味着闲暇的增加,这里产生了替代效用与收入效用。

随着工资的提高,从替代效应来看,闲暇变得更贵,劳动者想用工作代替闲暇。从收入效应来看,工资更高,收入更多。劳动者会购买更多的商品和服务,还想有更多的闲暇。

哪种效应更加有利,这取决于个人。

个案研究 7-2

钟鸣是否加班

在一家物流公司上班的钟鸣月薪 5000 元。周六加班的工资是 200 元,但钟鸣周六从来不加班,而是在家休息或约朋友钓鱼。现在经理让他周六加班,加班工资是一天 500 元,他接受了这一要求。尽管 500 元收入的代价是每周放弃一天的休息,但他觉得很划算。以前他周六休息的代价是放弃 200 元的收入,而现在,如果周六休息,他将为此付出放弃 500 元收入的代价。如果他不接受这一要求,在他的朋友看来,钟鸣所消费的"周六在家休息和钓鱼"这些商品简直就是奢侈品(价格高达 500 元一天)。显然,这就是替代效应,由于替代效应,闲暇的需求量与闲暇的价格(即工资)反方向变化,如果工资上涨,就应该用便宜的"劳动"代替贵的"闲暇",这一点上,与其他商品没有区别。

上面所讲到的替代效应与以前的商品没有太大的区别,但收入效应与以前所讲的就有一些区别,需要特别注意。对于一般的商品而言,价格上升后,消费者买到的商品数量将减少,消费者的实际收入是下降的。而这里讲到的"闲暇"商品与一般的商品就恰恰相反,闲暇的特殊性在于,它的价格上升可以提高消费者的收入,在不减少对闲暇消费的情况下得到更多的收入。为此,他可以更多地劳动,也可以增加对闲暇的消费。

接着以上面的例子来说明。由于钟鸣干得很出色,经理多次提高他的工资,年底时他的工资已经涨到了 10000 元,工作时间由每天的 8 小时增加到了 9 小时,周六的加班工资涨到了每天 600 元。

由于业务增加,但经理又不想增加新员工,要求钟鸣增加工作时间,工资也可以增加,但钟鸣不但不愿意继续增加加班时间,甚至还要求找新员工,并将他周六的加班也取消。他为什么不愿意加班了呢?这就是收入效应的作用。

简单地说,当工资富足,达到人的满意程度后,人们就会更加珍惜闲暇,减少劳动,即使现在的劳动能换更多的钱。

(二) 劳动供给的特殊规律与劳动供给曲线

初期,工资增加,劳动会增加。到一定程度后,劳动的供给曲线向后弯曲,即工资高过一定限度,货币收入的边际效用不足以抵补劳动的负效用,劳动的供给量反而减少,如图 7-3 所示。

(三) 劳动市场的供给曲线和均衡工资的决定

将所有单个消费者的劳动供给曲线水平相加,就会得到整个市场的劳动供给曲线。尽管许多消费者的劳动供给曲线可能会向后弯曲,但劳动的市场供给曲线却不一定也是如此。在较高的工资水平上,现有的劳动者也许提供较少的劳动,但高工资也会吸引新的劳动者进来,因而总的市场劳动供给一般还是随着工资的上升而增加,从而市场供给曲线仍是一条向右上方倾斜的曲线,如图 7-4 所示。

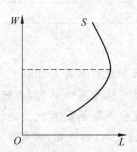
图 7-3 消费者个人的劳动供给曲线

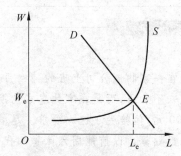
图 7-4 均衡工资的决定

在前面已介绍过,均衡点是供给曲线与需求曲线的交点,这里也不例外,劳动的供给曲线与劳动的需求曲线的交点就是均衡工资点,它会随着劳动的供给曲线和劳动的需求曲线变动而变动。而产生以上两种曲线的变动有很多种原因,这里就不多解释了。

三、土地的供给曲线与地租的决定

(一) 土地的供给与供给曲线

在经济学中已经对土地进行了界定,经济学上的土地不仅仅是土地,还包括水、森林、矿产等一切自然资源,其特点被描述为"原始的和不可毁灭的"。说它是原始的,因为它不能被生产出来;说它是不可毁灭的,因为它在数量上不会减少。

土地数量既不能增加也不能减少,因而是固定不变的。或者说,就一个国家或一个地区而言,土地的"自然供给"是固定不变的,它不会随着土地价格的变化而变化。因此,土地的供给曲线是一条垂直直线,如图 7-5 所示。

既然土地的数量是固定不变的,作为一个理性的土地所有者,他将会使自己的土地效用达到最大,或自己的土地收益达

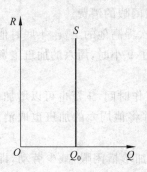
图 7-5 土地的供给曲线

到最大。

土地的配置可分为两种用途：自用和供给市场。自用没有收入，但可以直接带来效用，如养花种草等。供给市场可以带来收入。土地通过购买的行为可以转化为商品，最终给所有者带来效用。

土地所有者在土地用途选择上所面临的效用函数可以记作：

$$U = U(X,Y) \tag{7-12}$$

式中：U 表示效用；X 表示自用土地数量；Y 表示供应市场上的土地数量。其中，$X+Y=Q$，Q 为固定的土地供给量。

在劳动供给中，时间的消费性使用占去全部时间的一个较大部分，工资对于闲暇的消费具有较大的影响。与劳动供给不同的是，土地的自用通常只占其所有者拥有土地量的很小一部分，这部分可以忽略不计，从而效用函数可以简化为

$$U = U(Y) = U(Q) \tag{7-13}$$

也就是说，土地所有者的效用只取决于土地收入而与自用土地数量大小无关。在这种情况下，为了获得最大效用就必须使土地收入达到最大，而为了使土地收入达到最大就要求尽可能地多供给土地。

扩展知识 7-2

行业土地的供给可变

倘若从某行业的角度来看土地供给，则土地的使用量或供给量是会随着地租水平的变化而发生变化的。例如，当土地用来建筑住宅可以产生较高的报酬，即可以支付较高的地租，用于种植或其他用途的土地就会被转用于建筑用途。因此，从一个行业来说，土地的供给是可变的。土地的供给与使用土地的机会成本有关。从一个特定行业看，地租的上升可以引起土地供给量的增加。

（二）土地的需求曲线与地租的决定

前面以劳动的需求为代表分析了生产要素需求曲线，而劳动的需求曲线就是劳动的边际产品价值曲线，而劳动的边际产品价值曲线因为劳动的边际产量的递减而向右下方倾斜，因此，劳动的需求曲线向右下方倾斜。据此可推出土地的需求曲线也向右下方倾斜。

地租是土地这一生产要素的收益或价格，地租是由土地供给和土地需求共同决定的。将土地的供给曲线与需求曲线相结合，就能得到土地的均衡价格 R_e，如图 7-6 所示。

在图 7-6 中，土地的供给曲线和需求曲线两条曲线的交点决定了社会均衡地租。由于土地的供给是固定不变的，是一条垂直的直线 S，不随价格的变化而变化，故地租完全由土地的需求曲线决定，而与土地的供给曲线无关：地租随着需求的上升而上升，随着需求的下降而下降。一般情况下，城镇的地租比较高，农村的地租比较低。

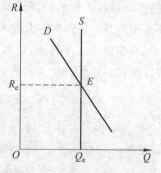

图 7-6 土地的均衡价格

(三) 租金、准租金和经济租金

按照上面的分析,地租是土地这种供给固定不变的要素的服务价格,因而地租只与固定不变的土地有关。但在现实中,不仅土地可以被看作固定不变的,而且有许多其他资源在某些情况下也可以被看成是固定不变的。这种供给数量固定不变的一般资源的服务价格叫作"租金"。地租是当所考虑的资源为土地时的租金,而租金则是一般化的地租。

租金和地租都是针对供给固定不变的生产要素的服务价格,这里的固定不变显然是长期和短期都适用。但是,在现实生活中,有些生产要素尽管在长期中可变,但在短期中却是固定的。

例如,由于厂商的生产规模在短期不能变动,其固定生产要素对厂商来说就是固定供给的,既不能从现有的用途中退出转到收益较高的其他用途中去,也不能从其他相似的生产要素中得到补充。这些要素的服务价格在某种程度上类似于租金,被称为"准租金"。所谓"准租金"就是对供给量暂时固定的生产要素的支付,即固定生产要素的收益。

有许多要素的收入尽管从整体上看不同于租金,但其收入的一部分却可能类似于租金,亦即如果从该要素的全部收入中减去这一部分并不会影响该要素的供给。这一部分要素收入叫作"经济租金"。

经济租金的大小取决于要素供给曲线的形状,供给曲线越陡峭,经济租金就越大,特别是当供给曲线为垂直线时,全部要素收入均变为经济租金,它恰好等于租金或地租。由此可见,租金实际上是经济租金的一种特例,即当要素供给曲线垂直时的经济租金,而经济租金则是更为一般的概念,不仅适用于供给曲线垂直的情况,也适用于不垂直的一般情况。如果供给曲线为水平线,则经济租金便完全消失。

四、资本的供给曲线与利息的决定

(一) 资本和利息

作为与劳动和土地并列的一种生产要素,资本具有如下特点:①资本的数量可以改变,可以通过人们的经济活动生产出来;②它之所以被生产出来,是为了以此获得更多的商品和劳务;③资本作为投入要素,通过用于生产过程来得到更多的商品和劳务。

根据以上3个特征,资本可以被定义为:由经济制度本身生产出来并被用作投入要素以便进一步生产更多的商品和劳务的物品。

资本与劳动和土地的区别

由于第一个特点,资本便与其他两个要素即土地和劳动区别开了。因为土地和劳动均是"自然"给定的,不能由人们的经济活动生产出来。由于第二及第三个特点,资本便与一切非生产要素的东西区别开来。

利息是厂商在一定时期内为利用资本的生产力所支付的代价,或者说是资本所有者在一定时期内因让渡资本使用权,承担风险所索取的报酬。利息与本金的比率就是利息率,用 r 表示,利息率就是资本的使用价格。利息率也是由使用资本的供求关系决定的。

(二) 资本的供给

当资本市场的利率变动后,对消费者的跨期消费决策来说,会产生两种效应:替代效应与收入效应。替代效应指的是,利率越高,对牺牲当前消费的补偿就越大,消费者就愿意减少当前的消费,增加储蓄以获得更多的消费。

收入效应指的是,利率越高,消费者就越有可能在维持未来消费水平下增加现有的消费,从而储蓄减少。因此,利率的提高带来的替代效应与收入效应是相反的。这种情况与劳动者工资的提高所带来的变化类似,利率的提高有可能会使消费者增加当前的储蓄,也有可能减少当前的储蓄,最终的结果取决于利率水平的高低及消费者当前收入的大小与对未来收入的预期。

一般来说,当低利率水平时,利率的提高使储蓄增加的财富较少,其替代效应会大于收入效应,消费者会减少当前的消费而增加储蓄;而在高利率水平,利率增加使储蓄增加的财富较多,其收入效应会大于替代效应,消费者会减少当前的储蓄而增加消费。

所以,消费者的利率储蓄关系与行动者的工资劳动关系类似。消费者个人的资本供给曲线也是一条向里弯曲的曲线,而市场的资本供给曲线则为一条向右上方倾斜的供给曲线。消费者个人的资本供给曲线如图 7-7 所示。

(三) 利率的决定

利率 r 的决定取决于对资本的需求与供给。资本需求曲线 D(投资)与供给曲线 S(储蓄)相交于 E 点,决定利率水平 r_e 和资本量 K_e,如图 7-8 所示。

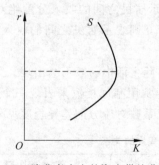

图 7-7　消费者个人的资本供给曲线

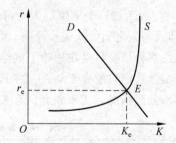

图 7-8　市场利率的决定

五、企业家才能与利润理论

利润分为正常利润和超额(经济)利润。

（一）正常利润

正常利润即企业家才能的价格，是一种特殊的工资。正常利润的决定与工资类似，取决于"企业家才能"的供求关系。

由于企业家才能需求很大，而企业家才能供给很少，所以企业家才能的供求曲线的交点所决定的正常利润就会远远高于一般劳动者的工资。

正常利润包括在经济学分析的成本之中，所以收支相抵就是获得了正常利润。在完全竞争中，利润最大化就是获得正常利润。超过正常利润以后的超额利润在完全竞争时并不存在。

（二）超额利润

超额利润是指超过正常利润部分的利润。在完全竞争条件下，达到均衡就不存在任何形式的超额（经济）利润。企业获得超额利润的途径如下。

（1）创新。创新是指企业家对生产要素实行新的组合。合理，应予鼓励。

（2）垄断。垄断对经济的长远发展不利，不合理。

（3）承担风险。对某项事业可能失败的补偿。

六、收入分配与基尼系数

（一）基尼系数

基尼系数（Gini Coefficient）系意大利经济学家基尼（Corrado Gini，1884—1965）于1912年根据劳伦茨曲线所定义的判断收入分配公平程度的指标所提出的，定量测定收入分配差异程度，是国际上用来综合考察居民内部收入分配差异状况的一个重要分析指标。

其经济含义是：在全部居民收入中，用于进行不平均分配的那部分收入占总收入的百分比。基尼系数最大为1，最小等于0。等于1表示居民之间的收入分配绝对不平均，即100%的收入被一个单位的人全部占有了；而等于0则表示居民之间的收入分配绝对平均，即人与人之间收入完全平等，没有任何差异。

但这两种情况只是在理论上的绝对化形式，在实际生活中一般不会出现。因此，基尼系数的实际数值只能介于0~1之间。经济学家们通常用基尼指数来表现一个国家和地区的财富分配状况。按照联合国有关组织规定，基尼系数对应分配差异程度见表7-2。

表7-2 基尼系数与分配差异程度的关系

低于0.2	收入绝对平均	0.4~0.5	收入差距较大
0.2~0.3	收入比较平均	0.5以上	收入差距悬殊
0.3~0.4	收入相对合理		

数值越低，表明财富在社会成员之间的分配越均匀；反之亦然。通常把0.4作为收入分配差距的"警戒线"，根据黄金分割律，其准确值应为0.382。

目前,国际上用来分析和反映居民收入分配差距的方法和指标很多。基尼系数由于给出了反映居民之间贫富差异程度的数量界线,可以较客观、直观地反映和监测居民之间的贫富差距,预报、预警和防止居民之间出现贫富两极分化,因此得到世界各国的广泛认同和普遍采用。

(二)收入分配政策

在现实生活中,人们占有要素的状况不同。效率的发挥建立在承认差别或者说不平等的基础上,有差别才有运动。效率来自个人努力和勤奋,不重视和不承认有差别,就是鼓励懒惰,那样的平等只能成为普遍贫困。

然而,如果差距过大,贫富悬殊,也会造成严重的社会问题。无法生活下去的人们必然铤而走险,造成社会动荡。因此,有必要通过政府的收入分配政策来缓解收入分配的不公平现象。

1. 税收

(1) 个人所得税。根据收入的高低确定不同的税率,对高收入者按高税率征税,对低收入者按低税率征税。

(2) 遗产税、赠予税、财产税等。纠正财产分配的不平等。

(3) 消费税。

2. 社会福利政策

(1) 给穷人提供补助来实现分配的均等化。

(2) 社会保障与社会保险。

(3) 保护劳动者的各种立法,包括最低工资法和最高工时法以及环境保护、食品和医药卫生等法。

(4) 各种福利设施和公共工程的建设。

阅 读 文 章

帕雷托最优

意大利经济学家维弗雷多·帕雷托(见图 7-9)在关于经济效率和收入分配的研究中最早使用了帕雷托最优的概念,故以他的名字命名。帕雷托最优和帕雷托改进,是博弈论中的重要概念,并且在经济学、工程学和社会科学中有着广泛的应用。

1. 帕雷托最优标准

帕雷托最优也称帕雷托效率、帕雷托改善、帕雷托最佳配置:是指资源配置的一种理想状态,即假定固有的一群人和可分配的资源,从一种分配状态到另一种状态的变化中,在没有使任何人境况变坏的前提下,也不可能再使某些人的

图 7-9 维弗雷多·帕雷托

处境变好。换句话说,就是不可能再改善某些人的境况,而不使任何其他人受损。

> **个案研究 7-3**
>
> 猎鹿,还是猎兔
>
> 在原始社会,人们靠狩猎为生。为了使问题简化,假设村庄里只有两个猎人,主要猎物只有两种:鹿和兔子。如果两个猎人齐心合力,忠实地守着自己的岗位,他们就可以共同捕得一头鹿。要是两个猎人各自行动,仅凭一个人的力量,是无法捕到鹿的,但却可以抓住 4 只兔子。从能够填饱肚子的角度来看,4 只兔子可以供一个人吃 4 天;而 1 只鹿可供每人吃 10 天。
>
> 也就是说,两位猎人对资源的不同配置可以有如下几种结果:要么分别打兔子,每人得 4;要么合作,每人得 10(平分鹿之后的所得)。如果一个猎人去抓兔子,另一个猎人去打鹿,则前者收益为 4,而后者只能是一无所获,收益为 0。在上述资源的配置中,要么两人分别打兔子,每人吃饱 4 天;要么两人合作,每人吃饱 10 天,这就是两个可能的结局。

帕雷托改进:是指一种变化,在没有使任何人境况变坏的前提下,通过重新配置资源,使得至少一个人变得更好。

(1) 帕雷托最优是指没有进行帕雷托改进余地的状态。

(2) 帕雷托改进是达到帕雷托最优的路径和方法。

(3) 帕雷托最优是公平与效率的"理想王国"。

2. 实现帕雷托最优的 3 个条件

(1) 交换最优:即使再交易,个人也不能从中得到更大的利益。此时对任意两个消费者,任意两种商品的边际替代率是相同的,且两个消费者的效用同时得到最大化。

(2) 生产最优:这个经济体必须在自己的生产可能性边界上。此时任意两个生产不同产品的生产者,需要投入的两种生产要素的边际技术替代率是相同的,且两个消费者的产量同时得到最大化。

(3) 交换和生产最优:经济体产出产品的组合必须反映消费者的偏好。此时任意两种商品之间的边际替代率必须与任何生产者在这两种商品之间的边际产品转换率相同。

3. 社会福利最大化与经济效益

(1) 效率的一般含义。

效率的一般含义是指投入产出比,或者说是指在一定条件下实现目标的程度。效率最大化在本质上是一种数学最优化问题,通常效率最大化是一种约束决策,即投入一定产出最大的决策或产出一定投入最小的决策。

经济效率是指社会经济运行的总体效率。在既定的技术条件下,对现有经济资源的使用达到了不可能使社会成员福利进一步增加的状态。

但是经济学上通常又讲帕雷托最优效率,那么帕雷托效率与效率的通常含义有什么关系?帕雷托效率只是经济效率的一种,那么经济效率主要包括哪些具体表现形式?

(2) 经济效率的主要表现形式。

① 个体经济决策的经济效率。有约束决策中实现经济效率：比如消费者的预算支出一定效用最大化决策；其对偶决策为，消费者的效用水平一定支出最小化决策。厂商的成本一定产量最大化决策及其对偶决策产量一定成本最小化决策。

无约束经济决策中实现经济效率，通常表现为完全竞争厂商的利润最大化决策。其最优一阶条件为 MR＝MC，这成为边际分析经典表述。

② 涉及集体决策的经济效率。主要有两个：一个是帕雷托效率；另一个是社会福利最大化。

本质上，帕雷托最优点是一种相对最优化，这里的相对最优化是指，假定在其他人效用水平既定的情况下，求剩余的一个人的效用最大化。帕雷托最优点是一种局部概念，是从某一点出发，看能否做出帕雷托改进而定义的。但不同的帕雷托最优点之间无法进行大小比较。从而帕雷托效率并不能完全解决资源配置问题。

社会福利最大化是全局最优概念，其目标函数是社会福利函数，即社会所有个人的效用水平函数，约束条件包括每个人的效用函数等。社会福利最大化是真正的全局性的经济效率概念，而帕雷托最优只是局部性经济效率概念。

因此，社会福利最大化一定是帕雷托最优点；但是反过来讲，帕雷托最优点不一定能实现社会福利最大化。因此，帕雷托最优概念不足以进行公共政策决策。社会福利函数是实现公共政策决策的必要理论基础。

然而人际间效用比较的困难则成为社会福利函数的最大障碍。但是由于社会福利函数必然涉及人际效用比较，使得经济学家们为了避免人际效用比较的困难，宁愿避免使用社会福利函数最大化的经济效率概念而使用帕雷托最优的效率概念。

由于主流经济学主要是以局部最优或作为极大值点的帕雷托最优来作为经济效率的主要概念，使得分配公正性问题在经济学中一直悬而未决。

社会福利最大化的两种观点

一种观点是把社会福利看作消费者的效用之和。另外一种观点是把社会福利看作是消费者剩余和生产者剩余之和。

本 章 小 结

直接需求是指消费者为了直接满足自己的衣、食、住、行等需要而购买产品的需求。而引致需求也称派生需求，是指由消费者对最终产品的需求而引发的厂商对生产要素的需求。对生产要素的需求是引致需求，也是共同需求。

要素市场也像产品市场一样，有生产者和消费者，不同的是要素市场上的生产者是要素供给者——提供资本的出资人和提供劳动的劳动者；而要素市场上的消费者是要素需求者——厂商。要素市场上的角色刚好与产品市场上相反。

生产要素分为土地、劳动、资本和企业家才能四类。这四类生产要素的价格，则被分别称作地租、工资、利息和利润。

边际要素成本(要素价格,MFC):是指厂商增加一单位要素的使用所增加的成本。边际产品收益(MRP):是指厂商增加一单位的要素所能增加的收益,又称边际生产力。厂商使用要素的一般原则:MRP=MFC。

边际产品价值 VMP 是 MRP 的一个特例,即在完全竞争市场,当 MR 为常数 P 时,产品价格与要素的边际产量的乘积。完全竞争厂商使用要素的原则:VMP=w。在完全竞争的要素市场条件下,厂商想要达到利润的最大化就必须保持要素的边际成本与要素的边际收益相等,即 VMP=MFC=w。厂商的边际收益曲线 VMP 就是厂商的要素需求曲线。

要素所有者具有非单一性,既可以是生产者,也可以是消费者。消费者拥有的要素数量有限,消费者的决策只能在这有限的资源范围内进行。由于资源是既定的,消费者只能将其拥有的全部既定资源的一部分作为生产要素来提供给市场,从而获得租金、工资、利息等收入;剩余的部分"保留自用"。

消费者要素供给的原则=实现效用最大化的条件,即提供给市场的要素的边际效用和消费者"保留自用"的要素的边际效用相等。

劳动的供给涉及消费者对其拥有的既定时间资源的分配,或者说,是如何决定其全部资源在闲暇和劳动供给两种用途上的分配以达到效用的最大化。劳动者工作意愿很大程度上取决于他对工资和闲暇效用的比较。

劳动供给的特殊规律与劳动供给曲线:初期,工资增加,劳动会增加。到一定程度后,劳动的供给曲线向后弯曲,即工资高过一定限度,货币收入的边际效用不足以抵补劳动的负效用,劳动的供给量反而减少。

就一个国家或一个地区而言,土地的"自然供给"是固定不变的,它不会随着土地价格的变化而变化。因此,土地的供给曲线是一条垂直直线。与劳动供给不同的是,土地的自用通常只占其所有者拥有土地量的很小一部分,这部分可以忽略不计。

由于土地的供给是固定不变的,是一条垂直的直线 S,不随价格的变化而变化,故地租完全由土地的需求曲线决定,而与土地的供给曲线无关;地租随着需求的上升而上升,随着需求的下降而下降。一般情况下,城镇的地租比较高,农村的地租比较低。

资本是由经济制度本身生产出来并被用作投入要素以便进一步生产更多的商品和劳务的物品。消费者的利率储蓄关系与行动者的工资劳动关系类似。消费者个人的资本供给曲线也是一条向里弯曲的曲线,而市场的资本供给曲线则为一条向右上方倾斜的供给曲线。

正常利润即企业家才能的价格,是一种特殊的工资。正常利润的决定与工资类似,取决于"企业家才能"的供求关系。超过正常利润部分的利润,叫超额利润。在完全竞争条件下,达到均衡就不存在任何形式的超额(经济)利润。企业获得超额利润途径有创新、垄断以及承担风险等。

基尼系数是国际上用来综合考察居民内部收入分配差异状况的一个重要分析指标。实际数值介于 0~1 之间,数值越低,表明财富在社会成员之间的分配越均匀;反之则表明财富分配越不均匀。通常把 0.4 作为收入分配差距的"警戒线"。

本章内容结构

要素价格理论
- 要素需求理论
  - 引致需求
  - 共同需求
  - 边际要素成本（要素价格）MFC
  - 边际产品收益（MRP）
  - 厂商使用要素的一般原则：MRP＝MFC
  - 边际产品价值 VMP
  - 完全竞争厂商使用要素的原则：VMP＝ω
- 要素供给理论
  - 要素供给原则＝实现效用最大化的条件
  - 劳动市场的供给曲线和均衡工资的决定
  - 土地的供给曲线与地租的决定
  - 资本的供给曲线与利息的决定
  - 企业家才能与利润理论
  - 基尼系数
  - 收入分配政策
    - 税收
    - 社会福利政策

综合练习

一、名词解释

引致需求　　边际要素成本　　边际产品收益　　正常利润　　工资　　地租
经济租金　　边际产品价值　　基尼系数　　超额利润　　租金　　利息
准租金

二、选择题

1. 假定在完全竞争的要素市场上各种生产要素的价格、产品的价格和边际收益均等于 4 美元，且此时厂商得到了最大利润，则各种生产要素的边际物质产品为（　　）。
   A. 2　　　　　　B. 1　　　　　　C. 4　　　　　　D. 不可确知

2. 工资率的上升所导致的替代效应是指（　　）。
   A. 工作同样长的时间可以得到更多的收入
   B. 工作较短时间也可以得到同样的收入
   C. 工人宁愿工作更长时间，用收入带来的享受代替闲暇带来的享受
   D. 以上均对

3. 准租金与厂商的总利润相比（　　）。
   A. 相等　　　　B. 前者大　　　　C. 后者大　　　　D. 均有可能

4. 正常利润是（　　）。
   A. 经济利润的一部分　　　　　　B. 经济成本的一部分

C. 隐含成本的一部分　　　　　D. B 和 C 都对

5. 假设某歌唱家的年薪为 10 万元,但若她从事其他职业,最多只能得到 3 万元,那么她所获的经济地租为(　　)。

A. 10 万元　　B. 7 万元　　C. 3 万元　　D. 不可确知

三、计算题

1. 假设劳动市场的需求曲线为 $D_L = -10W + 150$,供给曲线为 $S_L = 20W$,其中: S_L、D_L 分别为劳动市场供给、需求的人数,W 为每日工资。

(1) 在这一市场中,劳动与工资的均衡水平为多少?

(2) 假如政府希望把均衡工资提高到 6 元/日,其方法是将钱直接补给企业,然后由企业给工人提高工资。为使职工平均工资由原来的水平提高到 6 元/日,政府需补贴给企业多少? 新就业水平是多少? 企业付给职工的总补贴将是多少?

2. 设某厂商只把劳动作为可变要素,其生产函数为 $Q = -0.01L^3 + L^2 + 36L$,Q 为厂商每天的产量,L 为工人的日劳动小时数。所有市场均为完全竞争的,单位产品价格为 0.10 元,小时工资率为 4.80 元。

试求当厂商利润最大化时:

(1) 厂商每天将投入多少劳动小时?

(2) 如果厂商每天支付的固定成本为 50 元,厂商每天生产的纯利润为多少?

3. 一厂商生产某种商品,其单价为 10 元,月产量为 100 单位,每单位产品的平均可变成本为 5 元,平均不变成本为 4 元。试求其准租金和经济利润。两者相等吗?

四、分析讨论题

1. 劳动供给曲线为什么向后弯曲? 资本的供给曲线呢?

2. 为什么土地的供给曲线可以看作垂直的?

推荐阅读

[1] 高鸿业. 西方经济学[M]. 6 版. 北京:中国人民大学出版社,2014:第八章,第九章.
[2] 卜洪运. 微观经济学[M]. 北京:机械工业出版社,2009:第八章.
[3] 朱中彬,等. 微观经济学[M]. 北京:机械工业出版社,2007:第八章.
[4] 尹伯成. 西方经济学简明教程[M]. 8 版. 上海:格致出版社,2013:第八章.
[5] 厉以宁. 西方经济学[M]. 4 版. 北京:高等教育出版社,2015:第八章.
[6] 郭万超,辛向阳. 轻松学经济[M]. 北京:对外经济贸易大学出版社,2005.
[7] 梁小民. 微观经济学纵横谈[M]. 北京:生活·读书·新知三联书店,2000.

第八章

市场失灵与微观经济政策

【内容提要】

理想市场中,追求个体利益最大化能够导致资源有效配置。当条件不能满足时,就会出现资源配置的失当,即市场失灵。导致市场失灵的原因主要有市场势力、外部影响、公共物品和非对称信息等。本章将分析市场失灵的原因,并阐述在出现市场失灵的情况下,政府如何通过微观经济政策对其加以有限的弥补和矫正,并引出宏观政策的必要。本章是学习微观经济学与宏观经济学的承上启下之章。

【学习目标与重点】

- 掌握市场失灵的概念及表现;掌握导致市场失灵的主要原因。
- 领会市场势力、外部影响、公共物品、非对称信息的后果与应对策略。
- 领会经济运行中的微观经济政策;理解出现"政府失灵"的原因。

【关键术语】

市场失灵　市场势力　外部影响　公共物品　不完全信息　微观经济政策

【引入案例】

2016 年市场失灵,"蒜你狠"

2016 年广州大蒜价格再次暴涨,出现零售价 20 元/千克的情况:"蒜你狠"。

"有车有房? 那还算不上是'壕',得有大蒜!"这是近来市民对大蒜价格上升的调侃。

记者昨日走访广州部分市场了解到,2010 年、2013 年红极一时的"蒜你狠"现象,又有"卷土重来"的势头。在江南果菜批发市场,昨日大蒜批发价已经飙升至 20 元/千克,创了 6 年来新高;在东川新街市,大蒜零售价则涨至 22 元/千克,接近历史顶峰。

记者查询农业部有关信息,统计显示,大蒜批发价已比巴西咖啡豆要贵,街坊开玩笑称,看来大蒜才是当下小资的标配食品。

"怎么短短一个月,大蒜价格就涨了那么多? 中小个头的大蒜都 1 元 1 个,大一点的接近 2 元,吃不起!"昨日,逛市场一圈后,街坊钟女士向记者报料称,近期的大蒜很贵,"荷包"压力大。

在江南果菜批发市场,记者了解到,大蒜价格在 8.0~13.0 元/千克,均价则为 10.5 元/千克,比零售终端便宜约一半的价格。然而去年同期,即 2015 年 4 月 17 日,该市场大蒜价格仅 3.8~6.0 元/千克,均价 4.7 元/千克。一年以内,价格增加了 1.23 倍。

东川新街市经理徐健生告诉记者,这一轮"蒜你狠"涨势来得太凶猛了,短短 3 周,大蒜价格就从 16 元/千克涨至 22 元/千克。而一个月前,甚至去年同期,2015 年 4 月 17 日,大蒜也不过12元/千克。这就是说，大蒜同比价格涨了83.3%。

得知这一消息，有街坊坦言看不明白。有街坊就调侃说，"蒜你狠"一月内涨逾八成，恐怕几个大城市的房价都有点"相形见绌"。

是什么因素导致了这一轮"蒜你狠"的暴涨呢？卓创资讯农产品分析师崔晓娜表示，这轮大蒜价格上涨有三个原因：一是产量下降；二是内需及出口等需求不减甚至增加；三是炒作。

江南市场的邓先生不时要到山东采购大蒜，2017年春节后不久，他曾怀揣百万元资金到山东买蒜，却因价格高没买到多少。到了当地他才发现，那100万～200万元根本不算多少钱，原来自己是彻头彻尾的"小鱼虾"。"有大老板手上可以动用的资金是几十亿元甚至上百亿元，能控制一个地方的大蒜价格，要涨就涨要跌就跌。"

2017年洛阳蒜价回落明显，回落幅度超50%——"蒜你完"。

洛阳市价格监测中心数据显示2017年5月25日洛阳市大蒜均价为6.34元/千克，与月初15.28元/千克的价格相比，回落幅度超50%。

2016年年底，洛阳市大蒜均价涨至全年最高16元/千克左右，同比上涨86.75%。进入2017年，洛阳市大蒜价格继续高位运行，较2016年继续上涨，均价维持在18元/千克左右。进入2017年5月，洛阳市大蒜价格开始明显回落。

其实，往年每个村庄都种植大蒜，但自从去年大蒜价格暴涨之后，不少农民纷纷"跟风"，盲目扩大了种植面积，5月中旬之后，是大蒜的收获时节，不少农民正紧张地在地里挖蒜，由于这两天气温迅速攀升，达到32℃，农民顶着酷暑在地里挖蒜，2017年大蒜价格风光已逝，价格的低迷已是不可避免。

猪肉价格在下滑、鸡肉价格落底、蒜薹无人要，现在连大蒜也遭受"连坐"，价格出人意料地一落千丈，让农民措手不及。望着满田丰收的大蒜，农民却怎么也笑不起来。

大蒜价格大"跳水"，大家戏称"蒜你狠"，一夜之间成了"蒜你完"。纵观这几年，大蒜和生姜年年唱双簧，价格和中国股市一样，说涨就涨，说落就落，神秘莫测，可苦了种蒜、种姜的农民！

不仅如此，鸡蛋价格跌回10年前，山东省部分地区红蒜薹价格大幅下降……近期农产品价格的大幅下跌引起市场广泛关注。记者走访多地发现，除季节性因素外，农产品周期性供需失衡以及游资炒作等因素是导致此轮农产品价格变化的重要原因。专家认为，稳定农产品价格，既要引导农民规范生产，做好信息服务，也要警惕游资对农产品的炒作，政府可通过"有形之手"抑制过度投机炒作，保障农产品产业链健康发展。

思考题：

1. 市场是不是总是有效的？大蒜价格暴涨、鸡蛋价格跌回10年前是否正常？
2. 市场如果失灵了怎么办？政府在维护广大农民的切身利益时应如何发挥作用？

前面各章中，用了大量的篇幅论证市场机制在调节社会资源配置与产品产量中的作用。分析表明，在完全竞争市场条件下，社会有可能运用既定的资源实现帕雷托最优。然而，如果完全竞争的条件受到破坏，或者即使存在完全竞争条件，市场机制仍然可能出现失灵。造成市场失灵的因素主要有市场势力、外部影响、公共物品和非对称信息等。

第一节　微观经济的市场失灵

一、市场失灵及表现

理想市场,追求个体利益最大化能够导致资源有效配置。当条件不能满足时,就会出现资源配置的扭曲。

(一)市场失灵

市场失灵是指市场机制(即价格调节市场的机制)不能实现资源的有效配置,即市场机制造成资源的配置失当。

知识回顾 8-1

第一章　经济学导论

微观经济学的本质:市场有效,市场万能。

宏观经济学的基本假设是市场失灵,市场不完善,政府有能力。

按照前面章节所讲的内容,在完全竞争的条件下,不仅单个商品和要素市场能处于供求相等的均衡状态,而且所有的市场可以同时处于均衡状态。但是,完全竞争的市场经济是以一系列假设为前提的,是一种远离现实的"理想状态"。

关于微观经济运行机制所做的3个基本假设,即市场出清、完全理性和完全信息至少存在着以下的缺陷。

1. 市场出清

市场出清是指依靠市场上价格机制的调节就可以实现充分就业下的供求平衡。然而从多次重复的经济周期中,经济学家认识到仅仅靠价格调节是难以实现市场出清的。这是因为,价格调节是一种自发调节,因而也是一种盲目的、事后的调节。这种调节只有经过一系列失衡后才会达到均衡,而且这种均衡也不是稳定的。在这种调节过程中经济难免会受到破坏。

2. 完全理性

完全理性是指经济活动的主体——无论是消费者还是厂商都以追求个人利益最大化为目的。他们自觉地对价格信号做出反应,并按利益最大化原则行事。这是价格机制发挥作用的基本前提之一。但是实际上人无完人。就经济行为而言,每个人不可能都具有完备的经济学知识,了解各种经济变量之间的关系及其规律;也不可能具备完全市场信息,永远做出正确的判断,更不可能在任何时候都自觉地按最大化原则行事。

3. 完全信息

完全信息是价格调节经济的重要前提,即每个人都能得到充分的信息,而且获取这种信息是免费的。然而现实中信息的获取、收集、整理、分析,都需要付出代价,因而只有当利益大于代价时,人们才愿意去获取信息。此外,并不是每个人都能获得完全而准确的信息。因此,现实中的个人往往不是处于完全信息的状态,而是处于信息不对称的状态。信息的不完全性同样会影响价格机制发挥作用。

(二) 市场失灵的三大表现

1. 微观经济缺乏效率

市场经济中的调节机制不能促使微观经济提高效率，具体表现为：首先，市场不能满足公共物品的有效供给。其次，价格体系受到外部影响，存在没有经济报偿的经济交易。最后，自然垄断市场的存在，导致只有少数企业供给商品，如果它按经济上有效率的水平来生产，其利益就会受损；若按垄断价格出售商品就会导致低效率，生产能力过剩，社会资源不能得到最优配置。

2. 宏观经济的不稳定性

在经济周期的作用下国民经济仅靠市场来调节，犹如"孤帆航海"。在市场经济的汪洋大海中，天有不测风云，一旦面临狂风暴雨般的经济危机时，给予国民经济的打击就可能是致命的。这种不稳定性有时也表现为重复出现的通货膨胀和失业或消费和投资不平衡。1929—1933年美国的经济大萧条正是长期执行自由放纵政策，任其自行发展的恶果。爆发于1997年的东南亚金融危机使一些国家至今还心有余悸。2008年始自美国的全球金融危机与经济衰退目前还在持续。

3. 社会分配缺乏与效率相适应的公平性

一个国家在经济发展过程中始终存在着怎样把"蛋糕做大"和怎样"合理分割蛋糕"这两个涉及全局的重要问题，即效率与公平的问题。市场失灵不仅会引起效率低下问题，也可能引起分配不公问题。

二、市场失灵的原因

造成市场失灵的因素主要有市场势力、外部影响、公共物品和不完全信息等。

(1) 市场势力(Market Power)是指少数经济主体不适当地影响市场价格的能力，即由少数市场的参与者影响或决定市场价格。

(2) 外部影响(Externality)是指当一种消费或生产活动对其他消费或生产活动，所产生的不反映在市场价格中的直接效应。

(3) 公共物品(Public Goods)是指使所有消费者都得益而市场不能供给或供给不足的物品。

(4) 不完全信息是指信息成本高昂，信息不能均匀分配，信息不完全可能造成垄断力量，以影响消费者福利为代价牟取垄断利润。

以上因素中只要其中一种因素存在，都会导致资源配置效率的损失。下面将会具体分析这些因素的影响。

三、市场势力

(一) 影响价格的市场势力普遍存在

一个市场要有效运转，就要求生产者和消费者都是价格的接受者，而不是价格的操纵者。实际中完全竞争很少,且竞争一般必然引起垄断。如果某些人和厂商是价格制定者,那么资源配置一般是低效率的。

一个拥有市场势力的厂商可能通过减少供应的方式将价格提高,这样用于生产的资源变得不充分。帕雷托生产最优遭到破坏,出现市场失灵问题。

(二)市场势力的负面作用

市场势力对整个经济是一种损害,致使生产无效率。

(1)垄断厂商通过控制产量、提高价格来获取高额利润,导致资源配置的无效率,还带来收入分配的不公平,交易价格大于平均成本。

(2)导致管理松懈。缺乏尽可能降低成本的动力。

(3)导致寻租行为。如果垄断来自政府规则,可以被游说,产生寻租。

(4)造成研发费用的减少。

(三)制约市场势力的公共政策

1. 公共管制

管制原因:市场势力导致缺乏效率。自然垄断行业具有自然垄断性,具有规模经济特征;资本的专用性强。自然垄断行业往往面对低需求弹性。企业可以通过提高价格来获得暴利。

公共管制的措施:①价格管制,防止垄断定价;②市场准入和退出管制;③微观管制,企业质量、安全要求。

国有化政策:国家直接从事生产活动或者把某些过去由私人从事的生产活动转归国家。①对国家利益重大的行业;②私人不愿意经营或者无力经营的行业;③投入高、风险大的新兴行业。

2. 反垄断措施

反托拉斯法:①政府采取措施,促进竞争;②禁止合并、分解公司;③限制贸易的协议和共谋;④限制企图垄断市场和价格歧视。

垄断的积极作用:①公司合并,没有减弱竞争,而是更有效率的降低成本;②虽然可以垄断国内市场,但却在国际竞争中保持优势。

区别对待不同产业:①重工业,适当垄断;②轻工业,竞争。

第二节 外部影响

一、外部影响及其分类

(一)外部性的含义

所谓外部性,是指一个经济行为主体(个人或企业)的行为对其他经济行为主体的福利形成影响,但其他个人和企业并未因此而承担成本或获得补偿的情形,也称为外部影响或外部效应。

这种影响是"非市场性的"影响,是指一种活动所产生的成本或利益未能通过市场价格反映出来的,而是无意识强加于他人的。施加这种成本或利益的人并没有为此付出代价或得到收益。私人成本或收益与社会成本或收益的不一致,导致实际价格不同于最优价格。

(二) 外部性的类型

外部性分为正外部性和负外部性。

正外部性(外部经济)是指社会收益大于私人收益。一个经济单位的经济活动对社会和其他经济单位产生积极的外部影响,无偿为他人带来利益,这时就产生了正外部性。最典型的正外部性的例子是发明创造。

个案研究 8-1

发明创造带来的正外部性

发明人在一定时间内可以利用专利或奖金等获得收益,但发明给他人和社会带来的利益绝不仅限于此。一项发明创造给社会带来的财富有时是不可估量的,比如电灯的发明,其经济效益就无从估量。相当数量的人们从发明中获取利益而无须向发明人支付费用或是支付较少费用就可享受到极大好处,这就是正的外部性。

再如,受教育者从教育中得到私人利益:能得到较理想的工作,较丰厚的报酬,能较好地享受文化生活等。此外,教育还产生许多积极的社会影响。

负外部性(外部不经济)是指社会收益小于私人收益。某些个人或企业的行为给其他个人或企业造成坏的消极的影响,使其利益受损,这就是负外部性。

个案研究 8-2

化工厂带来的负外部性

某地区有一条河流,河流的上游建有一个大型的化工厂,化工厂的生产污水不经处理就直接排入了这条河流,形成了严重的污染。水污染对农业生产产生了严重的破坏作用,它造成下游农业减产,甚至颗粒无收;造成农作物有毒物质富集,降低农产品质量,甚至丧失价值;造成渔业损失,污水所到之处鱼虾绝迹,重污染水体养殖鱼价低甚至卖不掉。污染还直接威胁着下游农村居民饮用水安全。这就是负外部性。

从生产和消费两个方面来考虑正、负外部性。

(1) 生产的正外部性。生产者的经济行为产生了有利于他人的良好影响,却不能从中取得报酬。如蜜蜂的生产者,传播了花粉;上游居民种树,保护水土,下游居民的用水得到保障。

(2) 消费的正外部性。消费者采取的行动对他人产生的有利影响。如养花而观赏的人,给养蜂人和邻居带来了好处。

(3) 生产的负外部性。生产者的行为给他人造成了损害,但没有给他人予以补偿。如造纸厂的"三废";木工装修房子所产生的噪声;上游伐木造成洪水泛滥和水土流失,对下游的种植、灌溉、运输和工业产生不利影响。

(4) 消费的负外部性。消费者的行为给他人造成了损害,但没有给予补偿。如吸烟者在公众场合吸烟;某人在三更半夜时大声唱卡拉OK影响他人休息。

(三) 外部性的特征

外部性的特征主要表现在以下几个方面。

(1) 外部性独立于市场机制之外。外部性的影响不是通过市场发挥作用而产生的结果,不属于交换关系的范畴,因而市场机制无法对产生外部性的厂商给予惩罚,如果市场机制有能力自动地惩罚产生污染的工厂,补偿污染的受害者,那么,市场机制就不会产生这种外部性的缺陷了。

(2) 外部性产生于决策范围之外,具有明显的伴随性。对于排放污染的工厂来说,它进行决策的动机并不是为了排污,排污只是生产过程中的伴随现象,而不是故意制造的效应。就污染物的排放而言,并不是因为污染物本身能够使得总收益超过总成本,而是因为生产者在这样处理废物时的收益超过了他所负担的那部分成本。在这种情况下,创造负外部性的厂商的产出水平有可能超过最优水平。外部性是伴随着生产或消费而产生的某种副作用,它是市场机制容许生产者或消费者在做出决策时可以忽视的行为结果。

(3) 外部性与受损者之间具有某种关联性。外部性所产生的影响并不一定能明确表示出来,但它必定要有某种正的或负的福利意义。当受损者对外部性不是漠不关心的时候,它就是相关的,否则就不是相关的。例如,邻居听音乐时把音响开得很大,影响了你的正常休息,于是便产生了外部性;但如果你并不介意,那就不能说有外部性存在。

(4) 外部性具有某种强制性。在很多情况下,不管人们是否愿意,外部性会强加在承受者身上。如住宅附近的飞机场的轰鸣声,附近工厂烟囱排放的废气污染等。这种强制性是不能由市场机制来解决的。

(5) 外部性很难完全消除。例如,一般来说,工业污染是不可能完全消除的。即使对于政府来说,其作用也只能是限制污染,使之达到人们能够接受的某种标准。完全消除是难以做到的。

二、外部影响与资源配置失当

(一) 外部性存在的原因

外部性存在的根本原因在于私人成本和社会成本之间存在差异。所谓私人成本是指一个经济单位从事某项经济活动所需要支付的费用。社会成本是指全社会为了这项活动需要支付的费用,包括从事该项经济活动的私人成本加上这一活动给其他经济单位施加的成本。

如果一项活动产生负的外部经济影响,那么该项活动对其他经济单位施加正成本,从而社会成本大于私人成本;反之,如果经济活动给其他经济单位带来正的经济效应,即存在外部经济现象时,社会成本小于私人成本。

社会成本与私人成本之间的差异导致资源配置低效率的机制如图8-1所示。

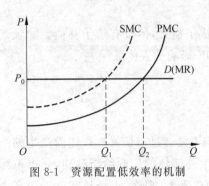

图8-1 资源配置低效率的机制

图8-1中MC为边际成本曲线,水平直线$D(MR)$是某竞争厂商的需求曲线和边际收益曲线,例如,上例中化工厂生产造成水污染,由于存在着生产上的负外部性,所以社会边际成本SMC高于私人的边际成本PMC,从而社会边际成本曲线位于私人边际成本曲线的左上方。

由于PMC小于SMC,如果生产者只按私人成本来决定纸张生产的数量,那么他会生产私人成本与边际收益曲线的交点决定的数量Q_2;但是如果把污染造成的成本计算进来,应按社会成本与边际收益曲线的交点来决定生产的情况,即只能按产量Q_1来生产。

由于社会并没有向化工厂收取因污染形成的成本,所以,生产者最终会按照实际成本即PMC与MR的交点决定产量为Q_2,而社会实际需要量为Q_1,企业多生产出Q_2-Q_1数量的产品,社会资源的配置因为外部性的存在而出现资源配置失当。

(二)外部性的经济后果

从上例可以看出,由于外部性的存在,其经济后果是产品的过量供给。当考虑到社会成本,按照边际收益等于边际社会成本的原则安排生产时,产量应从Q_2压缩到Q_1,从上一段的分析可知压缩产量使得社会的总体福利增加了。换言之,产量从Q_2压缩到Q_1的行为就是帕雷托改进。

既然负外部性造成的后果是产品的过度供给,那么正外部性造成的经济后果就是产品的供给不足了。图8-2反映的是具有正外部性的产品,比如,在自家庭院种植花草,这样的活动给社会带来正面效应,因而边际社会收益大于边际私人收益,边际社会收益曲线SMR位于边际私人收益曲线PMR之上。

企业按边际私人收益与边际成本(私人成本SMC)的交点决定的均衡产量进行生产,只生产Q_1数量的产品,产品价格为P_1。由于产品具有正的外部性,社会边际收益较大,所以社会对该产品需求的均衡数量应当为Q_2,产品价格为P_2。也就是说,社会对该产品的需求量大于企业实际生产出来的

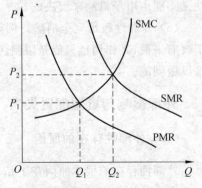

图8-2 正外部性对产量和价格的影响

数量,其差额为 Q_2-Q_1。同样,社会资源的配置因为外部性的存在而出现资源配置失当。

外部影响与资源配置失当

由于外部经济对外带来的好处无法得到回报,导致外部经济的物品供应不足,如教育和新技术。

(1) 物品消费或生产的收益＜应当得到的收益(社会收益)。

(2) 物品消费或生产的成本＞应当支付的成本(社会成本)。

由于外部不经济对外带来的危害没有进行补偿,导致外部不经济的物品供应过多,如乱扔或乱倒垃圾。

(1) 物品消费或生产的收益＞应当得到的收益(社会收益)。

(2) 物品消费或生产的成本＜应当支付的成本(社会成本)。

三、外部影响的解决途径

前面已经列举了很多例子来考察外部性对经济社会的各种影响。无论外部性给经济带来怎样的影响(正面的或是负面的),都会带来资源配置失当,造成效率的损失。那么怎样才能减轻或消除外部性所造成的影响呢?可以通过采取经济措施、行政措施或明确所有权等方式来纠正外部性。

(一)政府的反外部性计划

1. 经济措施:庇古税与补贴

庇古 A C(Arthur Cecil Pigou,1877—1959 年)(见图 8-3)是英国著名经济学家,剑桥学派的主要代表之一,主要著名有《财富与福利》(1912 年)、《福利经济学》(1920 年)。

政府可以采取税收和补贴的方法,对造成负外部性的企业征税,对造成正外部性的企业发放补贴。许多经济学家认为,这比政府制定规章制度进行行政干预有效得多,并且更符合社会经济的需要。

有人把税收和补贴比喻成大棒和胡萝卜的关系,两者综合作用,其目的都是对私人成本进行调整,使之接近于社会成本。

图 8-3 英国著名经济学家庇古 A C

(1) 征税。数额等于该企业给社会其他成员造成的损失,使企业的私人成本等于社会成本。企业私人成本提高,产量就会减少。抑制外部性的常见税种是消费税,但它是以货物税的形式出现的。这种征税的对象和目的非常明确:主要对烟、酒、石油产品这 3 种货物征税,因为它们对个人、家庭和社会都有一定的外部性影响。

(2) 发放可交易的污染排放许可证。政府确定污染水平,将排放额度在厂商中间进行分配。

（3）给予补贴。政府给予具有正外部性的企业相应补贴，以减少其边际私人成本来增加产量。补贴通常存在于下述 3 种情况：第一，对于外部不经济中的受损者给予补偿。第二，对产生外部经济的厂商或公共产品提供者给予补偿，如对考古队、博物馆、医院等。第三，给外部不经济的产生者提供补贴。有人将这类补贴称为"向污染者行贿"。

税收与补贴的不足在于政府对各种经济行为的外部性难以逐个做出精确的测量，也就是说对产品的社会边际成本无法精确计量，因而也就无法制定出合理的税收与补贴的标准。

课堂讨论：

为什么要"向污染者行贿"？

2. 行政措施：管制与指导

当采用经济措施难以纠正由于外部性造成的资源配置低效问题时，政府通过采用行政手段来干预和调节资源配置活动就是必要的。

政府能够规定经济主体从事经济行为所必须遵循的规章制度。规定科学具体的环境指标和排放标准，对有害气体、污水、尘埃、噪声的排放，根据生态环境的要求，以立法或行政法规的形式确定排放的上限，排放超标则给予罚款。

但是，这种行政干预的实施效果依赖于政府组织体系、官员效率等各方面的综合作用，如果管制不严或是执行不力都会使政府干预失败，比如，政府关于在公共场合禁止吸烟的规定就需要各级人员严格执行才能落实。

另外，政府规章制度的制定需要确定资源的最优配置，从行政上给生产者或消费者提供最优的产量组合、消费组合。这需要政府在制定政策规章时具备相当的科学性、准确性，以保证其干预的正确性，但是，这在实际操作中存在相当大的难度。

（二）自愿协商：科斯定理与权利界定

罗纳德 H 科斯（Ronald H Coase）（见图 8-4），英国经济学家，新制度经济学的鼻祖。因其对经济的体制结构取得突破性的研究成果，荣获 1991 年诺贝尔经济学奖。其代表作为《企业的本质》（1937 年），该文独辟蹊径地讨论了企业存在的原因及其扩展规模的界限问题，创造了"交易成本"这一重要概念来予以解释。其思想被概括为"在完全竞争条件下，私人成本等于社会成本"，并命名为"科斯定理"。

1. 外部性内部化

企业合并：合并成一个企业，此时的外部影响就"消失"了，即被"内部化"了。

图 8-4　英国著名经济学家罗纳德 H 科斯

个案研究 8-3

外部性的内部化

某条河流沿岸有两个厂商。在上游的是一个钢铁厂,居下游的是一个养鱼场。钢铁厂生产过程中排放废水,污染了河水,使养鱼场的产量大为减少。这样,钢铁厂给养鱼场造成损失,产生了负外部性。现在,可以把两个企业合并成一家企业。合并以后,为了自己的利益,合并在一起的企业会把钢铁产量推进到使上游炼钢厂的边际利益等于下游养鱼场的边际损失。这样可以使经济处于最有效率的状态。这种办法被称为"外部性内部化"。

2. 规定产权

规定产权是指如果产权是完全确定的并得到充分保障,有些外部影响就可能不会发生。

在许多情况下,外部影响会导致资源配置失当是由于产权不明确。1960年,科斯发表了《社会成本问题》一书,提出了通过所有权的明确化而解决外部性问题的思想。

这里所说的所有权不仅限于传统意义上的资源所有权或物的所有权,还包括其他许多法定权利,例如,按某种方式使用土地的权利、避免土地受污染的权利、对事故进行赔偿的权利以及按照契约行事的权利等。

所有权学派经济学家指出,只要明确界定所有权,经济行为主体之间的交易行为就可以有效地解决外部性问题。著名的科斯定理概括了这一思想。

所谓科斯定理是指在没有交易成本(或交易成本很低),并且对财产权做出明确规定与实施条件时,外部经济效果不影响资源的有效配置。它也可以表述为只要财产权明确,并且交易成本为零或者很小,则无论财产权最初赋予谁,市场均衡的最终结果都是有效率的。

如果给下游用水者使用一定质量水源的产权,则上游的污染者将因把下游水质降到特定水平以下而受罚。

科斯定理告诉人们,在产生外部性的场合,并不一定需要政府的干预,只要明确外部性的所有权,同样可以解决外部性问题,达到资源的有效配置。但是他忽略了交易成本问题。

交易成本是指围绕自由交易而发生的任何谈判或使契约强制执行的成本。交易成本不同于生产中所耗费的资源成本,比如劳动力成本、资本或土地成本等。交易成本包括信息成本、谈判成本、订立或执行契约的成本、防止交易的参与者在议价时进行欺骗的成本、维持所有权的成本以及监督和执行成本等。

如果交易成本太大,通过市场也许无法有效地解决外部性问题,使资源达到有效的配置。但应当认识到:产权的明确能够解决一部分外部性问题,但对于大多数外部性问题,特别是与环境有关的外部性问题,还是需要政府从中进行积极的干预和管制。同时,涉及产权确定和变更的问题在实际中是一个利益分配的问题,不可能轻易解决。

3. 其他方案

利益各方协商谈判、道德规范和社会约束等,如不乱扔垃圾、捐款等。

第三节　公共物品

一、公共物品及其分类

（一）产品的划分

社会产品可分为两类：私人物品和公共物品。

（1）私人物品：既具有排他性，也具有竞用性的物品。例如，用于吃的食物、用于穿的服装以及用于日常生活的个人用品等。

注：这里的竞用性（Rivalness）过去常常被译为"竞争性"。本文采用竞用性以便与一般意义的"竞争"（Competition）相区别。

（2）公共物品：与私人物品相反，既无排他性，也无竞用性的物品，即具有非竞用性和非排他性的物品。

① 排他性：不付费，就会被排除在消费之外。

② 竞用性：一旦某人消费了某个物品，其他人就不能再消费该商品。例如，一件服装我买走了，你就不能穿了。

③ 非排他性：一旦被提供，便可以由任何消费者进行消费。无法排除一些人"不付费便可消费"，或者排他成本过高。

④ 非竞用性：不需增加成本，即可增加对它的消费；增加消费者，并不影响他人。例如，公路上的一盏路灯并不会因为路过的车辆和行人增加而需要更多的费用。

（二）公共物品的特征

除了非排他性和非竞用性外，与公共物品生产相联系的还有两个特点。

（1）规模性。产品的生产只有达到一定的规模，其平均成本才能降到一定的水平，即在长期平均成本曲线的最低点处的规模最佳，如城市供应水、电、煤气等的基础设施。

（2）自然垄断性。公共物品的规模性决定了它的自然垄断性，如城市基础设施这一类公共商品，市场上的竞争将导致效率低下、资源浪费，通常因垄断产生的高额利润则由于政府介入并控制价格而受到限制。

（三）公共物品的分类

不同公共物品的非竞用性和非排他性的程度是不同的。根据非竞用性与非排他性的程度，公共物品又被进一步划分为纯公共物品和准公共物品。

（1）纯公共物品具有完全的非竞争性和完全的非排他性，它包括国防、外交、警察、法律、法规、灯塔、港口及太空探索等。

（2）准公共物品只具有局部的非竞争性和局部的非排他性，或非排他性、非竞用性两者只具其一的物品。准公共物品也可以分为两类。

一类是与规模经济有联系的产品，称为自然垄断型公共物品，如下水道系统、供水系统、铁路运输系统、公路交通系统、天然气煤气系统、电力输送系统、电信系统、道路照明与桥梁涵洞设施以及基础科学研究工作等。这类公共物品一般来说都属于社会基础设施。

另一类称为优效物品，即那些不论人们的收入水平如何都应该消费或应该得到的公共物品。这类优效产品的典型例子包括社会卫生保健、住房、义务教育、传染病免疫措施、必要的娱乐设施及必要的社会安全保障条件等。现实中纯公共物品种类较少，准公共物品种类较多。以下讨论中，无论是纯公共物品，还是准公共物品，都称为公共物品。

个案研究 8-4

公地悲剧——公共物品的典型案例

公地悲剧（The Tragedy of Commons）是指对具有公共品特征的自然资源，如海洋、湖泊、公共草场等，资源可能被滥用。

① 公海捕鱼：假设一大湖，内有鱼虾无数，每个钓鱼者的钓鱼边际成本为零。在"自利"假设下，钓鱼者自由进入，每个人竞相捕鱼，最终导致"鱼虾"资源的滥用。

② 过度放牧：一块公共草场，虽然每个人放羊不影响其他人放羊，然而一旦放羊数大于草地容纳的只数，结局只能是，公共草场被滥用，最终导致大家都放不成羊。

二、公共物品与市场失灵

通过对公共物品特征的分析，消费者可能做一个"免费乘车者"、免费享用公共物品。例如，国防保护了一个公民，同时也保护了另一个公民，最终保护了每一个公民。然而，国防虽然必要，但是，人们却都想避免为国防而纳税，都想做一个"免费乘车者"。

搭便车（Free Riding）是指即使不付费也能享受到有关利益的行为。搭便车的存在，使市场不能达到帕雷托最优的供给水平。

市场机制只有在同时具备排他性和竞用性两个特点的私人物品场合才能真正起作用，才有效率。

公共物品带有共享的含义，具有非排他性，导致虽有需求但供给太少甚至没有，即私人不愿意提供这种物品。但这种物品又是必需的，如国防、公墓、公园等。

公共物品影响到几乎所有居民，但靠市场机制却无法解决，只能通过政府的干预和组织来供给公共物品。政府要尽可能地正确估价社会对公共物品的实际需求，按照社会福利最大化的原则确定比率，并用税收收入购置公共物品，为公众提供服务。

根据前面所讲的原理，如果已知公共物品的需求曲线和供给曲线，就可以求出公共物品的均衡价格和均衡数量。这样，公共物品生产的问题就会像私人物品一样得到解决。

但是，西方学者认为，关于公共物品的供求分析并没有多少实际意义。原因在于公共物品的需求曲线是虚拟的，是建立在许多不可能做到的假设条件之上的。其中之一是：消费者能准确地说出他对公共物品价格和需求量的关系。

这一假设显然不符合事实。问题在于谁也不清楚一个人是否具有"如实显示"其偏好的动机；相反，按照个人效用最大化的理性行为，出于"搭便车"的相同动机，人们更是只有不说实话的动机。

这是因为，如果一个人知道税收将根据自己报告的愿付数额征收，而不会改变社会建造路灯的数量,那么他就会尽量少报,以便做到少花钱多享用;如果一个人知道税收是给定的,无论自己报多少都不改变,那么他会多报,这样可以提高公共物品的消费量,而不必自己多花钱。

这种个人不报告自己的真实效用,企图不花钱或少花钱享用公共物品的现象,是"搭便车"问题的具体表现。而这种个人的"理性行为"的最终结果,便是公共物品的实际消费量偏离最优消费量,导致整个社会的"无效率"配置。

三、公共物品的集体选择政策

私人产品的均衡取决于市场机制运行。公共产品的供给做出公共选择,取决于政治运行机制。

(一) 阿罗不可能定理

阿罗不可能定理:依靠简单多数的投票原则,要在各种个人偏好中选择出共同一致的顺序,是不可能的;即公共产品的提供要想借助于投票过程来达到协调一致的集体选择结果,是不可能的。

阿罗不可能定理认为"多数投票"原则的选举制度无效,强调了确立政府的权威性。公共选择是由政府对公共物品的提供做出的选择。

(二) 公共选择理论

布坎南等公共选择理论认为,只要在个人选择的基础上形成有效的公共选择机制,就可以避免阿罗不可能定理的出现。公共选择理论的几种投票机制如下。

(1) 一致性规则(Unanimity Rule):在全体投票人都认可的情况下实施。

优点:按这个原则通过的方案,实现了帕雷托最优,满足了全体投票人的偏好。

缺陷:决策成本太高,很多情况下无法达成协议。

(2) 多数票规则(Majority Voting Rule):超过半数的人同意。

优点:多数规则协商成本低,易达成协议,能增进多数人的福利。

缺点:多数规则使少数人福利受损,不能满足全体成员的偏好。赞成的多数给反对的少数增加了负担。赞成者净福利增加;反对者净福利减少。

① "认可":意味着明确赞成或至少不反对;如果有一个反对,则相关议案即被否决。

② 简单多数规则,超过总数的一半,方案就算通过。

③ 比例多数规则,要求赞成票要占总数的 2/3 以上,才算有效。

(三) 政府对于公共物品的干预

(1) 建立公营企业,提供公共物品。

(2) 委托私人企业生产公共产品。

① 签订合同,让私人公司经营公共产品,如基础设施等。

② 授予经营权,委托私人公司经营,如自来水、电话、电力等。

③ 经济资助,对私营的公共物品给予经济资助,如科技、教育卫生等。

④ 政府参股,如桥梁、水坝、公路和铁路等公私合营。

(3) 法律保护私人进入。采取法律手段,允许私人适当进入。

第四节 不完全信息

一、信息的不完全与不对称

(一) 完全信息

完全信息(Complete Information):市场参与者具有对某种经济环境状态的全部知识,即消费者与厂商在任何时点都能了解市场各种商品的供求状态。完全竞争模型假定消费者和厂商对于市场销售的商品具有完全的信息。

例如,厂商应当具有的信息包括:最合适的生产技术、工人的生产率;每一种可能的投入要素的价格以及所有投入品的特征、产品的市场价格及消费者对产品需求的信息;现在的价格以及将来在每种可能条件下的价格等。

消费者需要具有的信息包括:市场上所有产品的价格和质量,产品的性能和用途;自己的偏好以及怎样达到效用最大化等。这些条件对于完全竞争市场是不可缺少的。

然而,传统的新古典经济学关于市场参与者拥有完全信息的假设与现实情况是相违背的。在现实经济中,信息的传播和接收都需要成本,市场通信系统的局限和市场参加者施放市场噪声等主客观因素,会严重地阻碍市场信息交流和有效的传播,市场参与者只能拥有不完全信息。

厂商无法准确预测市场上各种产品需求和要素供给变动的情况,消费者也无法了解所有商品市场上待售商品的质量和价格情况。例如,求职者并不知道所有空缺职位的信息,而雇主也无法了解每一位雇员的才能和潜力;汽车的卖者一般比买者更了解汽车的性能;药品的生产者和销售者比买者更了解药品的功效等。

但在另一些市场买方所掌握的信息多于卖方,保险市场与信用市场往往就是这种情况。医疗保险的购买者显然比保险公司更了解自己的健康状况;信用卡的购买者当然比提供信用的金融机构更了解自己的信用状况。

上述这些情况,即市场上买方与卖方所掌握的信息是不对称的,一方掌握的信息多一些;另一方所掌握的信息少一些,就叫作非对称信息。一旦供求双方所掌握的信息不对称,市场将出现问题,在此情况下所导致的均衡结果对社会来讲将是一种无效率的状况。

(二) 不完全信息

不完全信息(Incomplete Information):在现实经济中,信息常常是不完全的,即由于知识能力的限制,人们不可能知道在任何时候、任何地方发生和将要发生的任何情况。而且,在相对意义上,市场经济本身不能生产出足够的信息并有效地配置它们。

市场参与者拥有价格的不完全信息,价格不可能灵敏地反映市场供求,市场机制因此失灵,市场出清不能通过价格体系达到。

市场出清主要是通过实物形式的调节机制,即商品数量的调整。

（三）信息不对称

信息不对称（Asymmetric Information）是指不同经济主体拥有的信息量存在差异，不相等或不平衡（至少有一个当事人的信息不完全）。信息不对称的有以下两个基本含义。

（1）有关交易的信息在交易双方之间的分布不对称，即一方比另一方占有较多的信息。

（2）交易双方对各自信息占有方面的相对地位是清楚的。处于信息劣势的一方缺乏相关信息，但可以知道相关信息的概论分布，并据此对市场形成一定的预期。

信息不对称会严重降低市场运行效率，在极端情况下甚至会造成市场交易的停顿。而分工、专业化和获取信息需要成本，使社会成员之间的信息差别日益扩大。

对称信息和不对称信息是完全信息和不完全信息的一种结构的延伸，不对称信息是不完全信息的一种特殊表现形式，体现为信息在非对称结构上的不完全。

信息不对称发生在市场交易合同签订之前，导致市场交易产生"逆向选择"，存在交易风险。发生在交易合同签订之后，会产生道德风险。

二、逆向选择与道德风险

（一）逆向选择

逆向选择（Adverse Selection）有以下几种。

（1）消费者掌握的信息不对称时，出现违背需求定理的现象：价格下降，需求量减少。

（2）生产者掌握的信息不对称时，出现违背供给定理的现象：价格上升，供给量减少。

"逆向选择"导致低质量产品把高质量产品逐出市场，即"劣币驱良币"，意味着市场的低效率和市场的失灵，如信贷市场、旧车市场、保险市场、劳动市场等。

个案研究 8-5

信 贷 市 场

贷方（如银行）在信息方面处于劣势，而借方（企业和个人）处于优势，因为借方了解所选投资项目的风险程度。风险是决定利率（借用资金的价格）的一个重要因素，风险越大，利率就应当越高。

如果贷方对项目风险知之甚少，风险因素便不能通过供求关系反映到价格上来，价格就难以起到平衡供求的作用。比如，两个贷款企业的盈利率即投资回报率高低不同，这是明显的公开信息，而盈利率高的企业风险也大，但风险因素只有该企业自己知道。

当银行调整利率以排斥低质量投资项目时，盈利率低的企业当然先退出市场。结果利率高了，风险却增大了。银行的利润率可能反而下降，资金的供给也会跟着下降。结果是随着利率的提高，借贷资金需求下降，供给也下降，仍不能实现均衡。

个案研究 8-6

旧车市场

刚买了一辆新轿车,但由于一个突发事件急需用钱,于是你决定把这辆车卖掉。结果会发现,尽管车还非常新,但却不得不以大大低于其实际价值的价格出售它。

原因就在于买卖双方存在着质量信息上的不对称。

旧车市场,卖者的信息多于买者。买者可能怀疑其质量有问题,卖者也可能为了把"次品"推销出去而不愿意告诉买者具体的质量状况。

从而质量不同的车可能按相同价格出售,买者只会按一个平均质量支付价格。高质量的旧车就不愿意出售,低质量的旧车充斥在市场,导致买者进一步压低价格。高质车所占比重更少。

个案研究 8-7

保险市场

保险市场,买方比卖方具有更多的信息。保险购买者清楚自己的情况,但保险公司对投保人的情况难以全面了解。

健康的人知道自己的风险低,不愿为保险支付高价;不健康的人,愿意接受较高的费用。保险公司为弥补损失被迫提高保险价格。

随着保险价格上升,投保人结构发生变化,健康的投保人所占比例越来越小,若保险公司继续提高价格,投保人结构会急剧恶化。

因此可能出现所有想购买保险的人都是不健康的人的现象。这样保险公司出售保险无利可图,保险市场消失。

个案研究 8-8

劳动市场

劳动市场上存在信息不对称。雇主为信息劣势方,雇员为信息优势方。

在雇用前,雇主不知道谁的能力强。雇主只好按照相同的工资招聘所有的雇员。

如果雇主降低工资,能力强的人就会离开。随着工资降低,雇员人数在减少,能力结构发生变化,低效率的雇员所占比重越来越高。

(二)道德风险

1. 道德风险(Moral Hazard)的含义

信息不完全产生的另一问题是道德风险(败德行为),也就是交易双方在签订协议后,一方利用占有信息多于另一方的优势,有可能采取有悖于合同规定的行为,有目的地损害另一方利益而增加自己利益的行为。

在信息不对称的情况下,达成协议的另一方无法准确地核实对方是否按照协议办事,这会破坏市场的运作。在严重的情况下，会使得某些服务的私人市场难以建立。

交易双方在签约时信息是对称的。但在签约后，一方对另一方的某些信息不完全了解，就有可能会引起道德风险。

2. 道德风险分类

（1）隐藏行动的道德风险模型。签约后，代理人拥有私人信息，委托人只能观测到结果，不能完全观测到代理人的行为过程和自然状态本身。这时，代理人容易采取危害委托人的行动。决定代理人的行为结果的，不仅仅有行动，还有其他自然原因。委托人无法确定这个结果是不是由代理人的行动所导致。

（2）隐藏信息的道德风险模型。签约后，委托人可以观测到代理人的行为，但代理人比委托人拥有信息优势，可能隐藏或利用独占的信息，做出损害委托人的事。建立委托—代理关系之后，委托人无法观察到代理人的某些私人信息，尤其是代理人努力程度的信息。

（3）委托人的道德风险。签约后，委托人可以观测到产出结果并据此支付给代理人报酬。但是，在许多雇佣关系中，关于产出结果的度量带有很大的主观随意性。代理人可能无法证实委托人观测到的东西。在这种情况下，委托人可能故意低估产出从而降低给代理人的支付报酬。

个案研究 8-9

委托人的道德风险

比如某软件公司 A，雇用程序员李某，开发大型操作系统软件中的一个子模块。当李某按照合同要求设计出合格程序后，A 公司可能借口该子模块与其他模块冲突而降低给李某的报酬，而由于商业秘密的保护，李某无法证实 A 公司的理由是否真实。

个案研究 8-10

保险市场的道德风险

保险市场，对于投保人来说，在个人没有购买家庭财产保险的情况下，个人会采取多种防范措施，如安装防盗门以防止家庭财产失窃，家庭财产失窃的概率较小。但是，在购买了全额保险之后，人们的行为可能会变得不合情理。

由于家庭财产失窃后由保险公司负责赔偿，个人有可能不再采取防范性措施，如购买了家庭财产盗窃险的人不愿花钱加固门锁、买了汽车偷盗保险的车主不再愿意安装先进的防盗装置等，所有这些行为都是保险市场上的败德行为，从而损害保险公司利益。此外还有，如买了医疗保险的人会让医生多开一些不必要的贵重药品等。

三、市场信号及其传递

（一）市场信号

市场信号有两种：信息优势方发出，证明自己商品质量的信号；信息劣势方给出，甄别不同类型信息优势方的信号。

信号有两种传递方式：信号传递模型——信息优势方为了信誉而首先披露自己的信息；信息甄别模型——信息劣势方发出信号以诱使信息优势方披露信息。

（二）信号传递模型

迈克尔·斯宾塞，1943年生于美国新泽西州，因他在不对称信息市场分析方面所做出的开创性研究并提出信号传递模型，成为2001年诺贝尔经济学奖获得者，历任美国哈佛大学经济学系主任、艺术与科学学院院长、斯坦福大学商学院研究生院院长等。

在信号传递模型里，信息劣势方可以等待信息优势方主动传递信息。

由于信息不对称，信息优势方的信息难以被信息劣势方完全了解。信息优势方为了信誉，选择某种信号，首先将自己的信息披露出来，以便信息劣势方识别。信息劣势方在观察到信息优势方的信号后，与优势方签订合同。

中介服务业、猎头公司等，掌握更多信息的一方可以通过传递可靠性信息而在市场上获益。

个案研究 8-11

劳动市场里的教育

当斯宾塞在哈佛大学读博士的时候，他观察到一个很有意思的现象：很多MBA的学生在进哈佛之前很普通，但经过几年哈佛的教育再出去，就能比教授多挣几倍甚至几十倍的钱。哈佛的教育真有这么厉害吗？

斯宾塞研究的结果是：教育不仅仅具有生产性，更重要的是教育具有信号传递的作用。教育程度方面，低能力雇员选择较低教育水平；高能力雇员选择较高教育水平。雇员把教育程度作为高生产率的信号，向厂商传递，以获得与生产率相匹配的工资。

个案研究 8-12

产品质量与标准

高质量产品的销售者建立声誉，来向购买者传达产品信息，让购买者相信他们产品的高质量。日常生活中，消费者常根据企业声誉做出购买决策。

解决企业信息不对称：当一项生意很难建立或根本没有机会做出声誉时，生产一种标准化产品，以连锁经营方式或其他方式提供给顾客，如麦当劳、肯德基等。

价格信号能缓解逆向选择问题，卖方通过价格信号向买方传达产品质量信息。厂商可以通过签订内容广泛的保证书来向消费者传递质量信号。

（三）信号甄别模型

由于信息不对称，信息劣势方给出某种信号以诱使信息优势方披露信息，使信息劣势方能够甄别不同类型的信息优势方。信息劣势方提问，通过对方回答加以甄别。但在专业性约束下，并不能必然实现信息均衡。

保险市场中,保险公司作为信息劣势方,可以设计两类保单,差别保险合同,分别适用于高、低两类投保人。

信贷市场中,银行是信息劣势方,对于不同风险程度的企业进行信贷配给,利率高低有别。

劳动市场中,雇主作为信息劣势方,制定不同工资和贡献的劳动合同,供雇员选择。

四、委托代理问题与激励机制

(一)委托—代理问题

委托—代理关系在当今社会普遍存在,股东与经理、经理与员工、房东与房客、选民与人大代表、公民与政府官员、诉讼委托人与律师、土地所有者与佃农、雇主与雇工,甚至买者与卖者、债权人与债务人之间的关系都可以归结为委托人与代理人的关系。

委托—代理:一个人(代理人)以另一个人(委托人)的名义来承担和完成一些事情,就形成了委托—代理关系。由于委托—代理关系是普遍存在的,所以,代理人活动的质量直接影响到经济活动的效率。

当代理人为委托人工作时,工作的成果由代理人的努力程度和各种客观因素共同决定,而委托人无法完全区分这两个原因时,就会产生代理人的"道德风险",即"委托—代理问题"。委托—代理问题实际上是隐藏行为问题。

委托—代理问题有3个重要特征:①委托人利益的实现取决于代理人的行为;②委托人的目标不同于代理人的目标;③有关代理人行为的信息是不对称的。代理人的信息明显要多于委托人的信息,代理人的行为不易直接被委托人观察到。

代理人不利于委托人的行为包括:①偷懒,即经营者所付出的努力小于其获得的报酬;②机会主义,即经营者付出的努力是为了增加自己而不是所有者的利益,也就是说其努力是负方向的。

个案研究 8-13

无处不在的委托—代理问题

例如,由于农作物的收成既取决于农民付出的劳动,也取决于天气等不可控的因素,如果一位农场主雇用几位农民耕种土地,在某年收成不佳,这位农场主很难判断产量较低的主要原因到底是风雨不调还是雇用的农民偷懒少干,只要农场主无法监督雇佣者整个劳动过程、不能准确断定产量低下的具体原因,雇佣者就会产生偷懒动机,损害农场主的利益。

同样,雇人维修家电时,雇主和修理人之间也是委托人和代理人的关系,雇主希望修理人只收取被更换的零件的钱,但事实上这一点很难做到,修理人总是虚开一些并未更换的部件的费用,或是更换并没有坏的部件,让雇主多掏些钱。

(二)激励机制的基本原理

现代企业,所有权与经营权的分离,企业实际上是一系列委托—代理关系的总和。所有者事先要制定一个契约来限制经营者,将经营者的利益尽可能地整合到所有者的利益中,在两者之间建立正相关关系,即构建一个所有者和经营者基本一致的目标利益函数,并最终接近对称信息的最优状态。委托人使代理人从自身效用最大化出发,自愿或不得不选择与委托人目标和标准相一致的行动机制。

(三)激励机制的具体设计

委托人与代理人之间的差异如下。

(1)利益不相同,追求的目标不一致。委托人追求的是资本收益最大化,而代理人追求的是自身效用最大化。

(2)责任不对等。代理人掌握着企业的经营控制权,但不承担盈亏责任;委托人失去经营控制权,但最终承担责任。

具体设计:经营者分享部分剩余索取权;设计最优激励方案,以合作和分担风险为中心;充分利用市场竞争机制。

第五节 微观经济政策与政府失灵

一、政府的微观经济政策

(一)政府的经济职能

上述分析中导致市场失灵的每一个问题都能成为政府干预经济活动的理由,即依靠政府确立法律体制和运用经济政策来克服市场机制本身的种种缺陷。政府对经济活动的干预本质上体现了政府的经济职能。这种经济职能主要包括以下几种。

1. 确定法律体制

确定法律体制不属于经济学范围的考虑,但其对经济行为的影响却是极其深刻的。法律体制构成厂商、消费者以及政府参加的经济比赛的"游戏规则"。

2. 实现宏观经济的稳定

宏观经济的基本问题包括如何实现国民收入的稳定增长、物价水平稳定、充分就业以及国际收支平衡等。这些问题不可能完全通过市场来解决。

3. 制定微观经济政策

如果说宏观经济稳定主要解决资源利用的问题,那么微观经济政策则主要解决资源配置的问题,即有关生产什么和怎样生产的问题。例如,价格管制政策,其特点是针对某些物品的价格而不是针对整个物价水平。这就是微观经济政策。

4. 再分配

如果说"看不见的手"在市场经济中是有效率的,那么它对于国民收入如何做出公正和平等的分配却是盲目的。没有理由认为收入分配应该听从于自由放任。在现代社会中,政府除了为穷人提供最低生活标准以外,还通过税收和转移支付在公民中进行收入再分配。

(二) 解决市场失灵的微观经济政策

1. 反垄断

在经济发展的历史上,政府为了促进生产集中,获得规模效益,曾采取过某些有利于垄断形成的政策。但是垄断也带来了许多弊端,如垄断厂商通过控制产量、提高价格的办法获取高额利润,导致资源配置和收入分配不合理,造成经济和技术停滞等。为此,政府要限制垄断,推动竞争,尽量发挥市场的作用。

2. 外部性的矫正措施

如在本章第二节里介绍的税收和补贴办法、企业合并、明确产权等措施。

3. 有效率地提供公共物品

随着社会经济的迅速发展,世界各国公共物品的绝对量有较快增长,占国民生产总量的比重也有很大的增长,如何有效率地提供公共物品,已成为当前社会一个日益引起关注的问题。由于公共物品的特殊性,因而,政府在提供公共物品方面必须发挥重大的作用。

需要指出的是,政府的职能是"提供"而不是"生产"公共物品。"政府提供"与"政府生产"这两个概念之间存在着一定的区别。后者是指政府建立企业对公共产品直接进行生产,前者则不仅包括政府直接生产公共物品,而且包括政府通过预算安排或政策安排等以某种适当方式将公共物品委托给私人企业进行间接的生产。

二、政府失灵及原因

通过政府管制来干预经济活动从而弥补市场失灵是否就没有问题了呢?结论同样是不确定的。在现实经济运行过程中,人们期望政府能够办好市场办不好的事,结果却发现政府不仅未能补救市场失灵,相反却降低了社会效益。这就是20世纪六七十年代以来产生的政府失灵论。

由于现实经济社会极其复杂,用来弥补市场经济缺陷的政府职能本身并不是完美无缺的。在许多情况下,政府未能发挥作用或者因这种干预而引发了不良的副作用,称为政府失灵。

政府对市场的调节受到很多因素的限制。

(1) 信息不完全,市场信息的不足是造成市场失灵的一个因素,政府往往要承担提供信息的职能,但由于现实生活是相当复杂而难以预计的,政府也很难做到掌握充分的信息。

(2) 政府部门生产公共物品往往会缺乏效率和动力。这是由于政府部门在生产公共物品时没有受到私人部门的竞争;同时政府部门是非营利机构,因而缺乏一种动力去实现成本的最小化和利润的最大化;此外,不同的政府部门为了各自的利益,往往都强调本部门所生产的公共物品的重要性,希望获得尽可能多的预算。其结果是造成公共物品的过度供给,损害了效率。

(3) 时滞限制。政府的公共政策从决策到执行都受到时滞的限制。比如,从问题产生到被纳入政府考虑日程的这一段时间会产生认识时滞,从政府已认识到某一问题到政府最后得出解决方案的这一段时间会产生决策时滞等。

基于上述原因,政府失灵论认为政府在提高经济效益方面的作用将是十分有限的。政府如果能起积极作用,也主要是在社会财富再分配领域。市场在经济效益方面的失灵现象并不能成为把问题交给政府去处理的充分条件,相反许多情况可以通过市场本身解决。

但是,就像不能因为市场可能失灵就否定市场机制,也不能因为政府可能失灵就否定政府对市场经济活动的调节控制作用。事实上,在今天无论是西方资本主义还是我国社会主义的市场经济制度,无不受到国家和政府机制的调控。

市场失灵论和政府失灵论的意义在于,只有国家调控与市场的结合才能形成完善的市场经济。市场经济的历史和现实表明了这样一种趋势,即市场经济越发达,国家调控就越重要。毫无疑问,国家的作用是任何个人和集团都不能代替的。

阅读文章

效率与公平

效率与公平这两个目标有时是相互促进的。例如,加强对低收入劳动者的教育和培训就能够一举两得,既可以提高这些劳动者的生产效率,又可以改善社会的收入分配。然而,在很多情况下,这两个目标却是相互矛盾的。

一方面,为了提高效率,有时必须忍受更大程度的不平等;另一方面,为了增进公平,有时又必须牺牲更多的效率。社会常常不得不面临一个两难的选择:是要更高的效率,还是更大程度的公平。

1. 效率与公平的矛盾

效率与公平的矛盾可以从两个方面来说明。

首先,效率的提高并不一定意味着公平的增进。伴随着效率的提高,收入分配的状况既可能得到改善,也可能保持不变,甚至可能进一步恶化。所以,效率的提高并不能够自然而然地改善收入的分配。

其次,公平的增进也不一定有利于效率的提高。随着分配的改善,经济效率可能会提高,也可能会下降。例如,过低的工资不仅会影响工人的工作态度,也会影响他们的工作能力。此时,如果能够提高工人的工资水平,从而改善收入的分配状况,就能够提高工人的生产效率,从而提高整个社会的生产效率。

然而,在另外的情况下,收入的平等化不仅不能提高反而会降低经济的效率。平等化的效率损失包括两个方面。

一方面是平等化的直接效率损失,它是为了获得更大程度的平等而不得不支出的各种费用。为了增进社会的平等,改善收入的分配,就必须建立一套制度把富人的一部分收入"转移"到穷人手里,就必须建立专门的机构、购买专门的设备、雇用专门的人员来做这件事。这都需要耗费大量的费用和资源,而这些费用和资源本来是可以用来增加社会的生产,提高经济的效率的。

另一方面是平等化的间接效率损失,它产生于平等化本身所带来的对劳动、储蓄和投资等经济活动的各种"反刺激"效应。举一个极端的例子：如果收入的分配是绝对平均的，即不管一个人的干劲多大、成绩如何，最后所得到的收入都完全一样，那就很难保证人们工作、储蓄和投资的积极性。即使是那些较小的平等化努力，也仍会扭曲市场经济中的"努力—报酬"机制。

2. "效率优先"和"兼顾公平"

如何解决效率与公平之间的矛盾，并没有一个标准答案。一个较为普遍的做法是"效率优先，兼顾公平"。

所谓效率优先，就是在决定收入分配时，首先考虑效率，把效率当作决定收入分配的首要因素。换句话说，就是当效率与公平发生冲突时，首先考虑的是效率，在保证效率的基础上，再考虑公平的问题。经济效率高，所得到的收入也高；反之，经济效率低，所得到的收入也低。

那么怎样才能做到效率优先呢？让市场机制在收入分配领域充分发挥作用，让市场的供求关系去决定各种生产要素的价格，去决定收入的分配。按照西方经济学的观点，只有在竞争性的市场经济中来决定收入的分配，才可以使各种资源达到最优配置，才能使经济的效率达到最大。市场机制通过奖勤罚懒、优胜劣汰的办法，刺激人们去努力工作、储蓄和投资。

效率优先不是不要公平。在坚持效率优先的前提下，还必须兼顾公平。为了做到效率优先、兼顾公平，需要做好以下几个方面的工作。

首先是要减少和消除那些不合乎市场经济要求的不合理的，甚至是不合法的收入。按照西方经济学的观点，这些不合理和不合法的收入分配，并不是实行市场经济的结果；相反，是市场经济不健全的表现，是对市场经济正常运行的破坏。因此，减少和消除这些收入，既可以改善收入的分配，也可以起到提高经济效率的作用。

其次是促进机会均等。机会均等意味着公平的竞争，意味着所有参加竞争的人在起跑之前都处于同一条起跑线上。收入的不平等既可以在机会均等的基础上产生，也可以在机会不均等的基础上产生。

在现实生活中，一个机会比较均等的社会常常意味着其收入的分配也比较平等。反之，机会的不均等则常常扩大收入不平等的程度。为了促进机会的均等，一是争取在就业机会方面有更大程度的平等；二是争取在受教育机会方面有更大程度的平等。

再次是限制某些行业、某些个人的垄断性收入。在经济中，常常会出现许多垄断企业。这些垄断企业，无论是在生产上，还是在分配上，都有其内在的"缺陷"。根据西方理论，垄断既缺乏效率，又缺乏公平。因此，政府有必要对它进行干预。

最后是实现生存权利和消灭贫穷。贫穷的存在不仅大大影响了收入分配状况的改善，而且它本身就是一个严重的经济和社会问题。因此，向贫穷宣战至少有3个方面的意义：一是可以直接减少贫穷人口的数量；二是通过增加贫穷人口的收入改善社会收入分配的状态；三是通过向贫穷人口提供更多和更好的保健、教育等提高了他们的生产效率，进而提高整个经济的效率。

3. 收入再分配的具体措施

（1）税收政策

税收是政府用来改变收入分配状况的一个重要手段。税收的再分配作用包括如下两个方面：一是通过对不同的人征收不同数量的税收而直接地改变收入的分配；二是通过改变市场的相对价格而间接地改变收入的分配。

（2）政府支出

与税收相比，政府的支出计划在改善收入分配的问题上似乎应当有更大的作用。如对基本食品消费的补助计划，公共卫生计划，初等和中等教育计划，关于退休、伤残、失业人员的社会保障计划，农业发展计划以及落后地区发展计划等。

然而，有些政府支出的项目明显的不利于收入分配的改善，如政府债券的利息，多数情况下，来自利息的收入主要都落到高收入阶层的手里，反而加剧了收入不平等；也有一些政府的补助计划初看起来对穷人有利，其实不然，如设想政府对汽油的消费实行补贴，穷人固然会受益，但富人受益更多。因此，对汽油的补贴不是缩小而是扩大了收入的不平等。

（3）其他措施

政府除了利用各种税收和支出手段来直接地改变收入分配之外，还可以通过价格管制、重新分配产权等间接地达到影响收入的目的。西方政府对价格的管制有多种形式，其中包括关税、最低工资法、农产品价格支持、加速折旧以及工资——价格控制等。

政府重新分配产权的形式也是多种多样的。如政府放宽原先较严的对捕鱼的限制、颁布污染控制的标准、颁布食品卫生标准及禁止在某些场合做香烟广告等。与价格管制相比，重新分配产权对再分配的影响常常要更加猛烈一些。

改编自：高鸿业. 西方经济学（微观部分）[M]. 3版. 北京：中国人民大学出版社，2004：351-363.

本章小结

市场失灵是指市场机制（即价格调节市场的机制）不能实现资源的有效配置，即市场机制造成资源的配置失当。市场失灵有三大表现：一是微观经济缺乏效率；二是宏观经济的不稳定性；三是社会分配缺乏与效率相适应的公平性。

导致市场失灵的原因主要有市场势力、外部影响、公共物品和非对称信息等。

影响价格的市场势力普遍存在。一个拥有市场势力的厂商可能通过减少供应的方式将价格提高，这样用于生产的资源变得不充分。帕雷托生产最优遭到破坏。

外部性也称外部影响，是指一个经济行为主体（个人或企业）的行为对其他经济行为主体的福利形成影响，这种影响是"非市场性的"影响，是无意识强加于他人的。由于私人成本或收益与社会成本或收益的不一致，导致实际价格不同于最优价格。

由于外部经济对外带来的好处无法得到回报，导致外部经济的物品供应不足。同样，由于外部不经济对外带来的危害没有进行补偿，导致外部不经济的物品供应过多。

物品的差别在于它们是否具有排他性和是否具有竞用性。如果排除某个人使用某种物品是可能的，这种物品就具有排他性。而如果一个人对某种物品的享用排除了其他人享用同一物品，这种物品就具有竞用性。

市场运行最适于既有排他性又有竞用性的私人物品。市场运行不适于其他类型的物品。

公共物品既无竞用性又无排他性。由于不能对使用公共物品的人收费,所以在私人提供这种物品时,就存在搭便车的激励。

搭便车:即使不付费也能享受到有关利益的行为。搭便车的存在,使市场不能达到帕雷托最优的供给水平。

非排他性:某一公共物品一旦被提供,便可以由任何消费者进行消费,其中任何一个消费者都不会被排斥在外。

非竞争性:某一公共物品一旦被提供,多一个消费者的加入并不影响其他人对该公共物品的消费。为实现对公共物品的消费,消费者之间不必要展开竞争或争夺。

公共物品带有共享的含义,具有非排他性,导致虽有需求但供给太少甚至没有,即私人不愿意提供这种物品,但这种物品又是必需的。只能通过政府的干预和组织来供给公共物品。

新古典经济学关于市场参与者拥有完全信息的假设与现实情况是相违背的。在现实经济中,信息常常是不完全的,即由于知识能力的限制,人们不可能知道在任何时候、任何地方发生和将要发生的任何情况。而且,在相对意义上,市场经济本身不能生产出足够的信息并有效地配置它们。

不同经济主体拥有的信息量存在差异,不相等或不平衡(至少有一个当事人的信息不完全)。一是有关交易的信息,在交易双方之间的分布不对称,即一方比另一方占有较多的信息。二是交易双方对各自信息占有方面的相对地位是清楚的。

一个人(代理人)以另一个人(委托人)的名义来承担和完成一些事情,就形成了委托—代理关系。由于委托—代理关系是普遍存在的,所以,代理人活动的质量直接影响到经济活动的效率。

当代理人为委托人工作时,工作的成果由代理人的努力程度和各种客观因素共同决定,而委托人无法完全区分这两个原因时,就会产生代理人的"道德风险",即"委托—代理问题"。

导致市场失灵的每一个问题都能成为政府干预经济活动的理由,即依靠政府确立法律体制和运用经济政策来克服市场机制本身的种种缺陷。政府对经济活动的干预本质上体现了政府的经济职能。

如果说宏观经济稳定主要解决资源利用的问题,那么微观经济政策则主要解决资源配置的问题,即有关生产什么和怎样生产的问题。例如,价格管制政策,其特点是针对某些物品的价格而不是针对整个物价水平。这就是微观经济政策。

由于现实经济社会极其复杂,用来弥补市场经济缺陷的政府职能本身并不是完美无缺的。在许多情况下,政府未能发挥作用或者因这种干预而引发了不良的副作用,称为政府失灵。

市场失灵论和政府失灵论的意义在于,只有国家调控与市场的结合才能形成完善的市场经济。市场经济的历史和现实表明了这样一种趋势,即市场经济越发达,国家调控就越重要。毫无疑问,国家的作用是任何个人和集团都不能代替的。

本章内容结构

- 市场失灵
  - 市场失灵的含义
  - 市场失灵的三大表现
  - 市场失灵的四大原因
    - 市场势力
      - 市场势力普遍存在
      - 市场势力的负面作用
      - 制约市场势力的公共政策
    - 外部影响
      - 外部影响分类
        - 正外部性（外部经济）
        - 负外部性（外部不经济）
      - 外部性的特征
      - 外部性的经济后果
        - 外部经济供应不足
        - 外部不经济供应过多
      - 外部性存在的原因
      - 外部性的解决途径
        - 庇古税与补贴
        - 管制与指导
        - 科斯定理与权利界定
    - 公共物品
      - 产品划分
        - 私人物品
        - 公共物品
          - 纯公共物品
          - 准公共物品
      - 公共物品的特征
      - 公共物品的集体选择政策
        - 阿罗不可能定理
        - 公共选择理论
        - 政府的干预
    - 不完全信息
      - 信息不对称
        - 完全信息
        - 不完全信息
        - 信息不对称
      - 逆向选择与道德风险
      - 市场信号及其传递
      - 委托—代理问题与激励机制

综合练习

一、名词解释

市场失灵　　市场势力　　外部影响　　公共物品　　不完全信息　　科斯定理
排他性　　　竞用性　　　逆选择　　　道德风险　　委托—代理　　政府失灵
非排他性　　非竞用性　　搭便车

二、选择题

1. 市场失灵是指（　　）。
   A. 市场价格机制的运行不再具有灵活性
   B. 商品需求对价格变化的敏感程度下降
   C. 市场对稀缺性资源配置的无效率
   D. 收入分配不均

2. 某生产活动存在外部经济性质时，其产量（　　）帕雷托最优产量。
   A. 大于   B. 小于
   C. 等于   D. 大于、小于或者等于

3. 某人的行为给其他人带来利益，但其他人并没有为此利益支付费用，这种现象称为（　　）。
   A. 公共物品   B. 搭便车
   C. 外部经济   D. 外部不经济

4. 卖主比买主知道更多关于商品生产和质量信息的情况称为（　　）。
   A. 道德风险   B. 搭便车
   C. 排他性   D. 不完全信息

5. "搭便车"现象源于（　　）问题。
   A. 公共物品   B. 私人物品
   C. 社会福利   D. 不完全信息

6. 如果上游工厂污染了下游居民的饮水，按科斯定理（　　），问题即可妥善地解决。
   A. 不管财产权是否明确，只要交易成本为零
   B. 只要财产权明确，且交易成本为零
   C. 只要财产权明确，不管交易成本有多大
   D. 不论财产权是否明确，交易成本是否为零

三、分析讨论题

1. 一个胶水厂和一个钢铁厂排放烟雾，这种烟雾中含有一种大量吸入有害健康的化学物质。政府对这种外部性做出反应的方法有哪些？每一种方法的优缺点是什么？学生可以自愿组合成讨论小组，分别模拟××市政府进行现场办公，分析问题、解决问题。

2. 设想你是一个与吸烟者同住一间房的不吸烟者。根据科斯定理，什么因素决定了你的室友是否在房间里吸烟？你和你的室友如何达成这种解决方法？

3. 概括说明下面对话的含义。

   苹果园主："你们家的蜜蜂真好，不仅自己采到了蜂蜜，还替我们家的苹果传了花粉，是我们家苹果园的一大功臣啊！"

   养蜂人："你们家的苹果也给我们家的蜜蜂提供了蜂蜜，也是采蜜的功臣啊！"

四、实训项目

通过团队调研，了解当地政府提供了哪些公共物品与劳务。政府是否还提供了不是公共物品的东西？

推荐阅读

[1] 高鸿业. 西方经济学[M]. 6版. 北京：中国人民大学出版社,2014：第十一章.
[2] 厉以宁. 西方经济学[M]. 4版. 北京：高等教育出版社,2015：第十章.
[3] 克鲁格曼. 克鲁格曼经济学原理[M]. 黄卫平,赵英军,丁凯,等,译. 北京：中国人民大学出版社,2011：第十章.
[4] 卜洪运. 微观经济学[M]. 北京：机械工业出版社,2009：第十章.
[5] 尹伯成. 西方经济学简明教程[M]. 8版. 上海：格致出版社,2013：第十章.
[6] 范家骧,刘文忻. 微观经济学[M]. 2版. 大连：东北财经大学出版社,2007：第十四章,第十五章.
[7] 梁小民. 微观经济学纵横谈[M]. 北京：生活·读书·新知三联书店,2000.

结　束　语

美国自由市场经济与国家干预的博弈

美国是最大的自由市场经济国家,然而,自20世纪20年代末美国经济出现大萧条而导致美国政府进行大面积的经济干预后,国家干预就一直不断。尽管有米尔顿·弗里德曼这样的经济学大师不遗余力地号召政府减少干预,但是每次经济出现危机以后,政府干预总会相随而来。此次由美国次贷危机引发的金融危机,最终演变成全球经济衰退,美国政府也采取了自罗斯福新政以来最为庞大的政府干预经济措施,而刺激消费及消费信贷成为美国拯救经济危机的核心。

即使在美国这个最大的自由市场经济国家,政府该在多大程度上干预经济运行也是一个由来已久的争论。尽管有米尔顿·弗里德曼这样的经济学大师不遗余力地号召政府减少干预,但是每次经济出现危机以后,政府干预总会相随而来。这次也不例外。

一、美国信奉已久的自由市场经济面临严重危机

美国是一个信奉以马歇尔经济学理论为基础的自由市场经济的国家,但自20世纪20年代末美国出现的经济大萧条,以凯恩斯为代表的国家干预理论催生了罗斯福新政。自此,基于微观经济学加上宏观经济学构成了西方经济学"矛盾的主体"。

在20世纪20年代末美国经济陷入大萧条后,罗斯福政府推出了大面积的经济干预政策。事实上,在美国开国之初,拥护政府主导的汉密尔顿和吹捧个人自由的杰斐逊就已经为政府在经济生活中的角色到底应该是什么而争论得不可开交。

2008年9月7日,美国政府宣布接管陷入困境的、有"第二美联储"之称的房利美(Fannie Mae)和房地美(Freddie Mac)公司。当时许多媒体纷纷报道称,"这是自2007年8月美国次贷危机全面爆发以来,美国政府所采取的规模和意义都最为重大的一次救市行动,也是自罗斯福新政以来最为庞大的政府干预经济措施,标志着次贷危机开始步入高潮。"

然而,时隔不到两周,9月16日晚,美联储在拒绝雷曼兄弟、刚刚任其破产的次日,美国政府以类似接管"两房"的手法变相地接管了资产过万亿美元的、世界上最大的金融保险巨擘美国国际集团(AIG)。在随后的半年之内,援助金额已由当初的850亿美元上升至1800亿美元。

2009年6月1日,美国最大的汽车巨头——通用汽车宣布申请破产保护,与此同时提出了重组计划。重组之后,通用汽车60%的股份将由美国联邦政府持有,12.5%的股份则由加拿大政府持有,全美汽车工人联合会(工会)将持有17.5%的股份,无担保债权人持有10%的股份。美国政府的拯救行动由金融领域扩展到了实业领域。

美国政府接管"两房"至少意味着在危机最终尘埃落定之前,暂时将这两家机构国有化。在一定时期内,"两房"将变成中国人概念中的"国有企业"。其实,美国政府接管"两房"的举措也面临着巨大压力。事实上,"两房"在成立初期本来就是国有企业,在后来随着美国住房抵押市场规模的扩大而逐渐演变为私人持股的上市公司。将"两房"国有化意味着美国政府走上了回头路。而这个行为跟美国政府倡导的基本经济理念"自由市场"相悖。

美国政府之所以做如此选择,当然是不得已而为之:如果政府坐观不理,那么"两房"很可能会破产倒闭,而"两房"如果真的破产,将会导致整个美国住房贷款,乃至于整个债市,甚至整个美国金融市场的大崩溃。这是美国乃至整个世界经济都无法承担的一个后果。

二、雷曼兄弟成为"隐形合约"的牺牲品

在雷曼兄弟倒下前后,美国财政部和美联储先后出手拯救多家金融机构,其中包括接管两大住房抵押贷款融资机构"房利美"和"房地美",向保险业巨头 AIG 抛出 850 亿美元"救命钱"(目前已升至 1800 亿美元),以及"操办"贝尔斯登与摩根大通的联姻。

然而,在雷曼兄弟股价暴跌、难以找到买家之际,美国财长保尔森一直坚持不动用政府一分钱来拯救雷曼兄弟。雷曼前 CEO 富德说,"直到我被埋进坟墓之前,我都会想个不停","为什么我们是唯一一个"政府不肯救助的金融企业。

1. "隐形合约"

自 2007 年 2 月次贷问题显现出来到 12 月 Countrywide 面临倒闭为止,次贷危机其实已经持续了 10 个月的时间。作为整个金融体系的领导者,美联储在这 10 个月里做了大量政策储备和风险预估工作。因此,救助 Countrywide 的行动可以认为是美联储储备政策的第一次应用,那时的美联储认为形势还不算太糟。2008 年 1 月 11 日,美国银行宣布以换股的方式整体并购 Countrywide,涉及交易价格约 40 亿美元。这样一来无论 Countrywide 的股东,还是债权人的利益都得到了保障。这一行动具备很强的合理性。毕竟让一个金融企业倒闭会造成深远的社会影响,除非万不得已不会轻易允许。这也是从美联储的角度分析并默认"隐形合约"合法性的依据。

随后,2008 年 3 月救助贝尔斯登时,美联储想问题的出发点与救助 Countrywide 时如出一辙:都是为了避免金融企业倒闭造成社会恐慌。唯一不同的是,相较于拯救 Countrywide 时的政策,美联储这一次明显收紧了"隐形合约"。实际策略是美联储为摩根大通提供 290 亿美元,摩根大通自筹 10 亿美元以现金方式收购贝尔斯登。尽管贝尔斯登的股东损失殊为惨重,但是贝尔斯登的债权人权益却得到了全额保护。

然而到了 2008 年 9 月,形势突然恶化。一方面,"两房"、AIG 等超大型企业相继出现问题,美联储的援助责任瞬间数倍增大,但是实际上美联储根本无法照顾周全;另一方面,美联储对金融机构的隐形救助协议激发了道德风险。像雷曼即便已经在 CDO 上亏损巨大,但根据 2008 年度二季报它依然在加大做多 CDO 的仓位。如此有恃无恐的行为背后就是在赌美联储无论如何也会出手援助。

由于市场对于美联储会提供援助的预期非常一致,因此债权人依然敢于把钱继续放给从事高风险产品投资的机构。因此,必定是经过一番深思熟虑后,美联储决定选择一家影响力足够震慑市场的鲁莽机构开刀,主动放弃对它潜在的一切承诺,让它彻底倒闭,借以警示所有市场参与者不要再心存幻想,彻底切断风险的源头。雷曼不幸成为反面的典型。

2. 雷曼倒闭的价值

从当时的实际情况来看,雷曼兄弟绝不是最后一家需要救助的金融机构。如果再出手,很有可能把美国政府财政也"拉"下水。如果要防止金融危机进一步扩大,挽救已经陷入困境的金融企业,政府就不能不考虑市场化之路。伯南克认为,雷曼兄弟破产或许在客观上更有利于华尔街秩序的尽快恢复,于是改变了先前拯救濒临破产投行的思路。

之所以挑中雷曼首先因为它规模很大,具备足够的震撼力;同时又没有庞大到 AIG 的程度,美联储当时判断雷曼即便倒闭也不致引发金融系统崩溃。更重要的是,在已经遭受沉重打击的诸多机构中间,雷曼是风险资产投资比例最高的一家,也是损失最为惨重的。相对而言,在同等规模的投行中,美林证券经纪业务和资产管理业务比例很高因而相对安全;摩根士丹利虽然在衍生品上也亏损不少,但是相对雷曼而言它的资产结构明显较好;而高盛甚至直到第三季度还在盈利。雷曼是一筐苹果中烂得最厉害的那个,因此扔起来也就相对不那么痛心了。

但所有冠冕堂皇的理由背后最核心的精髓是:华尔街这条巨狼在金融危机的铁钳下完全被制住了。但凡有一点微小的动作,便立刻会引来周身的剧痛,这是固有的制度缺陷造成的。身处这个非常时期,全体保全是不现实的,旧制度的维护也已经不再有意义,只有打破传统价值判断,冲破眼前的封锁才是获得新生的唯一途径。因此雷曼就像那条被毫不留情咬掉的狼腿一样是为了整体的生存而必须牺牲的个体,它的覆亡具有历史必然性。即便没有雷曼,也会有美林,或者大摩,或者高盛充当这个角色,这是一个击碎旧秩序重建新秩序的里程碑。美联储在以雷曼祭旗。

如果单纯考虑对现实世界的影响力,雷曼的倒闭和一般企业破产案根本没什么不同。毕竟它只是一家独立的投资银行,从事一些高端的、虚无缥缈的金融创新业务而已,既不牵扯柴米油盐,又不决定国计民生。

但是值得大书特书的是,雷曼的倒闭是美国甚至人类金融史上的一个里程碑,从此全世界在重估美国经济的时候也将重估华尔街精神、美国精神的真实价值。从未受到过怀疑的美国式发展模式历史上第一次受到了质疑,这才是雷曼倒闭事件最意味深远的影响。它对未来的意义远大于对现实的意义。

当雷曼倒下去的时候,华尔街的信用其实也随之倒下了。美国政府匆忙中以国家信用接管了业已破碎的华尔街信用,短期来看,效果应该不错。但是长期来看,一直以来充当美国挡箭牌的华尔街垮了,从此美国信用将直接袒露在世界的面前,承受来自四面八方的袭击。这是美国成为世界霸主后历史上的第一次。

就算躲过了这场危机,如果华尔街迟迟不能恢复左膀右臂的作用,只能空留美联储凭借美国信用孤身作战,相信早晚它会露出无法补救的破绽。如果有一天连美国信用也崩溃了,便再没有任何后台可以提供援助,则那一天也就是美元体系终结的日子,随之而来的将是美国霸权地位的结束与全球秩序的重新建立。

三、美国救市方案出现重大转向

2008 年 11 月 12 日,美救市方案出现了重大转变:放弃收购抵押资产,拟注资非银行机构。保尔森当日宣布放弃 7000 亿美元金融救援计划的核心内容之一,即不再像先前计划那样动用这笔巨款购买金融机构的不良资产。在考虑以其他方式帮助银行的同时,政府正研究给消费信贷领域"减压"的方式。

1. 缓解消费贷款压力

保尔森承认,收购抵押资产并非利用政府资金的"最有效途径",美国财政部决定通过认购优先股的方式向银行业注资,并认为这才是这笔资金更好的使用方式。政府还在研究其他选择,比如,向那些能自己筹款的银行提供更多的政府救援金。这一决定意味着美国金融救援方案出现重大转变。政府当时游说国会通过这一方案时,只着重强调会购买银行不良资产。

保尔森表示,不收购抵押资产所节省下来的部分资金将被用于支持信用卡应收账款、汽车贷款与学生贷款市场。他认为,这一市场实际上已经陷于停顿。他表示,美国财政部还将考虑把部分资金提供给非银行金融机构,而银行业也可能需要更多的帮助。

保尔森介绍了救援计划的一些新动向,说这一计划将帮助缓解消费贷款方面的压力。与消费贷款有关的除银行外,还有一些非银行金融机构。保尔森说,这些机构正面临资金紧缺困境,一些资产支撑证券市场在降低花费和增加消费方面发挥了重要作用,而如今这一领域的机构正苦受煎熬。

"这一领域资金流动不畅导致支出上升,使申请汽车贷款、学生贷款和信用卡受阻,"保尔森说,"这正给美国人民加以重担,且减少了工作岗位"。财政部和美国联邦储备委员会的官员正在研究支持资产支撑证券市场的计划。保尔森说,这一计划具有"相当规模",政府正考虑动用部分救援资金鼓励私人投资者回到这一领域。

除了考虑支持资产支撑证券市场,保尔森说政府还考虑在不购买抵押品支撑证券前提下减少丧失抵押品赎回权现象的方式。

2. 绕不过的汽车业

陷入困境的美国汽车业的巨头们也紧盯着政府手中的票子,希望能从救援计划中分一杯羹。但保尔森当天的表态让他们失望。保尔森说,汽车业极端重要,但金融救援计划的对象不是针对这一行业所设计。美国不少国会议员正推动政府向汽车业注资。当被问及如何看待这一举动时,保尔森谨慎地回答:"任何决定都得让汽车制造企业有长期生存能力。"

当时,是否救援汽车业的问题在国会分歧也不小。尽管民主党领导人极力想把汽车业纳入金融救援计划中,但有议员表示怀疑,认为救援计划针对的是金融业,如果超出这一领域,会带来麻烦。参议员杰夫·塞森斯问道:"如果我们越过金融机构和其他企业的界线,问题是,那条线怎么划?"

在帮助汽车业问题上,白宫给出模棱两可的回答。白宫发言人达娜·佩里诺说,尽管政府了解汽车业的困境,但政府对此没责任。那些公司"过去做出的商业决定导致今天的局面"。然而,佩里诺并未将路完全堵死,称政府在帮助汽车业问题上持"开放态度"。在此次破产重组中,美国奥巴马新政府就又提供了大约300亿美元的援助。

通用在宣布破产保护后称其总资产是822.9亿美元,总债务则高达1728.1亿美元,也就是说基本上债务是它现在资产的两倍,已是严重的资不抵债。不断上涨的拯救AIG的投入,已经大大超出美国政府的最初预算;而陆续向通用注入的流动性资金并没能使通用解困,所有的债权人正张着大嘴等着政府的注资。因此,如果还像拯救 AIG 那样直接注资,这可能会是个比 AIG 更大的无底洞。让通用破产重组,构建一个精干、高效的新通用是明智之举。

四、美国救市方案转向的原因

美国财政部调整救市政策,可以说是对前一段出台的针对陷入困境的金融机构的救市政策所引发的一系列问题的反思。

首先,赎买因次贷危机而受影响的问题债券和金融产品,虽然能够帮助部分金融机构挺过难关,但并不能解决信贷市场受次贷危机影响而萎缩的问题。其次,注入问题金融机构的政府救市资金并没有得到有效利用。大量资金被用来支付公司高管的薪水、福利以及离职补偿,这引发了广泛的社会不满情绪。财政部的新计划将解决"相当一部分珍贵的救市资金被'合法地'用来补偿那些制造危机的'罪魁祸首'"这一问题,缓解公众舆论压力。

"现在看来,美国政府已经不愿自己出大量资金(救市场),美国政府现在政策的主要导向,第一是鼓励企业联合起来互相救援。第二是采取一些间接的宏观调控措施来刺激经济的发展,刺激老百姓的消费。"

事实上,只有在经济本身健全、危机只是由投资者信心不足而引发的情况下,政府购买银行的抵押贷款支持证券等问题资产才能有助于恢复投资者的信心和保证金融体系的畅通运行。包括保尔森和伯南克在内的所有人都已经清楚地看到,美国的金融机构由于"失血"过多已经危在旦夕,仅靠政府购买它们所有的坏账起不到"妙手回春"的作用。它们要的是更猛的药——而不仅仅是政府承诺的直接注资。

同时,保尔森的"变脸"也表明,目前的经济危机已经超越了抵押贷款和房地产市场,扩展到了其他领域。保尔森在 12 日的讲话中称,金融系统以外的信贷市场也需要帮助。在美国,40%的消费信贷来自信用卡消费、购车贷款、助学贷款以及其他类似产品。目前这些重要的消费信贷市场都已经陷入停滞。

消费信贷的停滞并不是因为金融系统出了问题,而是因为消费者和零售商陷入经济困境。现如今,美国的家庭因受负债和失业的拖累,竭尽全力缩减开支,这使得靠消费带动的零售业和汽车行业饱受其害。因此,要拯救美国的经济就必须刺激消费及消费信贷,这就是美国新的国家战略和产业战略。

五、结论

通过美国的实践进一步证明,自由市场经济通常是有效的,但也会出现市场失灵,这时需要国家干预。但如何干预和干预到什么程度,需要在理论上不断探索和实践中不断尝试。这对我国实行的有中国特色的社会主义市场经济也有重要的借鉴作用。这是一个需要长期研究、不断深化的重大课题。

参 考 文 献

[1] 高鸿业. 西方经济学(微观部分)[M]. 6版. 北京:中国人民大学出版社,2014.
[2] 尹伯成. 西方经济学简明教程[M]. 8版. 上海:格致出版社,2013.
[3] 厉以宁. 西方经济学[M]. 4版. 北京:高等教育出版社,2015.
[4] 梁小民. 经济学是什么[M]. 北京:北京大学出版社,2017.
[5] 范家骧,刘文忻. 微观经济学[M]. 2版. 大连:东北财经大学出版社,2007.
[6] 克鲁格曼. 克鲁格曼经济学原理[M]. 阿么卫平,译. 北京:中国人民大学出版社,2011.
[7] 威廉 A 迈克易切恩. 微观经济学[M]. 余淼杰,译. 北京:机械工业出版社,2011.
[8] 约翰 B 泰勒. 经济学[M]. 6版. 北京:中国市场出版社,2012.
[9] 弗兰克. 牛奶可乐经济学 2[M]. 闾佳,译,北京:中国人民大学出版社,2009.
[10] 斯凯恩. 一看就懂的经济常识全图解[M]. 上海:立信会计出版社,2014.
[11] 洪运. 微观经济学[M]. 北京:机械工业出版社,2009.
[12] 朱中彬,等. 微观经济学[M]. 北京:机械工业出版社,2007.
[13] 刘秀光. 西方经济学原理[M]. 3版. 北京:清华大学出版社,2017.
[14] 郭万超,辛向阳. 轻松学经济[M]. 北京:对外经济贸易大学出版社,2005.
[15] 茅于轼. 生活中的经济学[M]. 3版. 广州:暨南大学出版社,2007.
[16] 黎诣远. 西方经济学·微观经济学[M]. 3版. 北京:高等教育出版社,2007.
[17] 孙学敏. 西方经济学[M]. 北京:清华大学出版社,2009.
[18] 平狄克,鲁宾费尔德. 微观经济学[M]. 李彬,等,译. 北京:中国人民大学出版社,2013.
[19] 章昌裕. 西方经济学原理[M]. 北京:清华大学出版社,2007.
[20] 梁小民. 西方经济学基础教程[M]. 3版. 北京:北京大学出版社,2014.
[21] 袁志刚. 西方经济学[M]. 2版 北京:高等教育出版社,2015.
[22] 陈友龙,缪代文. 现代西方经济学[M]. 2版. 北京:中国人民大学出版社,2011.
[23] 萨缪尔森. 萨缪尔森谈失业与通货膨胀[M]. 萧琛,译. 北京:商务印书馆,2012.
[24] 菲尔普斯. 就业与通货膨胀理论的微观经济基础[M]. 陈宇峰,吴振球,周禹,译. 北京:北京大学出版社,2011.
[25] 瑞比. 通货膨胀来了[M]. 王煦逸,等,译. 上海:上海财经大学出版社,2011.
[26] 弗里德曼. 失业还是通货膨胀?对菲利普斯曲线的评价[M]. 张丹丹,等,译. 北京:商务印书馆,1982.
[27] 凯恩斯. 就业、利息和货币通论[M]. 高鸿业,译. 北京:商务印书馆,2007.
[28] 黄典波. 图解宏观经济学[M]. 北京:机械工业出版社,2009.
[29] 刘裔宏,罗丹桂主编. 西方经济学[M]. 长沙:中南大学出版社,2011.
[30] 狄俊锋,等. 西方经济学概论[M]. 北京:中国传媒大学出版社,2009.
[31] 曼昆. 经济学原理[M]. 5版. 北京:北京大学出版社,2009.
[32] 卫志民. 微观经济学[M]. 北京:高等教育出版社,2012.
[33] 南希 J 基梅尔曼. 人人需要知道的经济运行规律(修订本)[M]. 北京:电子工业出版社,2012.